科学出版社"十四五"普通高等教育本科规划教材
国家精品课程配套教材
国家级精品资源共享课配套教材

信息检索与利用

(第四版)

邓发云　编著

科 学 出 版 社

北　京

内 容 简 介

本书系统地介绍信息素养、信息资源、信息检索及其应用的基本知识，以及各种常用检索工具的检索方法与技巧，提供了大量的案例、图表、思考与训练、研讨与训练、基于检索技巧的提示等，图文并茂，便于教学与阅读。

本书突出的特点是将信息需求与信息检索结合起来，将十多位作者关于信息检索与利用的多年经验及技巧贯穿其中。本书既可作为高等学校本科生、研究生的“信息检索”课程教材与各类信息机构的岗位培训教材，也可作为工程技术人员、科研人员、教师从事信息检索时的参考书。

图书在版编目(CIP)数据

信息检索与利用 / 邓发云编著. —4版. —北京：科学出版社，2022.5
科学出版社“十四五”普通高等教育本科规划教材·国家精品课程配套教材·国家级精品资源共享课配套教材
ISBN 978-7-03-071365-0

Ⅰ. ①信…　Ⅱ. ①邓…　Ⅲ. ①信息检索-高等学校-教材　Ⅳ. ①G254.9

中国版本图书馆 CIP 数据核字(2022)第 006875 号

责任编辑：余　江 / 责任校对：崔向琳
责任印制：霍　兵 / 封面设计：迷底书装

科学出版社 出版
北京东黄城根北街 16 号
邮政编码：100717
http://www.sciencep.com
石家庄继文印刷有限公司印刷
科学出版社发行　各地新华书店经销
*
2010 年 3 月第一版　开本：787×1092　1/16
2013 年 1 月第二版　印张：16 1/4
2017 年 12 月第三版　字数：385 000
2022 年 5 月第四版　2025 年 1 月第 44 次印刷

定价：39.80 元

本书编委会

序

信息化时代，瞬息万变的信息，已成为社会经济发展的决定因素。进入互联网时代，社交媒体和各种 APP 的广泛使用，使信息可以更为便捷地获取，但要获得“有用的知识”(Useful Knowledge)，似乎变得更难。面对纷繁无序的网络，如何高效、准确地查找所需要的信息，是每一个人都无法回避的问题，谁的“搜商”高，谁就更有可能抓住机遇；同时，信息安全和隐私保护也变得越来越重要。所以，信息检索能力既是一种素养，更是一种生活技能。

该书提供了大量案例、图表、思考与训练、研讨与训练、基于检索技巧的提示等，图文并茂，便于教学与阅读。相对于以往的大多数教材，该书增加了信息需求分析、信息检索委托与求助、检索词选择、信息检索利用等难点章节。该书是“信息检索”国家精品课程、国家级精品资源共享课配套教材，在爱课程网站上地址为 https://www.icourses.cn/scourse/course_3189.html，同时也是中国大学 MOOC 网平台课程“信息检索”(https://www.icourse163.org/course/SWJTU-1460715163)的指定教材，在这两个网站上都有与该书章节基本同步的视频、教案、讲稿、参考资料等。该书自第一版出版以来，发行量超过 17 万册，有 90 多所高校使用，并荣获 2016 年、2018 年全国高校信息素养教育研讨会教材类一等奖，深受好评。随着信息技术的变化，作者密切关注新平台、新技术、新方法的应用，及时进行修订改版，目前已是第四版。相对于第三版，这次增加了信息安全、资源发现、数据检索、创新创业信息检索及利用、新媒体等新内容和新章节，并对全书内容进行重构。同时，在相关章节增加了二维码，用来提供扩展阅读材料和资源使用的小视频，一方面既方便读者更好地、更有效地利用该书，另一方面又给读者提供了拓展和深入学习与研究的空间。

该书内容丰富、实用，案例鲜活、生动，富有较强的可操作性和可实践性，这得益于西南交通大学悠久的信息素质教育传统和 6 所高校的 11 位编委会老师的丰富的信息检索实践经验。我相信，该书能带给读者有益的收获，会发现许多本该知道而至今尚未了解的技巧和知识点；从事信息检索领域工作的读者，或者希望能快速、便捷地检索信息的读者，或者希望提升自己信息素养的读者，也能从该书的阅读中受益。

西南交通大学　高凡

2021 年 12 月

前　言

信息素养是一种生活技能，为了读者更好地理解与使用本教材，有效地培养良好的信息素养和学习、适应能力，编者建议在使用中把握以下几点。

强化 1 个信息意识。学会通过信息理解世界、沟通世界，学会通过信息检索扩展自己的认知；任何时候遇到任何事情都能通过检索、咨询已有的经验教训，优化自己的决策方案，减少不确定性。无论购物、旅游、交友、找工作、科学研究，都养成一个收集资料、帮助自己分析的习惯。

注重 2 个能力培养。一是培养分析问题和解决问题的能力，既包括通过查询他人的或已有的历史成果与文献资料寻求答案或者激发灵感，也包括通过信息检索完善分析问题的框架、逻辑与思路；二是能够通过信息检索找到自己的目标与方向，进行规划与预测，从而构建适合自己学习、工作、生活、科研的信息环境，包括信息资源、平台、机构及其获取渠道。

进行 3 种基本知识训练。一是掌握检索基本技术，包括逻辑组配、截词、字段选择、精确模糊匹配、检索词选取；二是了解常用资源、平台、工具，资源如中国知网、万方数据、SCI、SDOS、IEL，平台如本校图书馆、国家图书馆、CALIS、NSTL，工具如馆藏目录、搜索引擎、资源发现系统等；三是掌握常用检索方法，包括检索词选取、基本检索流程、检索策略调整、排序、分类与下载，能够将检索结果有效地融入需要解决的问题中。

不断激发信息需求并通过检索满足信息需求，从本质而言，信息检索是一种匹配和选择，是信息需求与检索结果的匹配。信息需求决定检索工具、检索方式的选择。常识、大众化、新闻、娱乐信息可用搜索引擎检索；专利、标准与统计信息可从发布机构的网站检索；学术科研信息可用数据库检索。复杂、精确的需求可采用高级检索方式；模糊、简单的需求可采用简单检索方式。检索工具的功能设计(检索选项或检索框)正是用来满足各种需求的，灵活运用各种检索功能能够有效提高检索效率。从过程而言，信息检索是需求的明晰与调整，只有在检索的过程中，才能体会与领悟到检索的意义和乐趣；只有把学习、工作、生活与科研遇到的各种问题通过信息检索的途径解决，才能不断提高信息意识与检索技能，因此学好信息检索必须经过大量的实践训练。

在本书内容的组织、整理及写作过程中，编者参阅了大量的相关文献，包括同行学者的有关论著和讲稿、各个数据库与检索系统的培训课件和使用指南等，在此谨向有关人士表示衷心感谢。本书的出版得到国家精品课程建设资金和西南交通大学教务处新形态教材建设资金的资助，同时得到科学出版社的大力支持，一并深表感谢。南京理工大学崔林、山东理工大学夏晓慧、石河子大学曲金丽等 10 位老师参与了部分章节撰写、案例提供、文稿校订等大量工作，科学出版社的编辑进行了版式设计和认真细致的编校加工，在此表示衷心的感谢。

由于信息检索技术的不断发展及检索手段的不断更新，加之编者的水平有限，书中难免有疏漏之处，敬请各位读者批评指正。

邓发云

2021 年 11 月

目　　录

第 1 章　信息与信息素养

在现代网络环境与经济全球化背景下，是否具有良好的信息素养，能否有效地获取、利用所需信息，正逐步成为衡量高素质人才自主学习能力、创新能力、创业能力的重要标准。

1.1　信息、知识、文献、情报、数据和事实

1.1.1　信息

在我国，“信息”一词最初来源于南唐诗人李中《暮春怀故人》一诗：“梦断美人沈信息，目穿长路倚楼台。”不过古人所说的“信息”是指音讯、消息。

而《现代汉语词典》中的“信息”泛指一切音信和消息。

控制论创始人维纳认为：信息是我们用于适应外部世界，并且在使这种适应为外部世界所感知的过程中，与外部世界进行交换的内容的名称。

信息论创始人香农认为：信息是能够用来消除不确定性的东西。

日本有学者从英语词源上分析了信息(Information)，认为：in 是接收到消息，formation 是整理成章。也就是说，信息是把不明确的事物弄清楚后，整理成章传递给需要的人。

英国学者阿希贝认为：信息的本性在于事物本身具有变异度。

国内学者陈原认为：信息是被一定方式排列起来的信号序列，是意义的载体。

“信息”一词的定义之所以如此多样化，主要基于以下原因：信息本身的复杂性；信息科学的新兴性，并且有诸多的学科分支；定义信息的角度不同。

信息是我们的一个生存环境，我们吸收信息的内容和层次决定了我们的水平和层次，我们吸收与获得信息的层次越高越准确，我们的思考方式与找到问题的解决方案就越准确，收获越多，这也就是我们需要不断扩展自己认知和境界，积极去获取高质量信息，减少决策的不确定性。但在现代社会中，信息的发布具有很大的自由度和随意性，这必然导致信息的质量参差不齐。面对眼花缭乱的海量信息，如果处置不当，甄别不明，就会导致可怕的“信息致盲”。因此如何合理有效地利用信息就变成一门学问。

1.1.2　知识

《现代汉语词典》中的“知识”(Knowledge)，是指人们在社会实践中所获得的认识和经验的总和。知识是对某个主题确信的认识，并且这些认识拥有潜在的能力，为特定目的而使用。从信息角度看，知识源于表征事物属性和事物间关系的各种信息，成于各种信息的集合或有序化。

迈克尔·波兰尼(Michael Polanyi)在 1958 年提出人类的知识有两种：一种是显性知

识，即能够被人类以一定符码系统(最典型的是语言，也包括数学公式、各类图表、盲文、手势语、旗语等符号形式)加以完整表述的知识；另一种是隐性知识，其与显性知识相对，是指那种人类可以感知但难以表述的知识。

塞缪尔·约翰逊(Samuel Johnson)将知识分成两类：一类是人类要掌握的学科知识，另一类是要知道在何处获得有关知识的信息。

经济合作与发展组织(OCED)将知识分为三类：①Know-What，指关于事实的知识；②Know-Why，指自然原理和规律方面的科学理论，形成于专门研究机构和大学等；③Know-How，指做某些事情的技艺和能力，企业的技术情报和商业信息归入这一类信息。

个体的知识既来源于对客观世界的观察和探索，又来源于其他个体(包括前人)的知识。因此，必须阅读科学文献，掌握有关的思想、事实、理论和方法等信息，才可在此基础上进行进一步的分析、综合和研究，才能有所创新。

在何处去获得知识是终身学习能力的重要组成部分，也就是要了解一门知识的分布结构。它掌握在哪些权威机构和个人手中？它的存在形态是教材、期刊、专利、视频，还是其他方式？它的获取途径是什么？

1.1.3 文献

《现代汉语词典》中的“文献”(Document)泛指有历史价值或参考价值的图书资料。

文献是“记录有知识的一切载体”。这就是说，文献具有两个要素：其一，知识内容，未记录知识的空白纸张、空白磁带、磁盘、光盘等载体不能算是文献，胡乱涂写、存储的无实质知识内容的非空白纸张、磁带、磁盘、光盘等也不是文献；其二，物质载体，存在于人脑中或人们口头传播的知识，也不能算是文献。

记录知识的物质载体，既包括古代的甲骨卜辞、金石简牍、帛书卷轴、手抄文稿、书画文物、线装古籍等，也包括近、现代的印刷书刊、文书档案、电影胶卷、缩微胶片、录音带、录像带、计算机磁盘、光盘等。文献信息和载体，既具有不可分割性，又具有相对独立性，也就是说，信息内容不会因为载体形式的改变而改变，不同的信息载体可以传播同一内容的信息。

文献是个体对知识的记录和传承，它的效用和准确性取决于个体的认识水平、立场观点、思考方法和时代因素的差异，所以在检索与利用文献时，要注意它的来源、新颖性和权威性。

记录知识的文献是用文字、图形、视频等符号，而人是符号化的动物，在思考问题和表达观点时，要注意所采用符号和现实所指是否对应。对同一符号的不同理解也是经常争论和混淆的根本原因。

1.1.4 情报

《现代汉语词典》中的“情报”(Intelligence)特指战时关于敌情的报告。通常所说的情报是指运用一定的载体，传递给特定用户，用以解决科研、生产、经营中的具体问题的特定知识和信息。

情报是知识的有序化与激活。它的内核是信息，是信息的集合(知识)。杂乱无章的信息显然不是情报；再重要的信息也必须经过传递才有可能成为情报。

在经济全球化的背景下，关于技术、经济的“竞争情报”(Competitive Intelligence)受到高度重视。实际上，竞争情报的实质是组织(企业、团体乃至国家)为赢得竞争优势所需要的具有对抗性的重要信息。

1.1.5　数据和事实

数据(Data)是事实或观察的结果，是对客观事物的逻辑归纳，是用于表示客观事物的未经加工的原始素材。数据可以是连续的值，如声音、图像，称为模拟数据；也可以是离散的，如符号、文字，称为数字数据。它不仅指狭义上的数字，还可以是具有一定意义的文字、字母、数字符号的组合，图形、图像、视频、音频等，也是客观事物的属性、数量、位置及其相互关系的抽象表示。例如，“0，1，2，…”“阴、雨、下降、气温”“学生的档案记录”“货物的运输情况”等都是数据。数据经过加工后就成为信息。

信息与数据是不可分离的。数据是原始事实，而信息是数据处理的结果。数据中所包含的意义就是信息，信息是对数据的解释、运用与解算，即使是经过处理以后的数据，只有经过解释才有意义，才成为信息；就本质而言，数据是客观对象的表示，而信息则是数据内涵的意义，不同知识、经验的人，通过对同一数据的理解，可得到不同信息。

大数据(Big Data)指无法在一定时间范围内用常规软件工具进行捕捉、管理和处理的数据集合，是需要新处理模式才能具有更强的决策力、洞察发现力和流程优化能力的海量、高增长率和多样化的信息资产，具有海量的数据规模、快速的数据流转、多样的数据类型和价值密度低四大特征。大数据技术的战略意义在于提高对数据的加工能力，通过加工实现数据的增值。

数据是信息的原材料，而信息是有组织的数据，受组织者的观察点和观察框架影响。因此数据的客观性和公正性更强，也更具有说服力和可信度，所以在研究、写作和表达意见时尽量多采用数据。

1.1.6　信息与知识、文献、情报的关系

宇宙间时时刻刻都在产生着信息，人们正是通过对不同信息的获取来认识不同事物的，并由此生产新的知识。知识是经人脑思维加工而成的有序化的人类信息；文献则是物化了的知识记录，是人们所认知并可进行长期管理的信息；情报是人们为解决特定问题而活化了的更为高级、更为实用的知识。情报蕴含在文献之中，但并非所有文献都是情报，而所有情报都是知识。文献又是储存并传递知识和信息的介质，它们之间的逻辑关系是一种包含关系，如图 1-1 所示。

简单地说，知识是系统化的信息；文献是静态记录的知识；情报是动态传递的知识。它们在一定条件下是可以相互转化的。目前，学术界比较一致的看法是：信息＞知识＞情报。文献和情报的关系十分密切，而且有所交叉。

信息的生命过程中有两次转化：一是信息转化为知识、文献和情报；二是知识、文献和情报转化为信息。

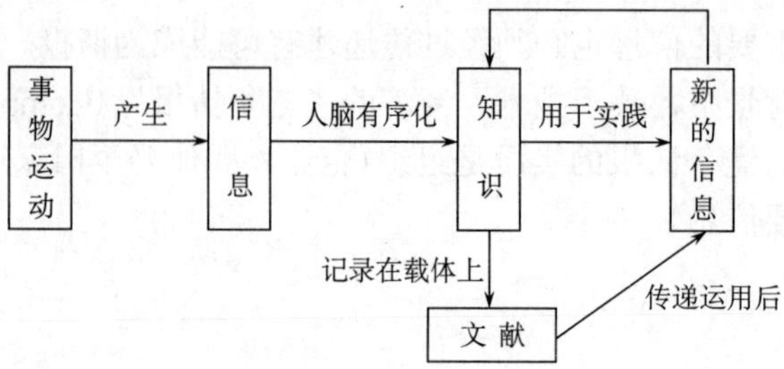

图 1-1　信息、知识与文献的关系示意图

数据是对客观事物本身运动的记录，是信息的原材料；信息是知识得以形成和传播的中介；知识是对信息的理解与认识；智慧是对知识的合理运用；所以信息不完全是知识，知识也不完全产生智慧，没有经过自我思考与消化的信息和知识无法自行凝练为个体的智慧。信息、知识、文献与智慧的关系如图 1-2 所示。

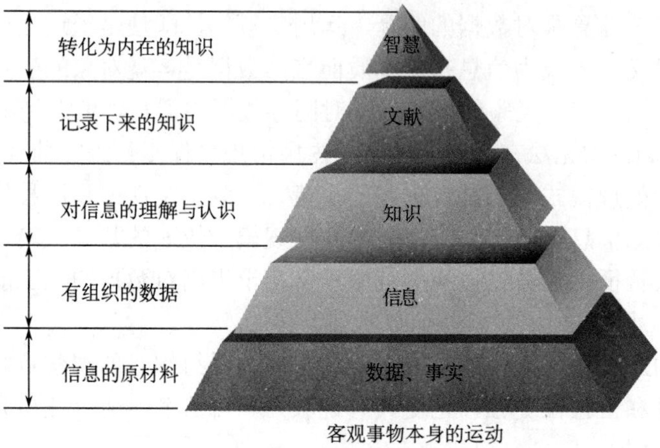

图 1-2　信息、知识、文献与智慧的关系示意图

信息需要被思考、挖掘与利用，才能转化为有价值的情报，转化为指导实践的智慧。这才是更重要的。

【案例 1-1】国家统计局每个月都要公布国民经济运行数据(信息)；如果经济数据连续下滑，国家就可能采取经济刺激措施(知识)；综合各种观察，假如本月数据可能继续下降(情报)；企业提前调整经营与投资策略，等待经济刺激措施出台(情报转换为决策)。

思考与讨论：如何将知识转化为智慧？如何从数据、事实中提取出对自己和企业有用的情报？前者需要将知识吸收与内化并与实践结合，后者必须经过长期观察与经验积累，这都需要具有一定的信息素养。

1.2　信 息 分 类

信息是对客观事物运动状态和变化的描述，它所涉及的客观事物是多种多样的，并普遍存在，因此信息的种类也是很多的。广义的信息是指人们获取一切的信息，包括人际交流、实物、文献记录等。其各自特点如表 1-1 所示。狭义的信息仅指记录的信息，即转变为文献的信息等。信息的分类如图 1-3 所示。

表 1-1 广义的信息类型与特点

类 型	存在方式	特 点
口语信息	交谈、聊天、授课、讨论等方式	传递快、互动性强，但稍纵即逝、久传易出差异
体语信息	手势、表情、姿势等方式	直观性强、生动丰富、印象深刻、富有感染力
实物信息	以实物如文物、产品样本、模型、碑刻、雕塑等方式表示	直观性强、感觉实在、信息量大，但需要通过知识、智慧、经验和工具挖掘大量隐含的信息
文献信息	以文字、图形、符号、声频、视频等方式记录在各种载体上的知识和信息	经过加工、整理，较为系统、准确、可靠，便于保存与利用，但也存在信息相对滞后、部分信息尚待证实的情况

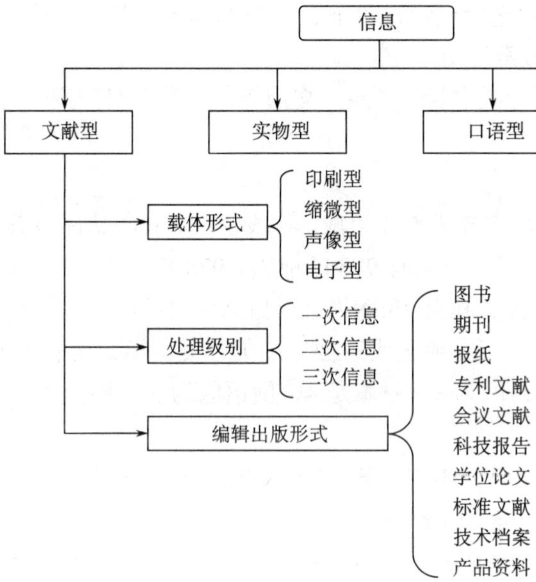

图 1-3 信息的分类

提示：口语信息与体语信息即人际交流信息，它们是人们获取信息最直接、最重要的来源。获取实物信息是人们考察与识别信息的最重要手段，这三种信息在目前网络时代被很多人轻视，这是极不可取的，例如，学习或工作中的疑惑，向老师和同事请教就可能解决。某些广告说得天花乱坠，去实地考察一下就清楚了。

信息的集合和来源构成信息源，信息源不仅包括各种信息载体，也包括各种信息机构；不仅包括传统印刷型文献资料，也包括现代电子型资源。熟悉信息源分布情况，有利于信息用户高效地获取信息。

1.2.1　根据文献出版的形式和特点区分文献类型

1. 图书

1) 定义

联合国教育、科学及文化组织对图书(Book)的定义是：凡由出版社(商)出版的、不包括封面和封底在内49页以上的印刷品，具有特定的书名和著者名，编有国际标准书号，有定价并取得版权保护的出版物，均称为图书，包括专著、汇编本、多卷本、丛书等。

2) 分类

(1) 阅读性图书包括教科书(Textbook)、专著(Monograph)、文集(Anthology)等。它提供系统、完整的知识，有助于全面、系统地了解某一领域的历史发展与现状，将人们正确地引入自己所不熟悉的领域。

(2) 工具书(Reference Book)包括词典(Dictionary)、百科全书(Encyclopedia)、手册(Handbook)、年鉴(Yearbook)等，它提供经过验证、浓缩的知识，是信息检索的工具。图书在各种类型的图书馆有广泛的收藏。

(3) 检索用书如以图书形式刊行的书目、题录、文摘等，是供人们查找一定范围内文献线索的出版物。

3) 国际标准书号

国际标准书号(ISBN)由多位数字分成5段组成，各段依次是：产品标识编码-地区或语种号-出版商代号-书名号-校验码。书号通常有978的前缀，978称为EAN.UCC前缀，由国际物品编码协会分配产品标识编码，由国际ISSN中心向EAN组织申请，中国的EAN.UCC前缀为978和979，目前使用978。其中地区或语种号：英、美、加、南非等英语区为0，其他英语区为1，法语区为2，德语区为3，日本是4，俄语区为5，中国大陆为7，印度等为8，东南亚地区为9。

【案例1-2】 978-7-302-02372-7，978是EAN码中图书类的代码，7表示中国大陆，302是出版商代号(清华大学出版社)，其书名号为02372，该书的校验码为7。

提示：拿一本书观察该书的书号，一般来说，出版商代号越小，书名号越大，出版社的规模越大，知名度越高。

2. 期刊

1) 定义

期刊(Periodicals)也称杂志，是有固定名称、统一开本、有编号或年月标志、定期或不定期连续出版、每期内容不重复并由多名责任者撰写不同文章的出版物。

2) 分类

(1) 学术性与技术性期刊(Journals)：由学术团体编辑出版，报道生产、科研方面的学术论文及研究成果，信息量大、价值高，如各种学报(Acta)、通报(Bulletin)、汇刊(Transactions)、评论(Reviews)、进展(Progress)等。

(2) 杂志(Magazine)：连续出版物的一种，但是它的内容一般是通俗性的，或者娱乐、新闻等。通常学术性期刊和杂志有很大区别(表1-2)。

表 1-2　学术性期刊与杂志的区别

特 征	杂 志	学术性期刊
适合的读者群	适合普通读者，内容涉及生活、娱乐、故事等	适合专家、学者、研究人员及教授
格式与风格	在风格上多样化，有许多照片和广告	较少照片或广告，封面严肃
内容深度	文章内容一般通俗易懂	刊登较长、有深度的研究文章
出版状况	出版周期通常比学术性期刊短	通常由学术或专业机构主办
作者	记者和业余作家	学者(通常为专业人员)
参考文献	通常不包括参考文献	包括大量的参考文献
内容严肃性	主要是流行的主题，仅由编辑内部审查	通过“同侪审查”(同类专家评审)

(3)检索性期刊：专门报道二次文献信息。

(4)快报性期刊：刊载最新技术和研究成果的短文，报道新产品、新工艺以及学术动态等信息，内容简洁、报道速度快，如各种通讯(Letters)、短讯(News)等。

3)国际标准连续出版物编号

国际标准连续出版物编号(International Standard Serial Number，ISSN)是根据国际标准 ISO 3297 制定的连续出版物国际标准编码，其目的是使世界上每一种不同题名、不同版本的连续出版物都有一个国际性的唯一代码标识。ISSN 由 8 位数字分两段组成，如 1000-0135，前 7 位是期刊代号，末位是校验码。

另外，我国正式出版的期刊都有国内统一刊号(CN)，它由地区号、报刊登记号和《中国图书馆分类法》分类号组成，如 CN11-2257/G3。地区号依 GB/T 2260—2020《中华人民共和国行政区划代码》取前两位，如北京为 11、天津 12、上海 31、辽宁 21、吉林 22 等。

3. 报纸

报纸(Paper)在国外称为新闻报纸(Newspaper)，是专门刊载新闻报道和时事评论等的定期出版物，但有些报纸同时也刊载学术论文和其他信息。

4. 会议文献

会议文献(Conference Document)指在学术会议上宣读或书面交流的报告、论文、会议记录、会议纪要等有关资料。各种学术会议，是科学交流的一条重要渠道，也是科学工作者了解学科发展动态，获取学科最新信息的窗口。

提示：①会议论文主要是同行交流的产物，使用范围有限，有的会议只出论文摘要，获取全文比较困难；②国内目前缺乏对国内会议论文的评价与激励机制，会议论文在质量与出版上都有待提高。

5. 学位论文

学位论文(Thesis 或 Dissertation)，是高等院校和科研院所的本科生、研究生为获得学位资格(博士、硕士和学士)而撰写的学术性较强的研究论文。其中硕士、博士学位论文具有较高的学术价值。一般来说，收藏与检索的学位论文不包括学士论文。

6. 标准文献

标准文献(Standard Literature)是技术标准、技术规格和技术规则等文献的总称。它们是人们在从事科学试验、工程设计、生产建设、商品流通、技术转让和组织管理时共同遵守的技术文件。查询国家标准可以通过国家标准化管理委员会网站(http://www.sac.gov.cn)。

7. 专利文献

专利文献(Patent Document)是实行专利的国家、地区及国际专利组织在审批专利过程中产生的官方文件及出版物，包括专利说明书、专利权利要求书、专利公报、专利分类表、专利检索工具等。查询专利可以利用国家知识产权局网站的专利检索及分析平台(http://pss-system.cnipa.gov.cn/sipopublicsearch/portal/uiIndex.shtml)。

8. 科技报告

科技报告(Science and Technical Report)又称研究报告和技术报告，是科学技术工作者围绕某个课题研究所取得的成果的正式报告，或对某个课题研究过程中各阶段进展情况的实际记录。科技报告自 20 世纪 20 年代产生以来，发展迅速，已成为继期刊之后的第二大报道科技最新成果的文献类型。目前国际上较著名的科技报告是美国政府的四大报告，即商务(PB)报告、国防(AD)报告、航空航天(NASA)报告、能源(DOE)报告。查询我国的科技报告可以通过国家科技报告服务系统(http://www.nstrs.cn)。

9. 档案文献

(1)定义：档案文献(Archival Documents)指各级政府机构、企事业单位和某些个人在实践工作中形成立卷归档、集中保管、有历史价值的文字、图表、声像等形态的原始文献资料，它是科技、政治、经济、历史的真实记录，是科技工作者进行科研的重要参考资料。

(2)分类：从档案形成领域的公、私属性角度，可分为公务档案和私人档案；从档案形成时间的早晚以及档案作用角度，可分为历史档案和现行档案；从档案内容属性角度，可分为文书档案、科技档案、人事档案、专门档案等。

10. 政府出版物

(1)定义：政府出版物(Government Publication)是指各国政府部门及其设立的专门机构发表、出版的行政性文件(如法令、方针政策、统计资料等)和科技文献(包括政府所属各部门的科技研究报告、科技成果公布、科普资料及技术政策文件等)，其中科技文献占 30%～40%。

(2)分类：①行政性文献(包括立法、司法文献)，主要有政府法令、方针政策、规章制度、决议、指示、统计资料等，主要涉及政治、法律、经济等方面；②科技文献，主要是政府部门的研究报告、标准、专利文献、科技政策文件、公开后的科技档案等，有些研究报告在未列入政府出版物之前已经出版过，故它与其他类型的文献有重复。

政府出版物的公开部分一般都可以从发表该出版物的政府网站上免费获取。

11. 公司产品资料

公司产品资料(Company and Products Data)，是指各国厂商为推销产品而出版发行的各种商业性宣传资料，如公司介绍、样本、说明书等。样本是由商家策划、专人设计，随产品投放市场一起提供给消费者的宣传广告册，是目前为生产厂家广泛采用的一种商业促销手段；说明书是对一种产品的性能、规格、构造、用途及其使用方法等的说明。

需要指出的是，随着文献交流渠道的扩大，科学技术特别是信息技术的迅速发展，科技文献类型之间的耦合现象也日趋明显。例如，有的文献以会议论文的形式发表的同时，还可能以期刊论文或科技报告的形式发表。又如，随着多媒体技术的发展，声像型文献也是计算机可读的。印刷型的文献同时也出版网络版。各种文献的关系与对比见表 1-3 与表 1-4。

表 1-3　各种文献的识别要素、特点与主要用途对比

类型	代码	识别(检索)要素	特　点	主要用途
图书	[M]	书名、著者、出版地、出版社、出版时间、总页数、ISBN 等	图书的内容比较系统、全面，论点成熟、可靠，但传统印刷业图书的出版周期较长，传递信息速度慢	(1) 系统地学习知识； (2) 了解关于领域知识的概要； (3) 查找某一问题的具体答案
学术期刊	[J]	期刊名称，期刊出版的年、卷、期，国际标准连续出版物号(ISSN)	能及时反映各学科发展的最新动向和科学研究的最新成果，是当代科研工作者极为重视的文献类型，其他特点同杂志	(1) 了解与自己的课题相关的研究状况，查找必要的参考文献； (2) 了解某学科水平动态； (3) 学习专业知识
杂志	[J]	同学术性期刊	固定的名称和版式，有连续的出版序号，有专门的编辑机构编辑出版，出版周期短，刊载速度快，数量大，内容较新颖、丰富	(1) 寻找关于流行文化的信息和观点； (2) 得到当前事件的实时信息； (3) 寻找供某一领域非专业人士阅读的文章
会议论文	[C]	会议名称、会址、会期、主办单位、会议录的出版单位	会议文献具有水平高、针对性强、发表快的特点，不少论文常常在正式发表前先提交学术会议交流，观点可能不成熟，但内容新颖	(1) 了解与自己的课题相关的研究状况，查找必要的参考文献； (2) 了解某学科水平动态
学位论文	[D]	学位名称、导师姓名、学位授予机构	数据图表详尽、参考文献丰富、可得到课题研究综述、可跟踪导师的科研进程	(1) 科研开题前的文献调研； (2) 硕士研究生、博士研究生撰写开题报告时； (3) 学习学位论文的写作方法； (4) 追踪学科发展、研究过程
专利	[P]	专利号、专利名称、发明人、申请人	数量庞大、报道快、学科领域广阔、内容新颖、具有实用性和可靠性	(1) 在申请专利前查有无重复； (2) 开发新产品； (3) 了解某领域的技术水平及发展的最新动态； (4) 利用专利情报为进出口业务做参谋； (5) 专利诉讼时查有无侵权
标准	[S]	标准级别、标准名称、审批机构、标准号、颁布时间、实施时间	能较全面地反映标准制定国的经济和技术政策，技术、生产及工艺水平，自然条件及资源情况等	(1) 产品设计、生产、检验； (2) 工程设计、施工； (3) 进出口贸易

续表

类型	代码	识别(检索)要素	特　点	主要用途
科技报告	[R]	报告名称、报告号、研究机构、报告来源、完成时间	内容新颖、详细，专业性强，出版及时，传递信息快，每份报告自成一册，有专门的编号，发行范围控制严格，具有保密性，不易获取原文	(1)了解与自己的课题相关的研究状况，查找必要的参考文献； (2)研究尖端学科或某学科的最新研究课题
政府出版物	[R]/[Z]	出版机构、报告名称、报告来源	政府出版物具有正式性、权威性的特点，内容可靠	了解一个国家的科技政策、经济政策以及科技活动和水平，具有一定的参考价值
报纸	[N]	报纸名称、报纸的出版日期(版次)	报纸具有时事性、时效性、普及性、大众性，出版周期短，传递信息快速，传播范围广	(1)关于国内外或本地的新闻； (2)社论、评论、专家或者大众的观点； (3)大众的或者通俗类信息； (4)地方性或者区域性信息
公司产品资料	[Z]	公司名称、产品名称、样本名称、说明书名称、产品型号	内容具体、通俗易懂，常附外观照片和结构简图，形象、直观。但产品样本的时间性强，使用寿命较短	了解一种产品的性能、规格、构造、用途及其使用方法

表 1-4　各种文献的使用特性对比

内　容	变化程度(递减)
新颖性	科技报告、专利、会议文献、期刊、图书
信息报道速度	科技报告、期刊、会议文献、专利
流通范围广度	期刊、图书、会议文献、专利、政府出版物
发行量	期刊、专利、图书、会议文献
具有法律性	专利、标准
易于获取程度	期刊、图书、会议文献、专利、标准、政府出版物、学位论文、科技报告

提示：不同文献的产生背景不同，具有自身的特点和用途。如果将产生背景和用途结合起来思考，就能在不同的需求下更好地选择合适的文献加以运用。例如，学位论文是为申请学位而完成的科研论文，如果要写学位论文，检索与阅读学位论文就能给检索者提供某一课题的调研现状、研究与写作思路、论文格式等多种参考信息。又如，在进行某种产品开发时检索该类专利与标准非常有效，因为该类专利和标准就是伴随着这类产品的开发与生产而出现的。

1.2.2　按生产加工层次划分

按生产加工层次可以将文献分为一次文献、二次文献和三次文献。

一次文献(Primary Literature)是人们对自然和社会信息进行首次加工而成的文字记载，是文献信息源的主要部分。

二次文献(Secondary Literature)是对一次文献进行加工、整理、提炼和压缩，按其外部特征和内容特征进行有序化，形成一种新的文献形式。二次文献一般具备以下特征：至少有一种检索语言(分类或主题)作为环境支持，具备必要的检索标志，具有丰富的文献记录。

三次文献(Tertiary Literature)是以一次文献为基础，二次文献为手段，将大量的知识信息经过再加工，并且融入整理者自己的看法的文献，它是新的研究的出发点，它本身就是研究的成果之一。国内专门刊登三次文献的期刊不多，科技类评论期刊几乎没有，社科类仅有《中国图书评论》《国际经济评论》《文学评论》《时事资料手册》等；英文期刊中，凡以 Progress(发展)、Advances(进展)、Trends(趋势)、Reviews(评论)等命名的，大多数以刊登三次文献为主。

总之，从一次文献、二次文献到三次文献，是一个由分散到集中、由无序到有序、由博到精、对知识信息所进行的不同层次的加工过程。它们所含信息的质和量是不同的，对于改善人们的知识结构所起到的作用也不同(表 1-5)。它们之间的关系是：一次文献是基础，是检索的对象；二次文献是检索一次文献的工具；三次文献是一次、二次文献的浓缩和延伸。从一次文献、二次文献到三次文献的加工反映了文献的集中和有序化过程，而用户对原始文献的索求则往往是一个逆向的过程(图 1-4)。

表 1-5　各次文献的类型与特征

类　型	代表类型	特　征
一次文献	政府报告、政策文件、统计资料、产品目录、报纸、科技报告、期刊论文、档案资料	是最重要的文献，是全部文献的基础。数量庞大、内容分散、无系统性、不便于管理与传播
二次文献	书目、索引、简介、文摘	作为寻找一次文献的指南和向导，能提供多种检索途径(分类、主题、著者、团体著者、会议名称等)
三次文献	专题报告、综述、进展、手册、百科全书、年鉴等工具书	可以充分利用反映某一领域研究动态的综述类文献信息，在短时间内了解其历史、动态、水平等

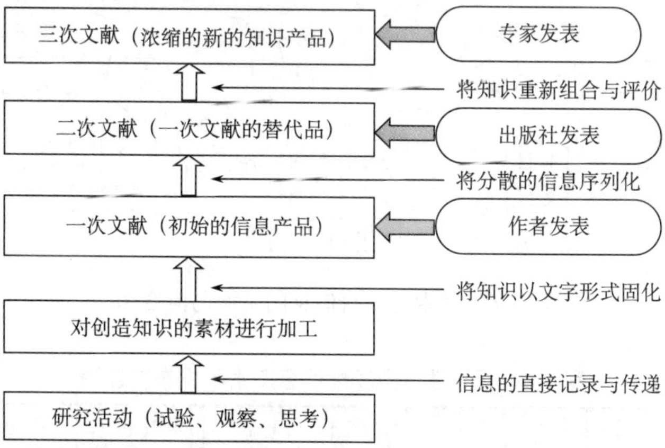

图 1-4　各次文献的关系与转换

1.2.3　各种不同类型文献的关系与对比

文献的各种分类是为人们认识与使用提供便利的。如果将多种分类结合起来使用(图 1-5)，就能更好地认识某一特定文献。文献也是对历史与现实事件及其研究的记录。随着某一事件的自身发展，或者随着研究者研究的深入，记录文献的类型也会变化，如图 1-6、表 1-6、表 1-7 所示。

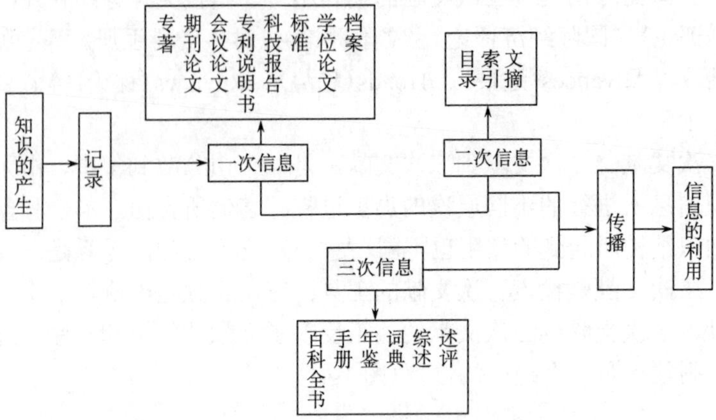

图 1-5　按出版方式分类与加工层次分类文献的关系

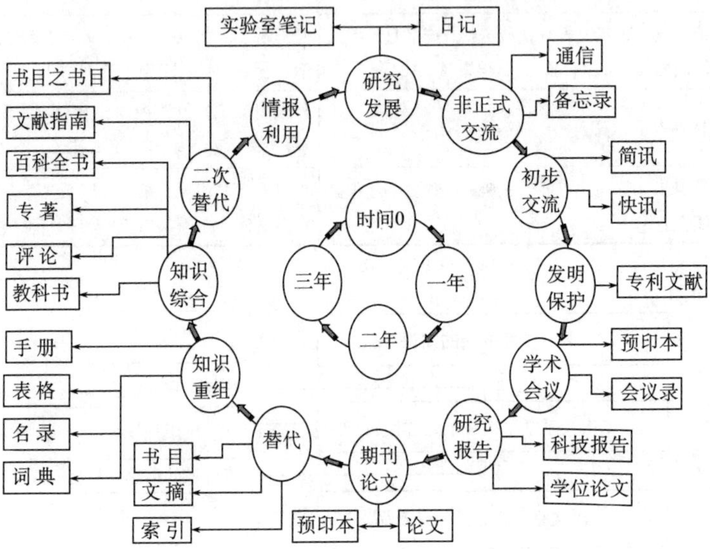

图 1-6　学术与科研信息的生产与流变图

表 1-6　新闻性与突发性信息产生和发布的流程

事件发生前	几分钟至一天		一天至几天	几周	几月	一年至几年
无形空间	电视、广播、网络新闻		报纸	流行杂志	学术性期刊	图书、政府出版物、参考工具书(百科全书、手册等)

表 1-7　新闻性与突发性信息所需的查找工具

信息提供时间	资源类型及其查找工具
事件发生之前	搜索引擎：查找内部资源，如邮件列表、内部简讯及其他基于 Web 的档案。 图书馆目录：历史书及特殊馆藏资源、专业数据库中历史期刊文章。 其他专业数据库：咨询学科馆员的建议
事件发生之后立刻 一天或几天后	搜索引擎、报纸网站及其他网络新闻网站。 专业数据库(如 Newspaper Abstracts)：查找在电视、广播和报纸上发布的新闻
一周或几周后	专业数据库：流行的杂志文章
一月或几月后	专业数据库：学术性期刊文献
一年至三年	图书馆目录：图书和会议录。 专业数据库：会议录。 咨询图书馆员：会议文献的查找需要一些技巧
五年或更长时间	图书馆目录：参考资料(百科全书、手册、统计源等)。 咨询图书馆学科馆员：每个图书馆都有很多参考资源

思考与训练：分别从网络、杂志、报纸、图书文献中检索新冠肺炎疫情方面的文献，对比从其发生以来的文献类型与数量的变化。

1.3　信息素养

1.3.1　信息素养的概念

信息素养(Information Literacy)又称信息素质。1989 年，美国图书馆协会将其定义为：具备较高信息素养的人，是一个有能力觉察信息需求的时机并且能够检索、评价以及高效地利用所需信息的人，是一个知道如何学习的人。他们知道了如何学习的原因在于，他们掌握了知识的组织机理，知晓如何发现信息以及利用信息。他们是有能力终身学习的人，是有能力为所有的任务与决策提供信息支持的人。目前，该定义已得到世界范围内的广泛认同。

信息素养包含三个方面。一是信息意识，即对信息的敏感度，也就是对信息的感知与洞察力，即能从一条信息表象、信息所包含的内容中进行逻辑推理，捕捉到信息本身隐含的有价值的部分并能辨别真伪；能将有价值的信息与某种事物迅速关联，从中找到解决问题的方法，做出重大发现与创新。二是信息能力。信息能力是指人们有效利用信息技术和信息资源获取、加工、管理与评价信息，创造与交流新信息的能力，即知道信息源在哪里、如何利用检索技术又快又准检索到所需信息、如何管理信息、如何评价信息。例如，要完成一篇毕业论文，仅用我们熟悉的百度就可完成一篇高质量的论文吗？答案是否定的，因为百度只是一个通用搜索引擎，虽然信息丰富，资源类型全面，可是专指度不深，专业资源有限。三是信息道德，由于信息技术的飞速发展，如今网络信息高度发达，给人们获取信息带来方便的同时也给我们提出了问题，如何避免不利用信息技术进行犯罪活动，不剽窃、抄袭他人科研成果，不在网上发布恶毒攻击他人信息，注意信息安全，学会自我保护等。这就需要我们学习相关法律、法规，约束自己的网络行为，培养信息伦理道德，尊重他人劳动成果，尊重他人知识产权，抵制网络不良诱惑。

1.3.2 信息素养的作用

1. 信息素养对学生个体的益处

教育系统和机构必须认真对待信息时代的挑战。这一挑战至少包含以下两方面的内涵：其一是重建学习过程，以反思在现实世界中信息的利用；其二是教师角色的转变，使其从预先设计好的事实呈现者转变为主动学习的促进者和作为课程规划合作者的图书馆信息专家，以便更加有效地促进信息资源的利用。

基于资源学习而培养出的信息素养，消解了由传统的学校教育而产生的信息依赖，即学生必须以老师作为信息的依赖。学生在学习中有更多的自主权，老师也从无所不知的专家角色中解放出来，其在小团体或个人层面的互动中的促进作用变得越来越重要。基于资源学习的最终成果通常是一篇论文、一次课程呈现或一场表演。无论在何处以及如何获得的信息素养，在任何一所学校、任何比赛或任何工作情况下都是适用的。

不同兴趣和能力水平的学生都可以参与基于资源的学习。当学生以自己的方法来研究一个题目或主题时，不需要准确地阅读同一主题的相同材料。当教师鼓励学生自身做研究时，学生能自主学习，能主动地收集并保有更多资料。

信息素养使学生成为信息资源更有效的消费者。他们通过学习认识到信息以不同的方式存在和被加工，并为满足各种兴趣而被利用，它包含了各种有价值的消息。具有信息素养的学生在决定他们使用的资源时更具判断力。

因此在学习与研究过程中，有效使用图书馆资源和网络资源，将节省大量时间和减轻挫折感。学习如何评估选择的各种信息资源是提高学生成绩的保证。学生从中学到的技能，不仅能够帮助其顺利完成课堂作业，还将使其在以后的职业生涯中持续受益。当前网络资源非常丰富，如何找到与学习主体学习目标和知识结构相应的资源就非常重要。

【案例 1-3】例如，要学习 Python，可以在网上查到关于 Python 的视频、讲稿、网页，还有网络教材以及网友关于 Python 的学习心得等。

2. 信息素养对公民个体的益处

为了有效地应对不断变化的环境，人们需要的不再仅仅是一个知识基础，还需要了解一些利用信息的技巧，以便进行探索、沟通和在现实中使用信息。

具有信息素养的公民，知道如何在工作和日常生活中利用信息，并使其发挥最大的优势：当需要查找一个企业的位置、如何投票，或“是否要生一个孩子”的信息时，他们会找到最佳的答案；他们能够较为全面地评价新闻广播、广告和政治竞选演说，能够识别如统计数据用于支持一个复杂问题时的另一面。对当前政策问题带来前所未有的复杂性和国际影响(如移民和人才外流、毒品危机以及环境状况等)，他们能够理性听取各种信息及其观点。当统计数据涉及问题的所有方面时，信息素养也能让公民识别欺骗和造谣，做出真正明智的选择。

具有信息素养的公民能够充分领会信息的价值和力量。他们相信，需要信息来解决各种问题，包括在自己的日常生活中以及在社区和社会上遇到的问题。他们明白，这些信息不一定是知识，只有它已被分析和质疑，并融入自己现有的知识体系和经验之中时才能变成知识。他们因此成为终身学习者，因为他们知道如何学习。

随着科学技术的飞速发展，知识老化现象也不断加重。只有不断自学、进修，才能适应迅速发展变化的信息时代的要求。除了阅读、写作和算术的基本技能，21 世纪的员工需要复杂的分析能力。信息时代的技术工具(如计算机网络、电信系统、数据库)，将前所未有的大量信息置于我们的指尖。然而，我们如何知道什么是可得到的、什么时候使用它，以及如何找到它？

1.3.3　信息素养框架

美国大学与研究图书馆协会(Association of College & Research Libraries，ACRL)于 2015 年 2 月发布的《高等教育信息素养框架》(简称《框架》，见表 1-8)，得到了广泛关注和采用，成为事实上的全球信息素养标准框架。《框架》提出，信息素养是一套紧密关联的能力，包括进行信息反思性学习、了解信息生产与评价及在创造新知识和参与群体学习时合法合理运用信息。《框架》由六个子框架组成，每个子框架代表一项信息素养学习中的阈值概念，并为每个子框架提供两类知识点，用于强调与阈值概念相关的学习成果：实践行为增加学生对信息素养的实践理解，思维观念指明学习的情感、态度及价值。《框架》将信息素养贯穿整个生涯，强调信息素养在元认知、情感、认知和社会四个维度与信息生态圈的协调发展。

表 1-8　信息素养框架

阈值概念	实践行为	思维观念
学术是一种对话	(1)辨识具体文章、图书及其他素材对构建学科知识的作用； (2)总结一个具体学术问题的观点沿袭和发展； (3)身体力行地促进学术对话(网上社群、研讨会、投稿、参会发言等)； (4)预估到手头资料可能仅从一个角度，甚至是从非主流角度对问题进行了解读； (5)批判地衡量他人在参与式信息环境中的作为； (6)意识到自己要加入学术对话，而不是仅关注已完结的对话	(1)找到自身研究领域中正在开展的对话； (2)在听取足够大范围的学术对话前不急于判定手头素材的学术价值； (3)清楚很多场合都能开展学术对话； (4)重视用户自生成内容，批判地评价他人作为； (5)知道自己也应为学术做贡献，而非一味索取； (6)知道参与对话时自身的责任
科研是一种探究活动	(1)从探究的高度看待科研，提升对自身工作重要性的认识； (2)根据具体需求、课程及探究类型，采用多种方法实现知识创新； (3)根据自身信息空白或已有的数据提出研究问题； (4)在共享环境中与合作伙伴有效沟通并了解新观点； (5)利用新技术开展具备全球视野的、资讯及时的自主学习	(1)重视灵活性、持久性和适应性，明白研究中的疑惑其实有益处； (2)乐于将进行中的与研究相关的活动转化为更正式的科研； (3)当面对不熟悉的新任务，需努力掌握新理论、新方法时，能进行严谨的思考； (4)在问题深入和学习新研究方法时保持求知欲； (5)明白学习是一个过程，不断总结经验教训能带来新见解和新发现

续表

阈值概念	实践行为	思维观念
具体环境决定信息的权威性	(1) 依具体需求选择程度合适的权威信息； (2) 接收信息时能识别出权威性和限制性； (3) 知道即便很多学科都把权威人士或出版物奉为“标准”，仍有学者不断对其进行挑战； (4) 明白权威素材既有正规学术式的也有非正式的，且可能掺进了其他用户生成的信息； (5) 知道自己可能会在特定时期和领域内被视为权威，要明白肩负的责任； (6) 积极评估用户反馈信息，了解传统媒介和社交媒介的不同反馈机制及环境	(1) 对不同甚至对立的看法秉承开放态度； (2) 有寻找权威资源的积极性，意识到其可能会以意想不到的方式被认可并体现出来； (3) 清楚尽可能地用批判性思维去评估信息素材非常重要； (4) 意识到按传统观念去找权威信息可能存在隐忧； (5) 经常自我督促以保持上述态度和行为
信息格式是信息生产过程的体现	(1) 明白信息格式与获取途径不是必然相关的； (2) 懂得信息创造过程差异决定了不同用途； (3) 了解多种格式的信息的生产目的及特点； (4) 找出最符合具体需求的信息格式； (5) 通过最合适的格式和行为传播自己创造的信息； (6) 在不断变革的新环境中把知识转换成新格式	(1) 主动辨别能体现信息资源创造过程的标志性特征； (2) 检索信息时能确认最有效的格式； (3) 明白不同传播途径中格式各异的信息皆有可用之处
检索是一种策略性探索	(1) 根据需求明确任务及问题范围； (2) 确认能提供信息的相关各方及信息如何获取； (3) 根据制定的检索需求及策略选择合适的检索； (4) 对一些检索工具能制定简单或进阶两种检索策略，并明白各自的优点； (5) 用心体会引文管理及共享的作用，将其从信息检索纳入信息管理中	(1) 在检索中始终做到坚持不懈和灵活应变； (2) 对初次检索未获得理想结果有心理准备； (3) 懂得要先分析需求再开始检索； (4) 知道日常浏览或其他随意的信息采集法也会带来收获； (5) 在检索中不断重估需求并调整行动
信息有价值	(1) 通过合理引用和归属声明体现对他人原创成果的尊重； (2) 了解美国对知识产权的定义； (3) 明白知识产权是一种因文化而异的社会建构物； (4) 清楚具有版权信息、开放获取信息及公共信息各自的生产目的及区别； (5) 能找到公开获取的素材； (6) 能区分原创信息、综合信息及二次发布的资源； (7) 有责任心地管理自己上网发布的资源； (8) 从知识创造者角度判定自己的信息该何处发布	(1) 尊重他人原创成果以及学术成果引用和归属传统； (2) 重视生产信息所需的创造力； (3) 自视为信息市场贡献者之一，而非仅仅消费者； (4) 明白信息资源有权或无权使用方面的问题； (5) 知道有些人或人群缺席当前的信息圈

1.4 信息安全与信息识别

信息安全是对信息和信息系统进行保护，防止未授权的访问、使用、泄露、中断、修改、破坏并以此提供保密性、完整性和可用性。随着网络和信息技术的发展，信息的搜集变得越来越容易。信息时代，具备信息安全意识、合理合法地保护信息、识别信息变得尤为重要。

1.4.1　国家信息安全

党的二十大报告指出："国家安全是民族复兴的根基，社会稳定是国家强盛的前提。"在移动互联网时代，信息安全已成为国家安全的重要组成部分。公民如何有效保守国家秘密，守护安全防线，已成为国家关心的重要问题。

1. 国家秘密的内涵及范围

《中华人民共和国保守国家秘密法》(简称《保密法》)规定，"涉及国家安全和利益的事项，泄露后可能损害国家在政治、经济、国防、外交等领域的安全和利益的，应当确定为国家秘密。"总体而言，国家秘密主要包括以下事项：

(1) 国家事务重大决策中的秘密事项；

(2) 国防建设和武装力量活动中的秘密事项；

(3) 外交和外事活动中的秘密事项以及对外承担保密义务的秘密事项；

(4) 国民经济和社会发展中的秘密事项；

(5) 科学技术中的秘密事项；

(6) 维护国家安全活动和追查刑事犯罪中的秘密事项；

(7) 经国家保密行政管理部门确定的其他秘密事项。

2. 国家秘密的保护

2015 年 7 月 1 日，第十二届全国人民代表大会常务委员会第十五次会议通过《中华人民共和国国家安全法》(简称《国安法》)，将每年 4 月 15 日确定为全民国家安全教育日，并要求公民必须遵守宪法和法律，保守国家秘密。

除了《保密法》《国安法》以外，我国颁布并实施的《中华人民共和国宪法》《中华人民共和国刑法》《中华人民共和国计算机信息系统安全保护条例》《信息安全等级保护管理办法》等有关法律法规，构成了国家秘密的多重法律保护体系。因此，任何公民在信息获取、传播和利用等活动中，均不得非法检索、查阅、收集、分享与使用危害国家安全和利益的国家秘密，否则，就会受到相应的法律制裁。具体义务见图 1-7。任何组织和个人发现危害国家安全的情况和线索，均可以拨打全国国家安全机关举报受理电话 12339 进行举报。国家安全机关举报受理平台为 https://www.12339.gov.cn。

提示：在校学生、科研人员和军方人士都是境外间谍策反的重点对象。公民在网上求职、交友时，应当心被境外间谍欺骗、利用、策反、发展、运用，对方可能会以各种正规机构作为掩饰，以各种名义让涉世未深的年轻人深入一些涉密单位及周边拍摄，或是接触一些涉密人员，从而达到他们窃取情报信息的目的。

【案例 1-4】2019 年 3 月，在校大学生庄某在"××全职兼职"QQ 群中寻找兼职。一群成员主动申请添加庄某为 QQ 好友，并向其提供"某军港附近地图信息采集和沿街商铺拍摄"的兼职工作，要求"每天工作 3 小时，一周工作 3 天，日工资 200 元"。庄某按对方要求，先后 8 次应对方要求拍摄我军事目标及附近街道店铺、路况等，每次拍摄 100～200 张照片，并用租船出海抵近观察等方式，先后 10 次赴我某海军舰队实施预警观察搜集。在此期间，境外情报机关还对庄某进行了安全培训，要求以“观察记录为主、拍照为辅”的方式搜集和传送军舰舷号。2019 年 12 月，××市中级人民法院以为境外非法提供国家秘密罪判处庄某有期徒刑 5 年 6 个月，剥夺政治权利 1 年。

公民和组织应当履行下列维护国家安全的义务：

（一）遵守宪法、法律法规关于国家安全的有关规定；

（二）及时报告危害国家安全活动的线索；

（三）如实提供所知悉的涉及危害国家安全活动的证据；

（四）为国家安全工作提供便利条件或者其他协助；

（五）向国家安全机关、公安机关和有关军事机关提供必要的支持和协助；

（六）保守所知悉的国家秘密；

（七）法律、行政法规规定的其他义务。

任何个人和组织不得有危害国家安全的行为，不得向危害国家安全的个人或者组织提供任何资助或者协助。

图 1-7　维护国家安全的义务内容

1.4.2　商业秘密保护

1. 商业秘密的内涵

根据《中华人民共和国反不正当竞争法》（简称《反不正当竞争法》）第九条规定，商业秘密是指不为公众所知悉、具有商业价值并经权利人采取相应保密措施的技术信息、经营信息等商业信息。其中，商业秘密中的技术信息是指技术配方、技术诀窍、技术流程等信息；而经营信息是指有关经营的重大决策，以及与往来客户的情况等信息。

2. 商业秘密的保护

目前，我国已经颁布并实施了《反不正当竞争法》《中华人民共和国劳动法》《中华人民共和国民法典》《中华人民共和国刑法》《中华人民共和国计算机信息系统安全保护条例》等行政法、刑法和法规，对商业秘密信息加以保护。任何人侵犯商业秘密、涉嫌给商业秘密权利人造成一定数额以上的直接经济损失，或者造成其他严重后果，都应当负相应的法律责任。

《中华人民共和国劳动法》第二十二条规定，劳动合同当事人可以在劳动合同中约定保守用人单位商业秘密的有关事项。因此，企业常常通过以下三种方式保护商业秘密。

(1) 与职工签订保密合同保护商业秘密。

(2) 采取经济手段保护商业秘密，如以优厚的待遇或以劳动合同长期化的方法来保护商业秘密。

(3) 建立健全商业秘密保护制度，如制定出一套符合商业秘密运作规律的管理制度。

此外，为防范信息黑客等的入侵，企业应当增强自身网络信息系统的安全防范投入，建立专门的信息安全团队或者外包给专业的信息安全公司去维护。

1.4.3　个人信息隐私保护

随着信息社会的发展，个人信息的安全问题日益凸显。大数据时代处理好个人信息保护与技术发展的关系至关重要，面对持续高发的网络诈骗犯罪，每个人都应该行动起来，提高个人信息保护意识。个人信息的泄露主要集中在信息收集、处理、传输和利用等环节中。概括起来，个人信息安全遭到侵害主要表现在非法获取、传输、利用用户的个人数据资料等方面。大数据时代，如何保护个人信息安全?

(1)增强自我保护意识。在日常生活中，只要涉及个人信息的，如快递单、车票、机票、账单、带有位置信息的图片、朋友圈、直播等，均应有意识地加以清除、销毁或屏蔽。不要在个人空间博客和社交网站上晒照片和暴露个人真实信息与私密信息；对于实名制票据，包括火车票、飞机票等，不要随便丢弃；不要把重要信息保存到计算机和手机上，也尽量不要使用网盘和云存储，以免信息被窃取；在日常生活中，不要为了贪图小利办理打折卡和会员积分卡，而把个人信息随便透露给商家；废旧手机和计算机，不要随便丢弃和售卖，以免泄露个人隐私。

(2)保护好账号和密码。对于不同信息的保护，尽量不要使用简单的密码，更不要所有平台账号用同一个密码。不定期修改网络账号的密码，密码设置不要过于简单，不要少于8 位；手机和平板电脑谨慎使用公共设备，如无密码的公共免费 Wi-Fi、重名 Wi-Fi，以及自动连接的 Wi-Fi；不要用手机随便扫描二维码，不下载、安装和使用来历不明的程序软件和 APP。在用计算机登录网银、购物网站和邮箱等个人账号时，操作完毕必须单击“退出”或“安全退出”。谨慎安装来历不明 APP，避免其读取你的个人信息。

(3)删除痕迹和文件。在计算机上使用浏览器时，可以开启“无痕浏览”(并不是每个浏览器都有)，或者在选项中稍加设置——可以选择“退出浏览器时，自动清除浏览痕迹”和“一律不保存密码”。在计算机上删除重要文件时，不要删除到回收站，而是用安全软件上的“文件粉碎工具”将文件直接粉碎。计算机上登录微博、邮箱、QQ 及 QQ 空间等网络账号时，最好使用手机客户端扫描登录页面上的二维码来进行登录——免去手动输入账号密码的麻烦，又最大限度地保护了密码安全，只要登录页面上有此项功能就尽量使用。

提示：网络时代，保护个人信息安全非常重要，一是不要随意发表或者转载情绪化评论和点赞，所有发表的意见都是自己理性思考的结果，并且有事实依据；二是涉及个人财产隐私的银行卡和支付行为，大家一定要有保护意识，要设置支付验证手段；三是保护消费行为隐私，尽量不长期使用一个 APP 或者网站，而是多个 APP 和网站交替使用与互相验证。

1.4.4　信息识别

1. 虚假新闻的识别

国际图书馆协会联合会(IFLA)就 HOW TO SPOT FAKE NEWS 给出了八条建议，即“如何识别虚假新闻”指南。主要包括：①考察新闻的来源，即尽量不局限于新闻本身，而是要调查其发布新闻的网站、发布机构的目的和联系信息；②读“全”，即弄清楚整个事件的相关内容；③通过查询了解作者信息，快速考察作者是否值得信赖；④查找论据，单击文中的链接，确认链接中提供的信息能否支撑新闻中的观点；⑤核实日期，即注意重复发布的旧新闻，不意味着与现在的新闻有关；⑥是否是个玩笑，即如果新闻所提及的事件太异乎寻常，那可能只是讽刺，需要考证发布的网站和作者来确认；⑦核实自己对此新闻有无偏见，即确认自己现有的认知是否会影响对此新闻的判断；⑧请教专家，即咨询图书馆员，或者专注于核查事实真相的网站。

【案例 1-5】某日报微博发表双黄连可抑制冠状病毒，引发人们抢购的事件。这起虚假信息由于发布者的影响力造成很大的社会影响。科研成果的报道一般来说最少要有两个信息来源的佐证，即对科学研究的相关人员采访和研究数据的佐证，缺乏这两个佐证，其可信度就会大大降低。

2. 网络谣言识别

网络上充斥着许多谣言，如微波炉加热食物致癌、柑橘蛆虫事件、山西地震谣言等，不一而足。针对这类信息，可通过如下方式进行鉴别：

(1) 权威的、官方渠道，如食品安全国家标准数据检索平台；

(2) 中国互联网联合辟谣平台(https://www.piyao.org.cn)；

(3) 果壳网谣言粉碎机(https://www.guokr.com/scientific/channel/fact)；

(4) 微信通过公众号“谣言过滤器”推出“辟谣小助手”服务。

3. 医疗信息识别

用药等医疗安全信息可通过以下渠道获取：

(1) 国家药品监督管理局(http://www.nmpa.gov.cn)“医疗器械”栏目下的“医疗器械查询”、国家市场监督管理总局(http://www.samr.gov.cn)，可查询药品、医疗器械和化妆品等信息。

化妆品查询

(2) 国家卫生健康委员会(http://www.nhc.gov.cn)，此网站的“服务”栏目下，可查询《国家基本药物目录》(2018 年版)，以及医疗卫生机构和医生、护士等相关人员的资质和信用等信息。

(3) 美国食品药品监督管理局(http://www.fda.gov)。

(4) 世界卫生组织(WHO)也提供基本药物标准清单等信息。

4. 防止信息诈骗

(1) 避免个人资料外泄，对不熟悉的金融业务尽量不要在 ATM 上操作，应到柜面直接办理。切勿相信银行账户涉及犯罪等谎言。

(2) 不要轻信陌生电话和短信。当接到疑似诈骗电话或短信时，要注意核实对方身份，尤其是对方要求向指定账户汇款时，不要轻易汇款，应第一时间告知家属商量解决或咨询公安机关；公安机关不可能提供安全账户，更不会指导我们转账、设密码。

(3) 不因贪小利而受不法分子或违法短信的诱惑，无论什么情况，都不向对方透露自己及家人的身份信息、存款、银行卡等情况。

(4) 接到陌生电话、短信或不良信息，要主动向属地公安机关或电信监管部门举报。

(5) 催缴电话费是电信部门对客户使用正常客服电话，通过计算机语音进行提醒的一种商业服务手段，不可能直接转接公、检、法等执法部门。

(6) 对冒充各类工作人员直接打电话进行诈骗的，一定要注意来电显示的电话类型。对于一些不熟悉，不像是正常座机手机号码的电话，尤其是电话前带有 00019 的号码请不要理睬。

(7) 任何通过电话、短信要求当事人对自己的存款进行银行转账、汇款的，或者声称为自己提供公证账户、安全账户进行存款保护的，千万不要轻信。

(8) 要保守好家庭以及个人的各类信息，如银行账号、银行密码、家庭住址等。遇到不明白的事不要急于做决定，要先和家人联系、沟通，防止受骗。

(9) 认真审视分析每一条信息和每一个来电，不轻信他人之言，遇事多与家人协商，或以直接回拨号码等方法进行甄别。

【案例 1-6】寒暑假期间，各种兼职广告层出不穷。有很多广告就存在着信息虚假和信息夸张的情况。很多广告都说，只要刷视频、看小说或者查询新闻时事就可以获得金币，并且兑换现金。当现金达到一定金额时，就可以提现到微信或者支付宝。这些在下载的软件里确实可以做到。但是他们的宣传力度，以及广告时提到的提现金额与现实中相差特别大。他们的广告里普遍都说，一天几十元上百元不成问题，甚至有的说可以月入 2 万元。但实际上当真的开始操作时，赚钱最快的软件一个月最多也就赚二三十元，而更多的其实却是大半个月才几元。希望大家不要被广告里那些兼职赚钱的巨额盈利给迷惑住双眼。

5. 常用信息识别网站

(1) 查企业信用信息。

国家企业信用信息公示系统 (http://www.gsxt.gov.cn)、企查查 (https://www.qcc.com)、天眼查 (https://www.tianyancha.com)、爱企查 (https://aiqicha.baidu.com)。

(2) 查企业是否失信或者有法律诉讼。

失信信息查询：中国执行信息公开网 (http://zxgk.court.gov.cn)。

法律诉讼查询：中国裁判文书网 (http://wenshu.court.gov.cn)。

(3) 查学历和学位。

学历查询官方网站：中国高等教育学生信息网 (学信网) (https://www.chsi.com.cn)。

学位查询官方网站：中国学位与研究生教育信息网 (http://www.chinadegrees.com.cn)。

(4) 真假记者、报纸、刊物查询。

中国记者网 (http://press.nppa.gov.cn) 主页上有新闻记者证和媒体查询栏目。

(5) 网站备案查询。

通过工业和信息化部政务服务平台 ICP/IP 地址/域名信息备案管理系统 (https://beian.miit.gov.cn/#/Integrated/index) 输入单位名称或域名或备案号进行查询，也可以进行违法违规域名查询。

(6) 虚假和不良信息举报网站和反诈骗资源。

违法和不良信息举报中心 (https://www.12377.cn)。

网络违法犯罪举报网站 (http://www.cyberpolice.cn) (公安部)。

全民反诈 APP。

全国反电信网络诈骗专用号码 96110。

提示：防止信息诈骗的三种方式。一是多思考，看是否符合常识，天上不会掉馅饼，没有无缘无故的中大奖、高额返现、轻松挣钱，没有参与的事也不会无缘无故地与你产生联系；二是遇到诈骗类信息时学会与朋友、亲人分享与交流，因为一般诈骗都会设一个局和场景，跳出这个局和利用多人的智慧就比较容易识破；三是核实，可以通过内容涉及的官方网站查询正规电话，进行核实，如涉及银行、公安、期刊、淘宝等都有相应电话可以核实，如果涉及企业不知名，也可以通过爱企查查询该企业是否有违法行为，办公地址与登记地址是否一致，是不是冒名顶替。

1.5　学习信息检索的目标与方法

一位哈佛大学教授说过，教育的目的不是学会一堆知识，而是学会一种思维。比尔盖茨认为“使您的公司领先于众多公司的最好方法，就是利用信息来干最好的工作。您怎样收集、管理和使用信息将决定您的输赢”。四年大学期间大学生要完成的不仅仅是学业，更重要的是要学会思考。因为毕业后首当其冲的问题就是要独自面对社会的方方面面。“信息检索”课程是一门理论性、实践性、应用性很强的工具课与方法课，不仅能提高大学生的信息素质，学会开发与利用信息，最重要的是在如此丰富多彩的信息海洋世界里，帮助学生培养自己的批判性思维、前瞻性思维模式，利用信息对人生目标与未来做出预判，做出规划，做一个有追求的人。

1.5.1　学习信息检索的目标

1. 培养自觉、敏感的信息意识

信息意识是指人们对信息需求的自我意识，即感受、理解和评价自然界以及社会中的各种现象、行为，并具有捕捉、判断有用信息的感觉。信息意识具体表现为对信息的敏感度、选择能力和消化吸收能力。信息意识决定着人们捕捉、判断和利用信息的自觉程度，而信息意识的强烈与否对信息价值的发掘和文献获取能力的提升起着关键的作用。

【案例 1-7】近年来，我国经常出现食品安全问题，如果你具有较强的信息意识，作为生产者，严格按照标准与流程进行生产就是企业要坚持与提高的方向；作为市场参与者，生产食品检测设备也许有利可图；作为消费者，及时关注政府部门发布的食品检测信息，提高挑选与鉴别能力，避免误购与误食；作为在校学生，结合你的专业知识，可以思考解决食品安全之道，并根据思考的问题去学习，去查阅资料。

2. 培养信息能力

信息能力是指人们有效获取信息、加工处理信息以及创造新信息的能力。信息能力是信息素质诸要素中的核心。大学生必须具备较强的信息能力，否则难以在信息社会中生存和发展。信息能力包括三个层次，如图 1-8 所示。

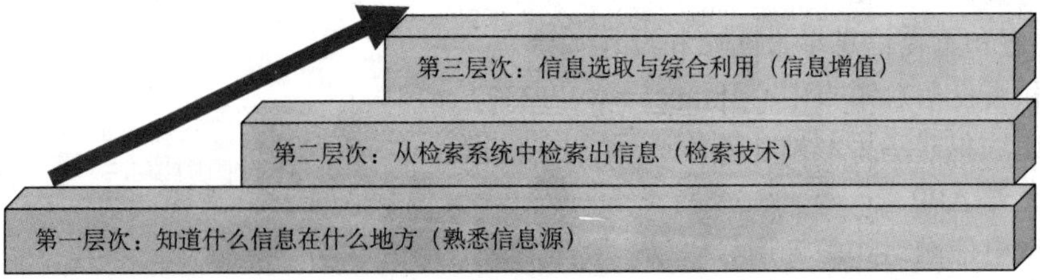

图 1-8　信息能力的三个层次

【**案例 1-8**】例如，自助去某地旅游，你能够检索相关的交通线路吗？你能找到天气情况吗？你知道该地最值得参观与体验的历史地理文化场所吗？能找到当地的美食吗？能找到适合你的住宿吗？整个行程规划过程就是一个全面的信息检索过程，也是将各种信息结合自身情况进行加工与处理的过程。如果你有较强的信息能力，很快就可以完成规划。

3. 培养信息道德

信息道德包括学会对媒体信息进行判断和选择；自觉地选择对学习、生活有用的内容；不利用计算机网络从事危害他人信息系统和网络安全、侵犯他人合法权益的活动；自觉保护他人的知识产权、隐私权等，不传递不良信息等。高尚的信息道德是确保信息行为正确的保证。信息道德甚至关系到整个社会信息素养发展的方向。

【**案例 1-9**】一款名为 MSN Chat Monitor & Sniffer 的软件制造了 MSN 偷窥门事件，让众多 MSN 用户绷紧神经。普通人使用该软件，不仅可以轻松看到局域网内部所有 MSN 用户的 MSN 地址，而且能够窥视到其中的聊天内容，整个过程不需要网管的协助。这是一种涉及侵犯别人隐私的行为，如果被窥视人追究，可能惹上官司。

帮助大学生树立远大理想，在知识更新加速、竞争激烈的时代，要有抢占第一信息意识，培养终身学习的意识。只有具备这种能力，才能在以后的人生路上迎接各种挑战。因此，学好“网络信息检索”课程，可以说终生受用无穷。

1.5.2　学习信息检索的方法

1. 把需求与检索结合

需求是最好的老师，把信息检索练习跟学习、工作与生活中的需求结合起来，就能达到事半功倍的效果，例如，关于大学生创新创业能力、恋爱、就业、心理健康、网瘾等问题，以及其他社会热点问题，或者专业与行业内的新变化，均可利用数据库检索学术性期刊，分析专家学者的观点，而不仅仅是报纸、网络等信息。长期保持下去，就能增加自身的理性思维与信息素养。尤其是应该将信息检索与专业知识学习结合起来，只有具备了深厚的专业知识，检索词才会提炼得准确而全面。对检索结果的价值判断，也需要专业知识作为支撑。

信息检索是一门技术，实践性很强，信息素养的提高与检索能力的培养均需在实践中逐步完善。面对众多的搜索引擎、繁杂的网络资源以及琳琅满目的图书馆数据库，一定要多加练习，不断地从检索过程中获得经验，并在寻找、选择、检索过程中注意对比鉴别，如了解不同数据库的结构特点、总结不同检索系统的使用方法等。下面是一个检索和生活结合的案例。

【**案例 1-10**】目标、规划与信息检索。进入大学后，第一学年是适应大学生活，认真学习阶段，到大二时一般就要考虑自己的发展方向，首先分析自己的性格特征和关键能力，如果性格文静，喜欢安静，具有较强的逻辑思维能力，那么你适合做研究；如果你性格外向活泼，擅长社交，喜欢与人打交道，具有良好的沟通协调能力和开拓精神，可以考虑自己创业；如果你有从政志愿，可以去考公务员；还有的同学本科毕业后就业，那你就关注招聘信息；如果计划毕业后出国深造，那你从大二开始就要备战外语。总之，无论做何种选择，都需要你提前规划与准备，了解相关信息。例如，如果你要考取国内研究生，就要提前知晓登录哪个权威网站，查找当年考研政策、所学专业有哪些学校招生、专业排名，导师是否是本专业领军人物(这一点很重要，关乎学术起点)；考试分数上国家线，而面试没有通过，你又未打算复读，这时应知道上哪个网站查看准确可靠的调剂信息、如何与调剂学校尽快取得联系等。以上因素都要考虑进去，做足准备，才能万无一失。

2. 多交流

信息检索既是一门科学，也是一门艺术。科学是指其有特定的规律；艺术则指其灵活多变性，即突破常规的意外收获。这是检索过程中的一个亮点。

检索无定式，入门容易，但检索水平的提高并非易事。不同问题的检索对象、检索流程都不一样。但是通过检索经验的相互交流，则能够获得比较快速的提高，例如，可以相互交流搜索引擎的使用技巧、网络不良信息的识别方式等。

3. 多对比与多总结

在检索技术上，一个快速提高的手段就是采用对比与物尽其用的方法。对比是在检索时同时打开多个检索工具(如同时打开 Google 和百度、CNKI 和万方)，同一检索工具打开多个检索方式(如浏览、初级检索、高级检索)。通过对比检索过程与检索结果，不仅能发现各种检索工具的特点，还能发现不同检索工具与检索方式的差异。物尽其用是指每一个检索工具都有很多的检索项(如分类、检索字段、检索输入框、检索限制)和检索结果页面显示项目(如分类、排序、主要作者与机构列表等)。在练习时，要尽量做到使用每一个项目，并通过使用该项目观察结果变化，从而达到提高检索技能的目的。

要克服对数据库与检索平台的畏惧感。因为当下检索技术和检索方法的发展趋势是渐趋简单和人性化，各种数据库也越来越向集成化和统一检索平台发展。如果注意每个检索过程的经验积累，从每一个具体的检索过程中总结出此类检索的一般规律，那么检索水平就会逐渐提高，避免以后的检索再走弯路。

4. 认真聆听教师课堂讲授

我们所处的信息环境是在不断变化的。教材永远跟不上信息环境和人们信息需求的变化。所以，课程讲授经常有超出教材或者与教材内容不一样的情况。同时和其他课程不太一样的是，“信息检索”课程教学更多的是一种经验的交流。教师能够把信息检索工具、信息资源位置及检索问题有机地结合起来，在课程教学过程中逐渐渗透检索技术、技巧等内容，提高学生对各种信息的解读、批判、防范和遴选的能力，提高学生发现问题、分析问题和解决问题的能力。

研讨与训练 1-1　信息环境诊断与扩展

信息是我们生存和成长的资源和环境，只有主动认识我们所处的信息环境，不断拓展信息获取渠道和范围，才能扩展我们的认知去开发利用更多的资源。作为学生，应该主动建构与自我成长、职业发展相适应的信息资源及其获取途径和方式，寻求目标与信息的关联，而不是去关注无效信息。

首先明确你的大学目标，根据目标填写表 1-9。

兴趣特长类信息是指有助于发现跟自己能力、性格相符合，自己喜欢的事情，具有比较优势能力方面的信息，是以后工作选择的基础。兴趣特长需要发掘和培养，大学阶段一个重要事项就是通过训练发现自己的能力特长。

表 1-9　大学生的信息需求及获取渠道

信息需求	获取渠道	以前权重	应该权重
学习类			
兴趣特长类			
专业、行业目标类			
人际交往类			

人际交往类信息是指通过信息不断扩展人际交往范围，包括通过课程学习、科研训练、社团、实习主动与老师、其他院系同学、校友、未来同行寻找交集，建立联系方式。

研讨与训练 1-2　如何识别虚假信息

每 5～8 人一个小组，同学们各自交流亲身遇到的或者了解的虚假信息尤其是诈骗信息，选出一个最新或者有代表性的虚假(诈骗)信息案例进行讨论，并说出该虚假信息的高明之处在哪里、破绽在哪、识别方法有哪些、有哪些启发，然后进行全班交流。

第 2 章　信息检索及技术

2.1　信息检索概述

信息检索就是从信息集合中找出所需信息的过程，也就是我们通常所提及的信息查询（Information Retrieval 或 Information Search）。信息检索能力是信息素养的集中表现，提高信息素养最有效的途径是通过学习信息检索的基本知识，进而培养自身的信息检索能力。

2.1.1　信息检索的原理

信息检索基本原理，是用户信息需求与文献信息集合的比较和选择，是两者匹配的过程，是用户从特定的信息需求出发，对特定的信息集合采用一定的方法、技术手段，根据一定的线索与规则从中找出相关的信息。

信息需求：检索的起点和出发点，解决未知和不确定的愿望。

信息集合：有关某一领域的文献或数据的集合体，它可以是数据库的全部记录，也可以是某种检索工具，还可以是某个图书馆的全部馆藏或者某个特定的信息源。

匹配和选择：一种机制，涉及两者一致性、相关度等问题，负责把信息需求和信息集合进行比较，根据一定的标准选出需求的信息。

信息检索的一般过程如图 2-1 所示。

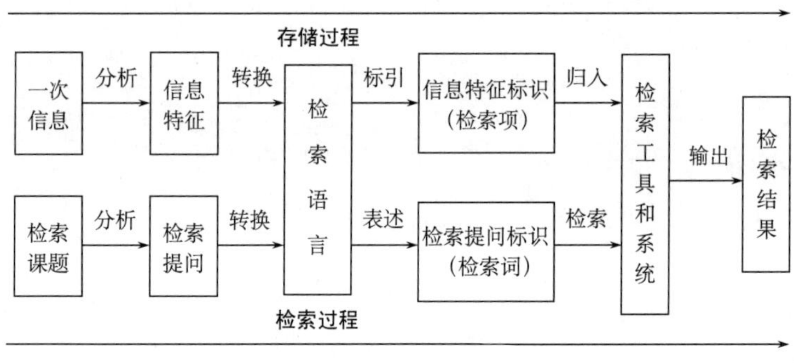

图 2-1　信息检索的一般过程

广义的信息检索应包括信息的标引与存储和信息的检索两个过程。信息标引是指对海量的无序信息按照一定的特征，用特定的标引语言进行著录、标记和组织，使之有序化，形成可供用户检索的检索点的过程；信息存储即对经过标引的信息进行加工，形成检索文档和信息数据库的过程。信息的标引与存储是信息组织人员后台建立检索系统的过程。

信息检索的关键是检索需求的表达，实际上是指用户将自己的需求，按照系统提供的方法和要求，将检索词用逻辑运算符连接起来，形成系统可理解和运算的查询串的过程。

它主要由检索词、逻辑运算符、检索指令(检索语法)等构成。检索词是检索式的主体，而逻辑运算符和检索指令则根据具体的查询要求，从不同的角度对检索词进行检索限定。信息检索的过程实际上就是将检索提问与检索标识进行比较并确定取舍的过程。

怎样才能保证信息存得进又取得出呢？那就是存储与检索所依据的规则必须一致。也就是说，标引者与用户必须遵守相同的标引规则。这样，无论什么样的标引者，只要对同一篇文献的标引结果一致，不论由谁来检索，都能查到这篇文献。检索语言就是这种规则，它是沟通信息存储和信息检索的桥梁。

2.1.2　信息搜索与检索

上述信息检索是学术或者专业意义上的检索。而在现实生活中，个体往往面临各种需求，如找工作、找对象、购物、旅游、学习等，都需要搜索信息，这些信息的获取可能没有严格与规范的检索系统，没有确定与明确的匹配方法，就连检索需求可能都是游移不定的。但只要是搜索或者查找，就应该有一些规律可循，有一些方法可用。

其共同点是：①目标的定位，即需求的确定；②在何处找，即应该使用何种信息源，这个信息应该在哪里；③如何找，即找寻的方法与策略；④结果是否满意，即找寻的结果是否满足信息需求，如果不满意，如何调整。

其不同点在如表 2-1 所示。

表 2-1　检索与查找、搜索、搜寻的区别

对比项	检索	查找、搜索、搜寻
英文	Retrieval	Search
过程和方法	有一定的策略，系统地查找资料	随机或更随意一些
技能	需要一定的专门知识和技能	简单，任意词
用途	课题或专题	日常生活
结果	检索前通常不知道会有什么结果	通常知道结果
效率	迅速、准确	一般

【案例 2-1】例如，购房，如果购房者能确定需求的价位、户型、区域、环境，可以通过房交会、当地的房管局、房地产交易中心、房屋中介、媒体，或者通过网络查询、朋友介绍、实地考察等方式获取购房信息，对获取到的信息进行分析与权衡，并与自己的购买需求进行匹配，购房就会相对理性，不会被促销误导或产生盲目冲动的购买行为。购房如此，找工作也是如此。所以在学习、生活与工作中都需要养成利用信息检索解决问题的思维和习惯。

2.1.3　信息检索与类型

信息检索具有广泛性与多样性，根据各种具体信息检索的特点，可以将信息检索从检索结果、检索方式、组织方式等维度进行细分(图 2-2)。常用的是按检索结果内容划分，有数据信息检索、事实信息检索和文献信息检索。

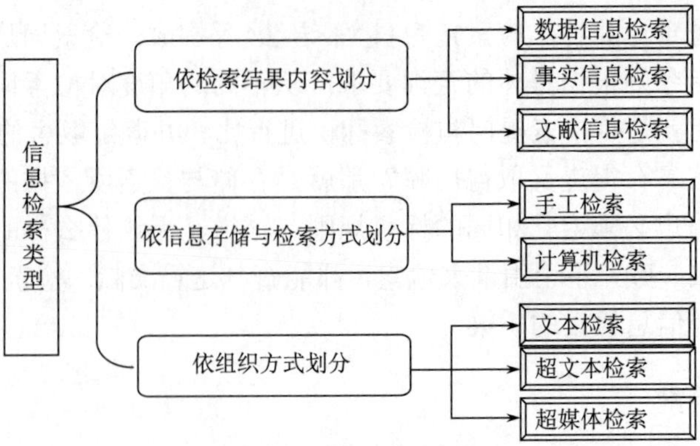

图 2-2　信息检索的类型

(1) 数据信息检索 (Data Information Retrieval) 是将经过选择、整理、鉴定的数值数据存入数据库中，根据需要查出可回答某一问题的数据的检索，既包括物质的各种参数、电话号码、银行账号、观测数据、统计数据等数字数据，也包括图表、图谱、市场行情、化学分子式、物质的各种特性等非数字数据。数据检索是一种确定性检索，信息用户检索到的各种数据，是经过专家测试、评价、筛选的，可直接用来进行定量分析。例如，检索“2021年中国国民生产总值是多少”和“中国移动的服务电话是多少”。

(2) 事实信息检索 (Fact Information Retrieval) 是将存储于数据库中的有关某一事件发生的时间、地点、经过等情况查找出来的检索。其检索对象既包括事实、概念、思想、知识等非数值信息，也包括一些数据信息，但需要针对查询要求，由检索系统进行分析、推理后，再输出最终结果。例如，检索“联想集团的创始人是谁，它在哪个交易所上市”。

(3) 文献信息检索 (Document Information Retrieval) 是将存储于数据库中的关于某一主题文献的线索查找出来的检索。检索结果往往是一些可供研究课题使用的参考文献的线索或全文。根据检索内容，文献检索又可分为书目检索和全文检索。例如，“关于地震与海啸有什么关联”，这就需要检索者根据课题要求，按照一定的检索标识(如主题词、分类号等)，从所收藏的文献中查找出相关文献。

特别提示：在数据信息检索和事实信息检索中，用户需要获得的是某一事物或某一数据的具体答案，是一种确定性检索，一般利用参考工具书；如果检索的事物与数据是一些大众化、公开性或者常识类信息，则可通过搜索引擎直接查询。文献信息检索通常是检索所需要信息的线索，需要对检索结果进行进一步分析与加工，一般使用检索刊物、书目数据库或全文数据库。

2.1.4　信息检索方法

信息检索的方法有多种，分别用于不同的检索目的和检索要求。归纳起来，常用的信息检索方法有常规检索法、回溯检索法、循环检索法。

1. 常规检索法

常规检索法又称常用检索法、工具检索法，它是以分类、主题、作者等为检索点，利用检索工具获得信息资源的方法。根据检索结果，常规检索法又分为直接检索法和间接检索法；根据检索方式，间接检索法又分为顺查法、倒查法和抽查法。

(1) 直接检索法，是指直接利用检索工具进行信息检索的方法，如利用字典、词典、手册、年鉴、图录、百科全书、全文数据库等进行检索。这种方法多用于计算机检索，查找一些内容概念较稳定、较成熟、有定论可依的问题的答案。

(2) 间接检索法，主要指利用手工检索工具间接检索信息资源的方法，具体包括三种（表 2-2）。

表 2-2　三种间接检索方法对比

类型	定义	适用范围	特点
顺查法	根据检索课题的起始年代，利用选定的检索工具按照由远及近、由过去到现在顺时序逐年查找，直至满足课题要求	普查一定时间的全部文献，查全率较高，并能掌握课题的来龙去脉，了解其研究历史、研究现状和发展趋势	方法费力、费时，工作量大，多在缺少评述文献时采取此法。因此可用于事实性检索
倒查法	与顺查法相反	多用于新课题、新观点、新理论、新技术的检索，检索的重点在近期信息上，只需基本满足需要	查到的信息新颖，节省检索时间。但查全率不高，容易产生漏检的现象
抽查法	针对某学科的发展重点和发展阶段，拟出一定时间范围，进行逐年检索的一种方法	根据检索需求，针对所属学科处于发展兴旺时期的若干年进行文献查找	检索效率较高，但漏检的可能性大，检索人员必须熟悉学科的发展特点

2. 回溯检索法

回溯检索法又称追溯法、引文法、引证法，是一种跟踪查找的方法。这种检索方法不是利用确定的检索工具，而是利用已知文献的某种指引（如文献附的参考文献、有关注释、辅助索引、附录等）追踪查找文献。用追溯法检索文献，最好利用与研究课题相关的专著与综述。在检索工具不全或文献线索很少的情况下，可采用此法。

常见的追溯方式有：文章→参考文献→更多文章；作者→团体→更多作者→文章；链接→网站→更多链接；专利→发明人→论文；专利→申请人→专利等。

另外，还有一些专门用于追溯法的检索工具，即引文索引。这类检索工具比较著名的有美国的《科学引文索引》和《中文社会科学引文索引》。由于追溯法的有效性，目前一些非引文检索工具也采用追溯法的思想，将众多的文献关联起来。例如，在中国知网（CNKI）的各个数据库检索结果中，就有参考文献、引证文献、相似文献、读者推荐文献等。

【案例 2-2】图 2-3 是中国知网提供的钟南山院士 2018 在《华西医学》上发表论文《2017 年慢性气道疾病防治研究进展》的引文链接。

3. 循环检索法

循环检索法又称交替法、综合法、分段法。检索时，先利用检索工具从分类、主题、责任者、题名等入手，查出一批文献；然后选择出与检索课题针对性较强的文献；再按文献后所附的参考文献回溯查找，不断扩大检索线索，分期分段地交替进行，直到满意。

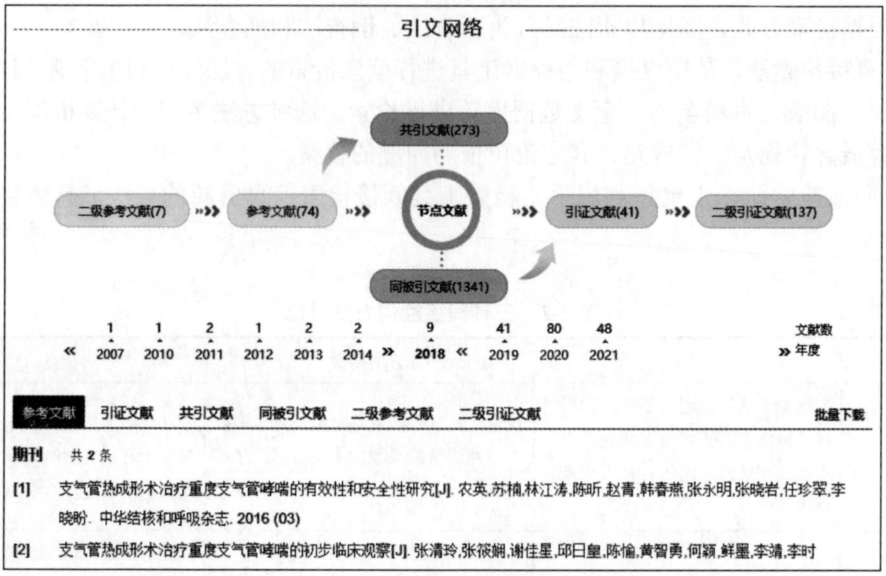

图 2-3　中国知网提供的引文链接

在实际检索中，究竟采用哪种检索方法，应根据检索条件、检索要求和检索背景等因素而定。

2.2　文献特征、检索语言与检索途径

检索语言是用于描述文献特征、用于标引和检索的人工语言。创建检索语言的目的是建立沟通标引与检索的桥梁。检索语言按不同标识系统组织文献，以适应不同检索需求，聚集相同学科门类和主题内容的文献，从而使杂乱无序的文献变得有序。

2.2.1　文献特征

无论一篇文章、一本书，还是一份报告，一般都有以下特征。

(1) 外表特征。

题目、作者、作者单位，以及专利的专利号和科技报告的报告号等可以在文献的封面或扉页，即使不打开书本，并且不看文献的具体内容也可以确定一篇文献的特征称为外表特征。

(2) 内容特征。

内容特征是指表征文献内容的特征，需要深入文献内容中才能确定，通常包括文献的主题、摘要、关键词、分类号等。

文献特征既是文献对象标识的基础，也是信息检索的基础。用文献的各种内容特征和外表特征作为检索出发点，可以从不同角度来检索相关文献。

2.2.2　检索语言

用户检索时，要对检索提问进行分析，使之形成能代表信息需求特征的概念，并把这些概念转换成系统能接受的语言。检索语言是信息存储与检索共同遵循的规则，只有检索提问标识和文献特征标识一致时，相关的文献才能被检索出来。检索语言是描述文献特征、用于标引和检索的人工语言，是沟通标引与检索的桥梁。检索语言分类如图 2-4 所示。

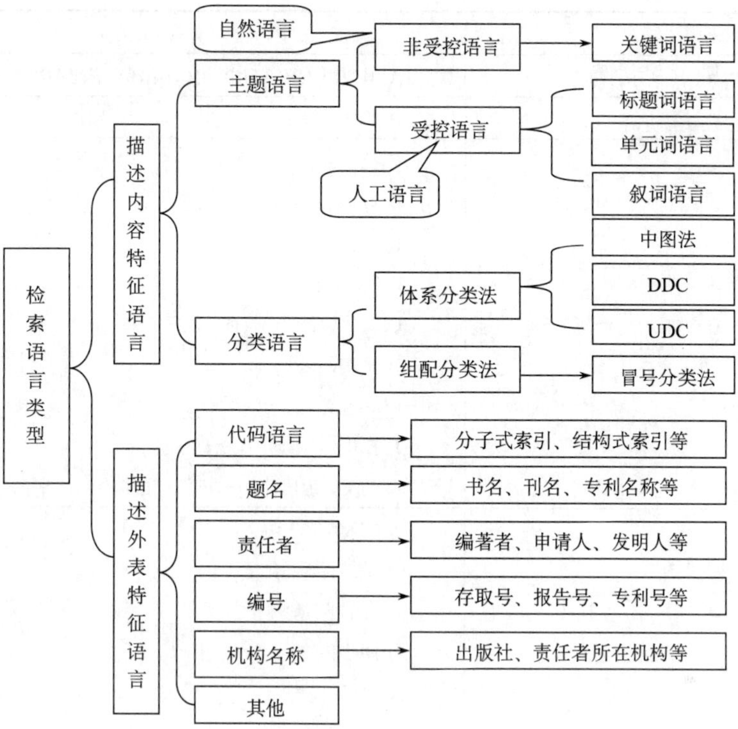

图 2-4　检索语言分类

1. 分类语言

分类语言是一种用分类号表达文献中的各种概念，并以学科性质为主对各种概念加以分类和系统排列的文献信息检索语言。分类语言通常以数字、字母或字母与数字结合作为基本字符，采用字符直接连接并以圆点(或其他符号)作为分隔符的书写法，以基本类目作为基本词汇，以类目的从属关系来表达复杂概念。它能反映类目之间的内在联系，包括从属、并列、交替、相关等。较权威的图书分类法有中国图书馆分类法、美国国会图书馆分类法(Library of Congress Classification)、国际十进制分类法、国际专利分类法。

1) 中国图书馆分类法

《中国图书馆分类法》简称《中图法》，是我国目前通用的图书分类工具，有五大基本类部，即马列毛、哲学、社会科学、自然科学、综合性图书。在基本类部下又细分为 22 个基本大类，构成分类表的第一级类目。22 个基本大类与由其直接展开的一、二类目又形成简表。将简表展开的各种不同等级的类目所组成的类目表，组成《中图法》的详表。

《中图法》的标记符号采用汉语拼音字母与阿拉伯数字相结合的混合号码，即用一个字母表示一个大类，以字母的顺序反映大类的序列。字母后用数字表示大类以下类目的划分。数字的编号使用小数制。五个基本部类及下设的 22 个大类如表 2-3 所示，具体分类可通过中国图书馆分类法简表(http://www.ztflh.com)进行查询。

表 2-3　《中图法》大类表

基本部类	基本大类
马列主义、毛泽东思想	A 马克思主义、列宁主义、毛泽东思想、邓小平理论
哲学	B 哲学、宗教
社会科学	C 社会科学总论
社会科学	D 政治、法律
社会科学	E 军事
社会科学	F 经济
社会科学	G 文化、科学、教育、体育
社会科学	H 语言、文字
社会科学	I 文学
社会科学	J 艺术
社会科学	K 历史、地理
自然科学	N 自然科学总论
自然科学	O 数理科学和化学
自然科学	P 天文学、地球科学
自然科学	Q 生物科学
自然科学	R 医药、卫生
自然科学	S 农业科学
自然科学	T 工业技术
自然科学	U 交通运输
自然科学	V 航空、航天
自然科学	X 环境科学、安全科学
综合性图书	Z 综合性图书

【案例 2-3】以“中国当代章回小说”分类为例，《中图法》体系细分如下。

I 文学 ⇨ I2 中国文学 ⇨ I24 小说 ⇨ I247 当代作品(1949 年～) ⇨ I247.4 章回小说

2) 国际十进制分类法

国际十进制分类法，即 UDC(Universal Decimal Classification)，又称为通用十进制分类法。UDC 是以美国《杜威十进分类法》(DDC)为基础编制而成的，广泛应用于科学论文的分类，许多国家出版的期刊论文和特种技术资料都标有 UDC 类号。主表分为 10 大类，见表 2-4；UDC 的辅助表有语言、文献类型、地点、民族和种族、时间、观点、材料和人物等 8 个。由于 UDC 在等级列举制的基础上采取了多种符号进行组配，因此发展成一部等级列举与组配相结合的混合式分类法。

表 2-4　UDC 主表

数　目	类　别	数　目	类　别
0	总类、科学和知识	5	数学和自然科学
1	哲学、心理学	6	应用科学、医学、技术
2	宗教、神学	7	艺术、娱乐、体育
3	社会科学	8	语言、语言学、文学
4	语言	9	地理、传记、历史

UDC 采用单纯阿拉伯数字作为标记符号。它用个位数(0～9)标记一级类，十位数(00～99)标记二级类，百位数(000～999)标记三级类，以下每扩展(细分)一级，就加一位数。每三位数字后加一个小数点。UDC 由主表(表 2-4)和辅助表及索引组成，如下所示。

6　应用科学、医学、技术

62　工程、技术(总论)

621　机械工程总论、核技术、电气工程、机械制造

621.3　电工程、电技术、电气工程

621.39　电信技术

621.396　无线电通信设备和方法

621.396.9　雷达

提示：发表期刊论文、会议论文或者学位论文、专利等都要标注分类号，直接的方法就是查最新的分类工具书，间接的方法就是参考同类主题的文献。分类号反映的是文献内容特征，即使名称相同，只要内容不同，分类号也不同。

【案例 2-4】同一作者写的系列丛书中主书名相同的书，因为内容不同，所以分类号不同，如下：

(1)崔文风著，《心理与人生——发展心理 教子成长》，分类号是 G78(教育类)。

(2)崔文风著，《心理与人生——完善心理 事事成功》，分类号是 B848.4(哲学类)。

(3)崔文风著，《心理与人生——调节心理　强身治病》，分类号是 R395.6(医药卫生类)。

2. 主题语言

主题是一组具有共性事物的总称，用以表达文献所论述和研究的具体对象与问题，即文献的中心内容，表达主题概念的词汇就是主题词。以主题词作为文献内容标识和检索依据的语言就是主题语言，它以自然语言的字符为字符，用一组名词术语作为检索标识。以主题语言来描述和表达信息内容的信息处理方法称为主题法。主题语言包括以下四种。

(1)标题词语言，是最早使用的一种主题语言。它以规范化的自然语义作为标识，来表达文献涉及的主题概念，表达主题的词语称为标题词。

(2)单元词语言，是从文献内容中抽选出来的最基本的词汇，将代表最一般、最基本的、不可再分割的概念的词作为单独标引文献的单位。

(3)叙词语言，是从自然语言中优选出来并经过规范化处理的名词术语。采用表示单元

概念的规范化词语的组配，对文献内容主题进行描述，也是目前使用最广泛的主题语言。

(4) 关键词语言，是以关键词作为文献内容标识和检索依据的一种主题语言。关键词是指从文献内容中抽出来的关键的、未经规范化处理的自由词汇，关键词不受词表控制。

3. 代码语言

代码语言是指对事物的某方面特征，用某种代码系统来表示和排列事物概念，从而提供检索的检索语言。代码多种多样，通常用数字、字母或用它们结合的形式或以分段的方式来表示其各部分的含义。例如，科技报告有报告号，还有合同号、拨款号等；专利文献有专利号、入藏号、公司代码等。

DOI 全称为 Digital Object Identifier，是指数字对象标识符，可以理解为数字资源唯一的“身份证号码”，可以用 DOI 来标识文献、视频、报告或书籍等数字资源。目前，大部分学术文献(主要为 2000 年之后的文献)都有专属的 DOI，只要知道了一篇文献的 DOI，就能够查询到该文献的作者、标题、期刊、官方链接等信息。

4. 主题语言与分类语言的对比

主题语言与分类语言的对比如表 2-5 所示。

表 2-5 主题语言与分类语言的对比

类 型	特 点	优 点	缺 点
分类语言	聚集相同学科门类和主题内容的文献，使杂乱无序的文献有序化	按学科分门别类地集中文献，揭示各个类目在内容上的逻辑联系，提供从学科角度进行族性检索的途径；便于随时放宽或缩小检索范围	无法反映新学科和新技术的内容；不能全面检索有关跨学科专业的某一事物的所有文献；不适应新兴学科和边缘学科的检索
主题语言	以代表文献内容特征和科学概念的名词术语作为检索标识	使检索具有直接性与直观性；适合于从事物出发按专题进行特性检索	缺乏按学科进行族性检索的能力；缺乏表述专指度较高的复杂概念的能力

2.2.3 常用检索途径

检索途径(Retrieval Approach)，又称检索点(Access Point)，就是利用信息的外表特征(题名、责任者代码和出版者等)和内容特征(分类号、主题词和关键词等)来查询相关的信息，是信息检索的入口点。常用的检索途径见表 2-6。

表 2-6 常用检索途径及其特征与用途

检索途径	常见形式	特征与用途
著者途径	著者、编者、译者、专利权人的姓名或机关团体名称	从文献的作者姓名出发来检索其文献
分类途径	分类目录和分类索引	学科与事物的隶属、派生与平行的关系，便于我们从学科所属范围来查找文献资料
主题途径	主题目录或索引，主题途径中最常用的是关键词途径	能集中反映一个主题的各方面文献资料，便于读者对某一问题、某一对象进行系统的专题性研究

续表

检索途径	常见形式	特征与用途
引文途径	利用文献所附参考文献或引用文献	利用引用和被引用的关联能够确认某一学术看法的形成和传播流程
题名途径	包括标题名(篇名)、图书名、刊名、标准名、文档名、数据库名等	直接利用信息的题名查找所需信息的方法，在计算机检索系统中应用较多
代码途径	专利号、报告号、合同号、标准号、国际标准书号和刊号	指通过文献资料特定的序号进行检索的途径
机构途径	著者单位、图书出版发行单位、期刊编辑单位	指通过机构名称进行检索的途径
内容途径	包括从文摘、全文、句子、参考文献、附录等进行检索的途径	基于计算机检索的一种新兴途径
专门途径	有关的名词术语、地名、人名、商品名、生物属名、年代等	文献信息所包含特定信息可以解决某些特别的问题

检索途径在检索系统中通过检索字段来实现。检索字段(Fields)，即指定检索词出现的字段，指定的字段也称检索入口。检索时，系统只对指定的字段进行匹配运算，提高查准率。常用检索字段见图2-7。

表2-7 常用的检索字段及其代码

字段全称	中文名称	简称	字段全称	中文名称	简称
Title	标题	TI	Journal Name	期刊名称	JN
Abstract	文摘	ABb	Source	来源出版物信息	SO
Keywords	关键词	KY	Language	语种	LA
Subject/Topic	主题词	DE/TS	Document Type	文献类型	DT
Author	作者	AU	Publication Year	出版年代	PY
Full-text	全文	FT	Document No	记录号	DN
Corporate Source	单位或机构名称	CS	Country	出版国	CO
All fields	全字段	ALL	Affiliation	机构(作者单位)	AF

注：各数据库基本检索字段标识符号不完全相同，所以在使用前必须参考各数据库的使用说明。

标题/关键词/文摘/主题词/全文(全字段)，这几个字段获得的检索结果的相关度逐级递减，检索范围逐级扩大，所以，在检索时，尽量将核心词往前放，限定词、辅助词往后放，检索结果太多时，检索字段尽量选前面的字段；检索结果太少时，则可以尝试选择后面的检索字段。

不同检索系统字段代码有差异，不同的文献类型也有一些独特的检索字段，见表2-8。

检索途径是检索语言的表现方式，有什么样的检索语言，就有对应的检索途径。它们之间的关系见图2-5。

表 2-8 特殊字段

文献种类	特殊字段
期刊	核心期刊、SCI 期刊等选择
学位论文	导师、学位授予单位、论文级别
会议论文	会议名称、主办单位、论文集名称
专利	专利名称、申请人、发明人、申请号、公开号、代理人、分类号
标准	标准名称、标准编号、起草人、起草单位
报纸	报纸名称
科技报告	计划名称、项目名称
科技成果	完成人、完成单位、申报单位、获奖情况

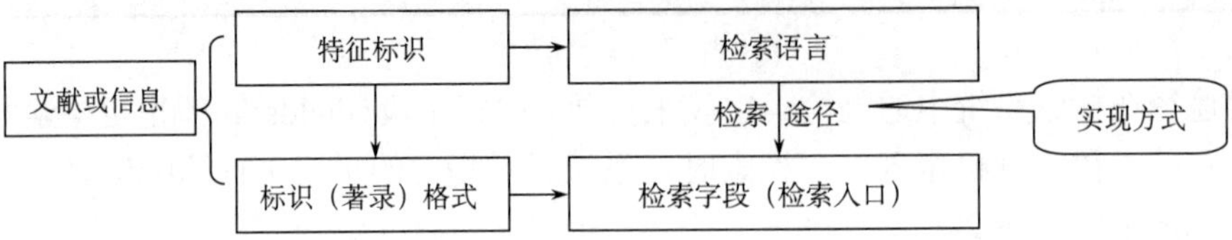

图 2-5 文献信息特征、检索语言、检索途径关系图

2.3 检索工具、数据库与检索系统

检索工具是人们用来报道、存储和查找各类信息的工具。传统的检索工具是指目录、索引、文摘等二次文献，现在的检索工具不仅包括传统的二次文献，还包括基于 Internet 的网络信息检索系统(如数据库)、网上工具书、搜索引擎等。其中网络数据库和搜索引擎是目前最主要的检索工具。

2.3.1 检索工具

每一个检索工具，都有其特定的文献信息收录范围、检索途径与检索方法。文献信息收录范围是检索工具的最基本特点，其出版时间和所概括的内容范围是否包括检索课题的内容，以及质量和权威性如何，是在使用检索工具前必须了解的基础知识。检索工具的选择，对检索词的确定以及检索提问式的编制起主导作用。

1. 检索工具的功能

检索工具具有报道文献、存储文献、检索文献三大基本功能。其类型有手工检索工具和计算机检索工具两种。手工检索工具指目录、索引、文摘等印刷型的二次文献。计算机检索工具是就电子计算机情报检索系统的技术设备而言的。从检索工具的功能出发，检索类型可分为三种：事实检索、目录检索、文摘索引检索。各类检索分别由其对应的检索工具(事实检索工具、目录检索工具和文摘索引工具)来完成，事实检索给出直接、确定性的检索结果；目录检索、文摘索引检索是间接的、相关的检索，给出文献来源的线索。各类检索在检索流程各个环节上起不同的作用，它们之间的关联体现在检索过程中，如图 2-6 所示。目前广泛应用的是全文检索工具，它以文献所含的全部信息作为检索内容，即检索系统存储的是整篇文章或整部图书的全部内容。全文检索是当前计算机信息检索的发展方向。

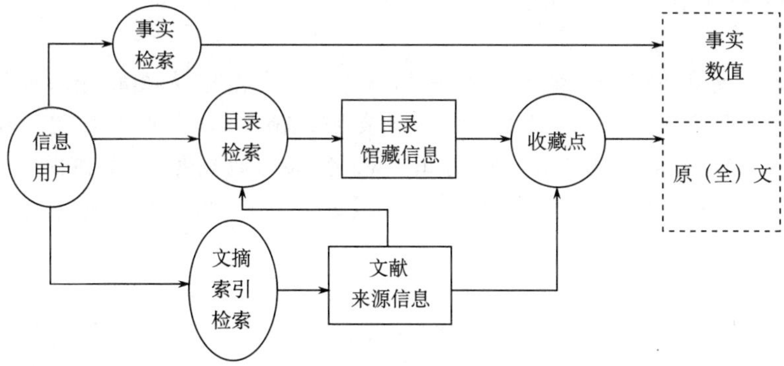

图 2-6　各类检索的作用及关联关系

2. 传统检索工具

在网络没有普及之前，检索主要借助于手工检索工具，即纸本或者卡片式的书目检索工具来完成。目录检索以文献线索为检索对象，检索系统存储的是二次文献，信息用户通过检索获得的是与检索课题有关的一系列文献线索。书目检索工具是按文献著录的特点进行分类的。著录是对文献的外表特征和内容特征进行分析、处理和记录的过程。

3. 信息检索与检索工具的发展演化

国内外最早的检索方式均为手工操作，我国最早的检索工具是西汉刘向、刘歆父子整理编撰的摘要性书目《别录》和《七略》。世界上第一种文摘性科学期刊是 1665 年 1 月 5 日在巴黎创办的《学者周刊》；20 世纪 50 年代中期～60 年代中后期是信息检索的脱机批处理阶段；20 世纪 70 年代卫星通信技术、微型计算机以及数据库技术的同步发展，实现了国际联机检索的兴盛；20 世纪 80 年代，在计算机技术、激光技术等现代新科技成果的基础上通过检索软件，利用计算机和光盘驱动器进行检索；20 世纪 90 年代，随着互联网的迅速发展及超文本技术的出现，计算机检索进入网络检索阶段。信息检索工具和技术的发展趋势是逐渐适应人脑的思维方式，朝着智能、高效、快速而灵活的方向发展。

同样，检索工具也是随着信息检索技术的不断发展而发展的。随着时间的推移，有些检索工具现在不再使用了；而一些知名的检索工具如《工程索引》《科学引文索引》等，则随着时代和主流技术的变化，分别提供印刷版(Print)、光盘版(CD-ROM)、联机版(Online)、网络版(Web)等多种方式。虽然是同一检索工具，但各个版本在收录范围、检索性能方面各不相同，一般来说，印刷版与光盘版的内容基本相同，网络版与联机版的内容基本相同，但光盘版与网络版的内容差距较大，一般情况下，光盘版收录的论文包含在网络版中。

在使用传统的检索工具时，要注意查看提供数据的时间范围，大部分文摘检索工具都将数据进行了回溯，能查到较早的数据，如果数据没有回溯到检索者需要的时间范围，则需要使用印刷本或国际联机。

提示：在 20 世纪 90 年代初，国内各个图书馆和大多数信息机构基本上都采用手工检索，后来开始采用光盘检索，而网络检索广泛兴起于 20 世纪末期。大家思考一下就知道，如果要查 20 世纪 80 年代的信息，可能还是需要当时的手工检索工具或者光盘检索。目前的网络检索系统提供的检索数据，也大多是 1995 年以后的数据，仅有部分检索系统将以前的数据进行了补充。在检索中应该注意查询文献的起止日期。

【案例 2-5】 编者在 2005 年接受一份检索委托，查询国外关于“长大隧道通风防火”的研究，按检索 10～15 年的查询惯例，当时用光盘检索、网络检索查到的东西会很少，用户不满意。后来将检索年限增加到 30 年，并采用印刷版《工程索引》进行手工检索，手工检索发现该研究在 1985～1995 年有大量的研究文献，仔细分析发现，当时欧洲正在兴建英吉利海峡隧道(长大隧道，长 51km)，是该类文献出现的高峰期。

2.3.2　数据库

信息检索系统中的数据库，是指由计算机处理的一定数量同类信息的有序集合，既是信息源，又是检索对象。信息对象为文献信息的数据库，称为文献信息数据库；能够在互联网上提供 Web 查询、检索的数据库，称为在线数据库或网络数据库。

数据库介绍

1. 数据库分类

(1) 按收录文件类型数据库可分为图书数据库、期刊数据库、会议论文数据库、学位论文数据库、报纸数据库、专利数据库、标准数据库、产品数据库等。

(2) 按收录的内容数据库划分为(表 2-9) 书目数据库、文摘数据库、全文数据库、数值数据库、事实数据库、多媒体数据库等。目前，部分文摘数据库与全文数据库可实现链接。

表 2-9　按收录的内容划分的数据库类型

分　类	特　点	举　例
书目数据库	存储的是二次文献，包括文献的外表特征、题录、文摘和主题词，检索结果是所需文献的线索而非原文	《四库全书总目提要》、WorldCat
文摘数据库	以单篇文献为单位，著录一次文献的题名、作者、来源和内容摘要。其收集范围广、语种多、文献类型多，便于全面掌握某一专题或研究领域文献状况及最新研究成果	《剑桥科学文摘》(CSA) 数据库、《化学文摘》(CA) 数据库、《科学文摘》(INSPEC) 数据库
全文数据库	存储的是原始资料的全文。全文检索可以直接获取原始资料，而不是书目检索时的线索，提高了用户的检索效率	CNKI 学术期刊全文数据库、ScienceDirect 期刊全文数据库等
数值数据库	该类数据库主要收录各类统计、测量以及科学实(试)验中产生的数据，如人口统计、发病率、死亡率、动物的生理参数、药物的理化参数等	EPS 全球统计数据/分析平台、WHOSIS(世界卫生组织流行病学数据系统)、PubMed 网站中提供的 Protein、Gemome 等
事实数据库	又称为指南数据库，收录有关人物、机构、事物、过程、现象等方面事实性的描述信息	词典、百科全书、手册、年鉴、图表、指南、名录等
多媒体数据库	图像(多媒体等)	新东方多媒体数据库

(3) 按数据库收录的学科范围数据库划分为专业性数据库和综合性数据库。专业性数据库是收集某个学科文献资料的数据库，详细完整的专业信息极具针对性；综合性数据库是收集多个学科文献资料的数据库，其加工深度不及专业性检索工具，检索途径少。

注意：近年来多媒体数据库正逐渐增多，如 KUKE 数字音乐图书馆、超星名家讲坛、中经视频、知识视界、公元图片等。

2. 数据库的结构

数据库一般由字段、记录、文档组成。

(1) 字段：是对实体的具体属性进行描述的结果，是比记录更小的单位，是组成记录的数据项目。一条记录的常见字段通常包含题名字段、著者字段、主题词字段、文摘字段、文献出处字段(如刊名)等多种字段。

(2) 记录(Record)：描述一篇文献的所有字段组成一条记录，是对某一实体的全部属性进行描述的结果，是构成数据库的一个完整的信息单元。每条记录描述了一条原始信息的外表和内容特征，如一篇论文、一件专利、一本图书、一个标准的相关信息，都能够成为文档中的一条记录。书目数据库中的一条记录相当于一条文摘或题录，其他类型数据库中的记录可能是一种治疗方案、一组理化指数等。

(3) 文档(File)：一段时间或某一主题范围内的记录集合构成数据库文档。

3. 了解一个数据库的要点

关于如何了解一个数据库，如表 2-10 所示。

表 2-10　考察一个数据库的内容与特征

考察内容	内容特征	案例(如超星数字图书馆)
服务形式	Web、光盘、联机检索、单机	以 Web 形式提供服务
链接地址，有无镜像	校内、国内、国外	校园内或某地区内
涵盖范围	包含哪些学科或主题	所有学科
数据量	拥有多少记录	66 万本
可使用数据量	购买可以使用的记录数	全部
文献类型	有无全文	电子图书，全文
收录年代	收录文献的时间范围	20 世纪 80 年代至今
文种	收录记录是何种语言，界面是何种语言	中文
更新频率	更新时间的长短，是每月还是每天	每天更新
访问模式	是口令、IP 控制，还是免费自由使用	IP 控制
其他信息	帮助信息、出版者、发行者、在同行中的地位	最大的中文电子图书数据库

提示：数据量是判断一个数据库优劣的最重要指标之一，但这个指标随着数据库更新和发展是不断变化的。例如，期刊数据库，不仅里面的论文篇数在变，收录的期刊数量也在变化，有的是新收录，有的被剔除，所以后面章节介绍数据库时提到的数据量仅供参考。可使用数据量是指针对一个数据库只购买其中部分专题与年限的记录，例如，CNKI 的期刊全文数据库很多图书馆都没有购买农学和医学部分，有的没有购买 1994 年前的数据。

4. 获取数据库的服务的方法

(1)向有使用权的单位获取服务。例如，一般图书馆等文献服务机构官网都可查询到由其自主开发的或者购买的电子资源或者数据库列表，这些资源在图书馆所属机构限定 IP 地址范围内可免费使用，另外，机构内用户通过身份认证的方式也可以远程访问登录后免费使用。

(2)个人直接向数据库服务公司申请账号。国外有多家专门提供数据库服务的公司，个人可以向这些公司申请账号(有的可网上申请，有的必须当面申请)，从而获得数据库服务。国内的中国知网、超星、万方等也可以通过个人购买账号方式进行使用。

提示：试用数据库是指图书馆等文献服务机构在订购某个数据库之前，数据库商通常会提供一个月或几个月的免费使用期让其试用。

2.3.3 检索系统

检索系统是指根据特定的信息需求而建立起来的一种有关信息搜集、加工、存储和检索的程序化系统，其主要目的是为人们提供信息服务。计算机检索系统包括计算机、数据库、管理软件和通信网络检索终端，数据库是其核心。手工检索系统包括书本式目录文摘索引以及各种卡片(穿孔卡片、元词卡片等)。

1. 数据库与检索系统的关系

数据库与检索系统是两个不同的概念。数据库是信息的集合体，是一种信息管理的方式。检索系统是种软件，主要用于检索数据库。一个检索系统可以容纳上百个数据库，并可同时对上百个数据库进行检索。一个数据库可依存于不同的检索系统。

通常说的网络数据库，实际上是指网络检索系统，即通过在网站中嵌入检索系统对数据库进行检索，也可以说是联机检索系统的一种。这在现代是最常见的检索系统。

2. 检索系统的检索方式

检索系统一般提供三种检索方式，即：①浏览(Browse)式(图 2-7)、超文本式、超媒体式检索；②菜单式检索(图 2-8)；③命令式检索(Command Search)，见图 2-9。

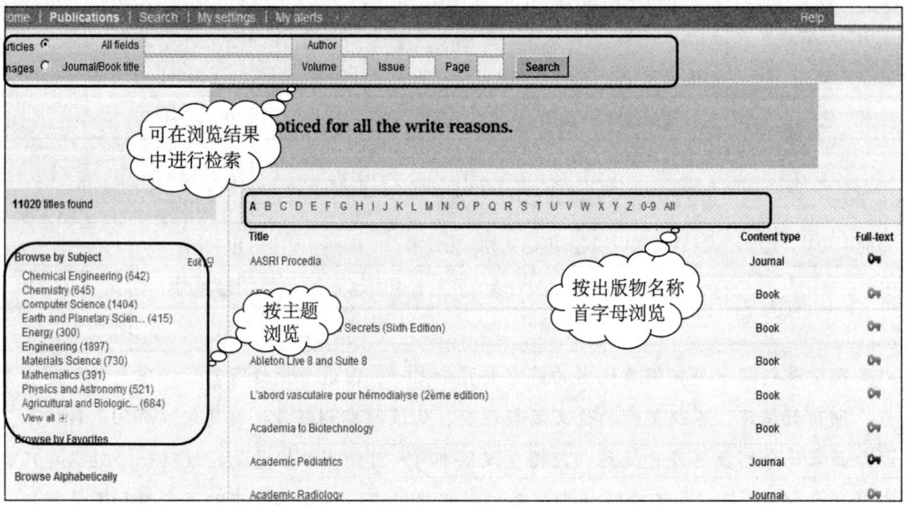

图 2-7 浏览式检索(以 Elsevier ScienceDirect 为例)

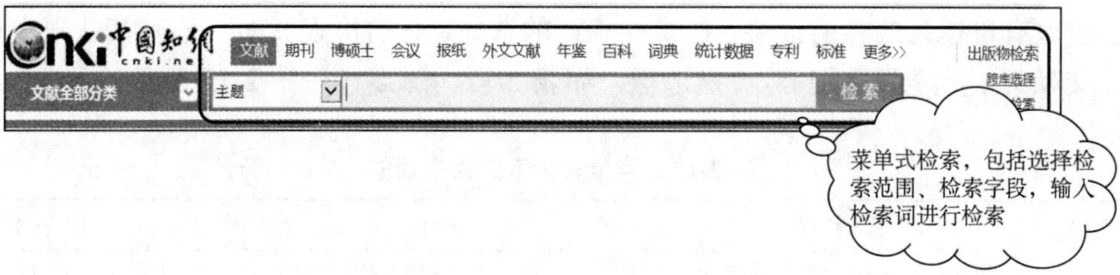

图 2-8　菜单式检索(以 CNKI 为例)

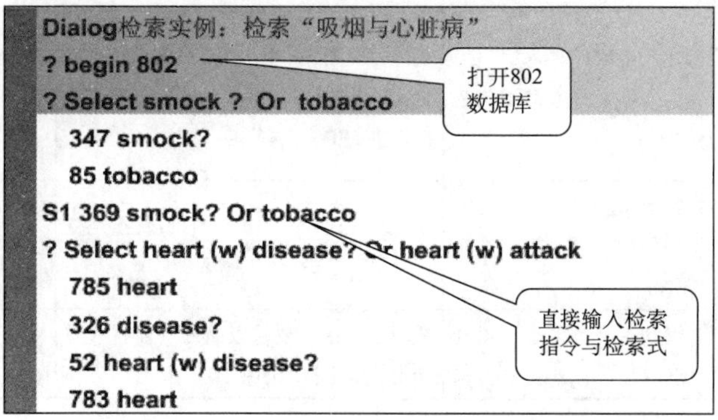

图 2-9　命令式检索(以 Dialog 联机检索为例)

检索系统三种检索方式的比较如表 2-11 所示。

表 2-11　检索系统三种检索方式的比较

特征	浏览式、超文本式、超媒体式检索	菜单式检索	命令式检索
操作性	在分类的基础上，通过文字或多媒体与相关知识产生链接，从而达到检索目的	是一种操作方便，界面友好的检索方式	需要输入检索式来进行检索，甚至还需要输入一些检索指令
方便性	操作非常简单，人们只需学会使用鼠标和认识汉字即可使用	用户只需输入检索词，根据菜单的指引，通过确定适当的选项和功能键便能完成检索	能清晰地表达复杂的检索内容和要求，但需要检索者熟悉检索技术
使用范围	主要用于浏览某类文献，但是检索结果不够精确，查准率不高	是现阶段最受欢迎的检索方式	主要用于联机检索系统，一些大型的检索系统都使用命令式检索
使用方法	根据需求，按题名、字顺、主题、学科或其他逐层打开	检索过程：①检索字段的选择；②检索词的选择，直接输入或在展开的索引词典中选择；③检索词的逻辑组配选择；④输出的选择	检索式由若干检索词组配形成，检索词的扩展、限定的字段，检索词间的逻辑关系、位置关系等均可由算符的连接来表示

浏览式检索是通过导航逐步缩小范围，最后检索出某一知识单元中的文章，通过浏览，可对某一学科或专题有一个宏观、全面的了解。

在菜单式检索中一般有基本检索、高级检索功能，有的检索系统还提供专业(专家)检索。检索时，需要在显示页面上的检索框中输入恰当的检索词，每个检索框对应一个字段。

有的字段设有可展开的索引词典，提供检索词的选择，有的检索页面上还有某些限定项(如年代、文献类型、学科范围等)可供选择，如表 2-12、图 2-10～图 2-12 所示。

表 2-12　菜单式检索的检索功能

中文名称	基本检索	高级检索	专业(专家)检索
英文名称	Simple Search、Basic Search、Quick Search、Easy Search	Advance Search	Expert Search
检索字段	对一个字段或两个字段进行检索	可对多个字段进行检索	可对多个字段进行检索
检索式	较简单的检索式，检索结果为用户提供了详细的导航内容，最大范围的选择空间	复杂的检索式，布尔逻辑检索、字段检索、截词检索、限制检索可以通过检索框提供的检索选择项实现	复杂的检索式，布尔逻辑检索、字段检索、截词检索、限制检索需通过一个完整的表达式实现
特点	方便快速，执行效率较高，但会检索出一大批所不期望的结果，需在检索结果中进行二次检索	能进行快速有效的组合查询，优点是查询结果冗余少，命中率高	能进行快速有效的组合查询，优点是查询结果冗余少，命中率高
适用范围	适用于简单查询和不熟悉多条件组合查询的普通用户	适用于命中率要求较高的查询和掌握一定的检索技术的用户	适用于熟悉检索系统、掌握检索技术的用户

图 2-10　常用基本检索方式及检索框(以 ProQuest 为例)

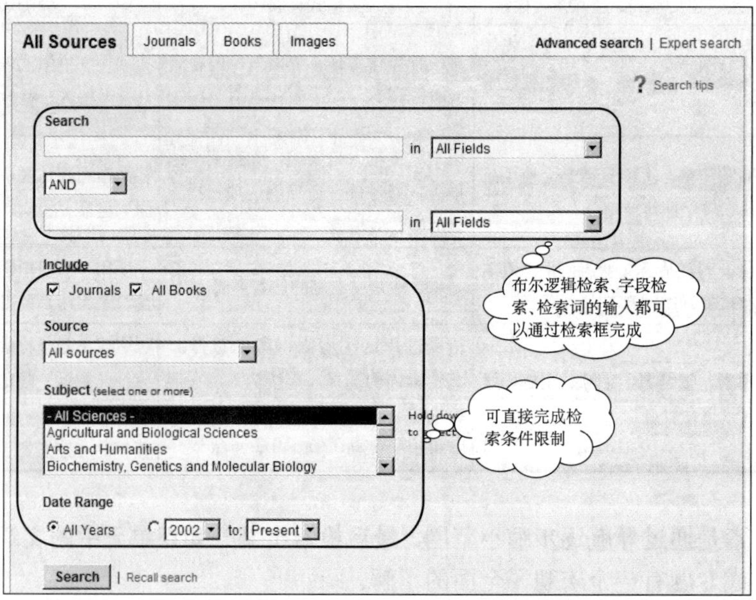

图 2-11　常用高级检索方式及检索框(以 SDOL 为例)

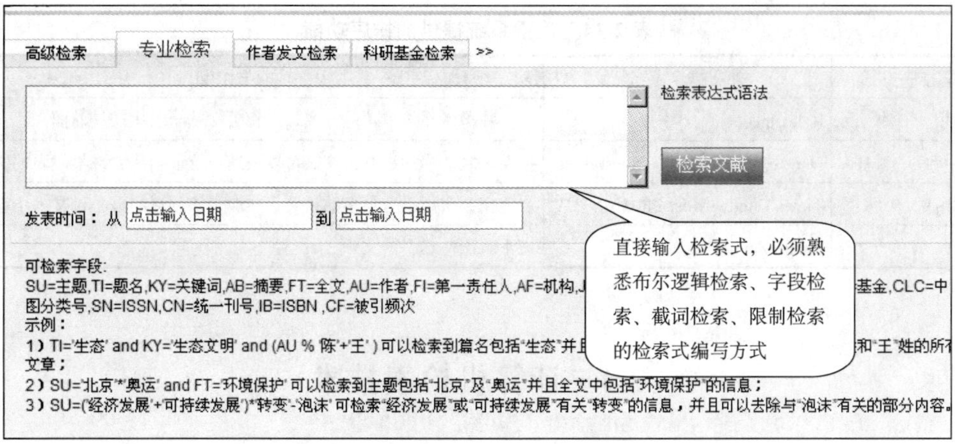

图 2-12　常用专业（专家）检索方式及检索框（以 CNKI 为例）

提示：①各个检索系统的检索方式的名称与内容略有差异，有的检索系统的基本检索就相当于通常的高级检索，高级检索就相当于专家检索，如在美国专利局网站中的美国专利检索的基本检索就相当于通常的高级检索；②在大部分基本检索中都没有检索字段选择，一般是默认全部字段，有的基本检索提供多检索框，但对每个检索框的输入字段有限制，使用时需注意观察；③检索词的组配关系既可以通过一个检索式直接完成并输入在一个检索框中，也可通过高级检索组配完成；④部分检索系统的检索框可以增加或者减少，操作方式为单击检索框下方的“+ ”、“–”或“增加一行”按钮，如中国知网和 ProQuest 的高级检索平台。

3. 信息检索系统筛选功能介绍

(1) 分组。分组的一个重要功能是进行快速筛选，缩小检索范围。单击所选的分组里面的选项，相当于进行二次检索。分组功能见表 2-13。

表 2-13　检索系统提供的分组功能

分组类别	中文数据库	外文数据库	功能和作用
学科类别	学科	Research Areas	快速找到跟自己学科相关的论文
主题	主题	Subject areas、Topics、Subjects	类似于学科分类，有的是按主题词分类，可以通过增加主题词的方式缩写检索范围
来源出版物	文献来源	Source Titles、Publication title	快速定位刊载论文最多的出版物
文献类型	文献类型	Document Types、Article type	一般按综述类、研究论文类、会议论文、图书论文分类
文献作者	作者	Authors	快速定位发表论文较多的前几位作者
作者单位	机构	Affiliation、Organizations	快速定位发表论文较多的前几个机构
发表年度	发表年度	Publication Years	一般按每年列表所检索到的论文，可以看出领域的关注度变化

(2) 排序。如果说分组是为了缩小检索范围，那么排序则是便于挑选文献。各种系统提供的排序方式不一样，一般都有按相关性和日期进行排序。排序功能见表 2-14。

表 2-14　检索系统提供的排序功能

中文排序方式	外文排序方式	功能与作用
相关性	Relevance	大多数检索系统默认的方式，最相关文献一般排在最前面
日期(降序、升序)	Date、Newest First、Oldest First	按发表时间先后进行排序，可以快速定位最新或者最早发表的文献
被引频次	Times Cited、Most Cited	快速找到引用次数最多的论文，一般是该领域的核心论文
下载量	Usage Count	被下载次数最多的文献

2.4　计算机检索技术

检索技术，是指利用光盘数据库、联机数据库、网络数据库、搜索引擎等进行信息检索，采用的相关技术，主要包括布尔逻辑检索、截词检索、字段检索、词位置检索、加权检索等。

2.4.1　布尔逻辑检索

布尔逻辑检索是用布尔逻辑运算符将检索词、短语或代码进行逻辑组配来指定文献的命中条件和组配次序，用以检索出符合逻辑组配所规定条件的记录。它是计算机检索系统中最常用的一种检索技术，布尔逻辑运算符有三种，即逻辑与、逻辑或和逻辑非，如表 2-15 所示。

表 2-15　布尔逻辑运算符及其作用

名　称	表达形式	检索式	图　示	作　用
逻辑与	AND、*、与、并且、并含	A AND B	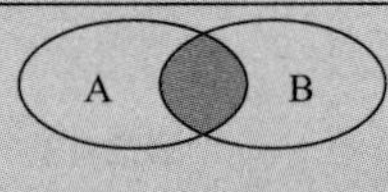 A AND B	缩小检索范围
逻辑或	OR、+、或者、或含	A OR B	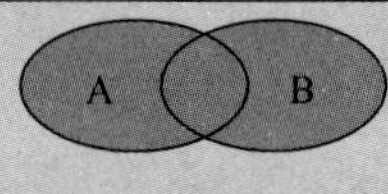 A OR B	扩大检索范围
逻辑非	NOT、–、非、不含	A NOT B	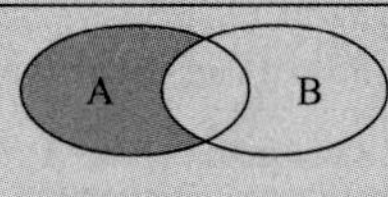 A NOT B	缩小检索范围

提示：①逻辑运算符 AND/OR/NOT 的优先顺序是 NOT>AND>OR，如果要改变运算顺序需要用半角英文“( )”；②不同的数据库所使用的逻辑运算符形式可能是不相同的：中文数据库常用符号，英文数据库组配方式常用字母；③搜索引擎通常以“包含全部关键词”或 match all terms 表示逻辑与，以“包含任意关键词”或 match any term 表示逻辑或，以“不包括关键词”或 must not contain 表示逻辑非；④一些检索工具会完全省略任何符号，直接把布尔逻辑关系隐含在菜单选项中，如万方和 ProQuest 高级检索。

2.4.2　截词检索

截词检索是指用给定的词干作为检索词，用以检索出含有该词干的全部检索词的记录。它可以起到扩大检索范围、提高查全率、减少检索词的输入量、节省检索时间等作用。检索时，当遇到名词的单复数形式、词的不同拼写法、词的前缀或后缀变化时均可采用此技术。

截词的方式有多种，按截断部位可分为前截断、后截断、中间截断、前后截断等；按截断字符的数量，可以分为有限截断和无限截断。各检索系统使用的截词符号各不相同，有*、?、$、%等。为了叙述方便，在此将“?”定义为表示截断一个字符，将“*”定义为表示截断无限个字符。

(1) 前截断：又称左截断后方一致，将截词符置于字符串的前面。例如，输入“*logy”能够检索出含有 biology、technology 等词的记录。

(2) 后截断：又称右截词前方一致，将截词符置于字符串的后面。例如，输入“integra*”能够检索出含有 integral、integrate、integrated、integrating、integration、integrative、integrator 等词的记录。

(3) 中间截断：将截词符置于字符串的中间，表示其中的任意字符。例如，输入“rac?et”能够检索出含有 racquet、racket 等词的记录。

(4) 前后截断：截去某个词的前部和后部，保持中间一致。例如，输入“*chemi*”可以检索出 chemical、chemistry、biochemical 等词的记录。

注意：不同的检索系统所用的截词符不一样，使用前应先查一下帮助或检索提示(Tips)加以确认。

2.4.3　字段检索

字段检索是指将检索词限定(Within)在某个或某些字段中，用以检索某个或某些字段含有该检索词的记录。限定检索字段通常有两种方式。

(1) 通过下拉菜单选择检索字段。此时，字段名一般用全称表示，如“题名”、“摘要”、“Title”和“Abstract”等。

(2) 输入检索字段符限定检索字段。此时，字段名一般用字段符表示，各检索系统的字段符各不相同。检索字段符是对检索词出现的字段范围进行限定。执行时，机器只对指定的字段进行检索，经常应用于检索结果的调整。

用户在利用搜索引擎检索信息时，可以把查询范围限定在标题、统一资源定位符或超链接等部分，这相当于字段检索。例如，检索式 intitle:mp3 表示检出网页标题名称中含有 mp3 的网页。

【案例 2-6】 例如，要查询高波教授发表的文章，就应将“高波”限制在“作者”字段，如果要查询高波教授指导研究生的毕业论文，就应将“高波”限制在“导师”字段。又如，要检索关于研究老舍的论文，输入“老舍”时必须选择途径为“标题”或者“关键词”，不能选择“作者”途径。这是因为“老舍”在这里是被研究的对象而不是论文的作者。

选择的字段不同，得到的检索结果也会不同。选择“全文”字段，得到的检索结果的数量最多，但相关度最低；选择“题名”和“关键词”字段，得到的检索结果的数量最少，但相关度最高；选择“文摘”字段，得到的检索结果则介于两者之间。需要注意的是限定“文摘”字段，会漏检没有摘要的论文。

提示：(1)信息检索应该是多种途径的组合，尤其是“主题”途径与“分类”途径的组合，往往能同时达到“检全”与“检准”，只有特定情况才用单一途径，例如，知道一篇论文标题，需寻找全文，可直接用论文标题在“题名”字段检索。

(2)一般优先选择组合字段，在有些数据库中设置了两个及两个以上字段组成的组合字段，其作用是同时组合字段查询检索结果，提高检索效率。例如，CNKI 中设置了“篇关摘”组合字段，许多外文数据库中设置了 Title/Keyword/Abstract 字段。

(3)如有主题选项，检索结果较少时可以优先选择“主题”字段进行检索，CNKI 的“主题”字段内容包含一篇文章的所有主题特征，同时在检索过程中嵌入了专业词典、主题词表、中英对照词典、停用词表等工具，并采用关键词截断算法，将低相关或微相关文献进行截断。

(4)需查找密切相关的文献时，可选用“标题”字段检索；命中文献过少时，可选择“主题”字段和“全文”字段组合检索。

(5)有的检索系统会提供全字段(All Fields)检索，它是在文献记录的所有字段中查找，检索出任一字段中出现检索词的文献，一般不建议使用该字段。

(6)一般计算机检索系统的基本检索或者简单检索默认的途径是“题名”或“主题”或全字段。

2.4.4 词位置检索

词位置检索是指在检索词之间使用位置算符，来规定算符两边的检索词出现在记录中的位置，用以检索出含有检索词且检索词之间的位置也符合特定要求的记录。

1. 词级位置算符

词级位置算符包括(W)、(N)算符，用于限定检索词的相互位置以满足某些条件。

W 是 With 的缩写，表示其两侧的检索词必须按前后顺序出现在记录中，且两词之间不允许插入其他词，只可能有空格或一个标点符号。其可扩展为(nW)，n 为自然数，表示其两侧的检索词之间最多可插入 n 个词。例如，“light(W)rail”，表示 rail 必须紧跟在 light 之后，中间不允许插入其他词，且位置不能颠倒。“light(4W)rail”表示 light 与 rail 之间最多可插入 4 个词，但两个词的位置不能颠倒。

N 是 Near 的缩写，(N)表示其两侧的检索词位置可以颠倒，在两词之间不能插入其他词。(nN)为其扩展，表示其两侧的检索词之间最多可插入 n 个词。例如，“computer(N)network”，其检中记录可包含“computer network”或“network computer”。“computer(2N)network”，表示 computer 与 network 之间可插入 2 个词，其先后顺序可以颠倒。

2. 子字段级或自然句级算符

子字段级或自然句级算符用于限定检索词出现在同一子字段或自然句中，用(S)表示，S 为 Subfield 或 Sentence 的缩写，表示其两侧的检索词必须出现在同一子字段中，即一个句子或一个短语中。例如，“rapid(S)transit”，即 rapid 与 transit 在同一子字段或一个句子中。

3. 字段级算符

字段级算符用于限定检索词出现在数据库记录中的某个字段。算符用(F)表示，F 为 Field 的缩写，例如，“air(F)pollution”，表示 air 与 pollution 必须在同一个字段中出现。

提示：(1)中文数据库中位置算符一般通过“精确”或者“模糊”来实现，“精确”表示检索词以完整形式出现，“模糊”表示检索词中间可以插入其他词。外文数据库中要完整匹配，可以用英文状态(或半角)的“”将检索词括起来。

(2)很多外文检索系统都不支持位置算符，遇到具体检索系统可以查看系统的帮助系统。

2.4.5　加权检索

加权检索是指根据检索词对检索课题的重要程度，事先指定不同的权值。检索时，系统先查找这些检索词在数据库记录中是否存在，再对存在的检索词计算它们的权值总和。凡是在用户指定的临界值(阈值)之上者作为命中记录输出。临界值可视命中记录的多少而灵活地调整。临界值越高，命中记录越少。

搜索引擎通常以“+”和“−”来表示检索词一定在检索结果中出现，或一定不在检索结果中出现，这相当于加权检索。

提示：一般检索系统都没有加权检索语法或者检索框。

2.4.6　检索式

检索式是指将各检索单元(其中最多的是表达主题内容的检索词)之间的逻辑关系、位置关系等，用检索系统规定的各种组配符(也称算符)连接起来，成为计算机可识别和执行的命令形式。检索式是检索策略的具体体现，它控制着检索过程。检索式是否合理关系到能否检索到最相关的信息。

针对不同搜索引擎、数据库和不同的信息需求，有不同的检索策略，其检索式的构造也各有不同。设计合理的检索式成为控制和提高检索质量的关键。检索式的表达对一个课题不是唯一的，而是有多种选择、组配、限定的。当检索过于复杂，检索要求难以用一个检索式来表达时，应该采用分步检索或二次检索以提高查准率。

编写检索式时最重要的是注意检索途径与检索词的正确匹配。例如，当选择的检索途径是关键词时，输入的检索词就必须是关键词，如果一个词不能完整地表达检索要求，需要进一步描述，只能添加关键词，用算符来连接它们，而不能用一个句子来代替。

提示：大部分检索系统的检索结果页面都会显示检索式。

【案例 2-7】例如，检索“法律的渊源”的中英文信息，虽然用“法律的渊源”、sources of law 这样的词组能够在一些数据库中实现检索，但是检索量少，严格来说不算是检索式。

特别要区分课题与论文标题的区别，不能进行字面的解析，字面是“逻辑与”的关系检索要用“逻辑或”的关系来表达；反过来，有的课题则应该用“逻辑与”的关系。

【案例 2-8】例如，研究《法律与经济和政治的关系》的课题，需要检索的信息是“法律”与“经济”或者“法律”与“政治”之间的关系，因此“经济”与“政治”的关系是逻辑或，不是逻辑与，则检索式“法律*(经济+政治)”比“法律*经济*政治”检索的范围大得多。

【案例 2-9】检索“防撞气囊在汽车安全中的应用”，在万方检索平台的检索策略应该是在“题名”

或者“关键词”字段输入“防撞气囊*汽车”。但是如果采用检索式“ 防撞气囊+汽车”，这样会检索到许多只含有二者之一的论文，因为“防撞气囊”与“汽车”没有必然联系。

在检索式编写过程中，还要注意细节，如用短语检索时，加半角的引号，否则会得到过多的检索结果。注意合理使用词组检索，用好截词符。

【案例 2-10】当以 human resource management 作为检索词时，数据库会自动将其拆分成 human AND resource AND management 进行检索，其处理原则是只要同时含有 human、resource 和 management 三个词的文献，就会作为满足条件的检索结果返回。但这些结果中有很大一部分可能都不是关于人力资源管理的。因此，当词组能准确代表某一概念时，尽量选用词组作为检索词，可大大提高查准率；数据库中词组的表示方法一般为：英文状态的双引号(有些数据库支持短横线)把短语放在中间，如“human resource management”或 human- resource-management。

2.5 检索词的选取

在检索过程中，最基本同时也是最有效的检索技巧，就是选取合适的检索词。确定检索词，从广义的角度来看，不仅是“词”，还应包括不同检索途径的检索输入用语，如“作者”途径的作者名、“作者单位”途径的机构名、“分类”途径的分类号，甚至包括邮编、街区、年份等都是检索用词。正确选取检索词是成功实施检索的一个基本环节。

2.5.1 检索词的选取原则

检索过程中难度最大也最需要花精力的，是“主题”途径的检索词的选取。这里的“主题”途径指的是广义上的特性检索途径，包括篇名、关键词、摘要、主题等。

(1)准确性。准确性就是指选取最合适、最专指意义的专业名词作为检索词，一般选取各学科在国际上通用的、国内外文献中出现过的术语作为检索词；选取检索词既不能概念过宽，又不能概念太窄。一般来说，常出现的问题是概念过宽或者查询词中包含错别字。

(2)全面性。全面性就是指选取的检索词能覆盖信息需求主题内容的词汇，需要找出课题涉及的隐性主题概念，注意检索词的缩写词、词形变化以及英美的不同拼法。

【案例 2-11】“铁路货车轴承保持架裂损分析及对策研究”，由于“裂损分析”涉及残余应力与动应力等应力分析，而“裂损”一般不作为关键词，“铁路货车”这个名称学术运用范围较窄，因此可选取的中文检索词为“保持架”、“滚动轴承”、“铁路车辆”、“断裂”、“残余应力”和“动应力”，英文检索词为 cage、ball bearing、rail vehicle、fracture、remains stress、dynamic stress 等。

(3)规范性。规范性就是指选取的检索词要与检索系统的要求一致。例如，化学结构式、反应式和数学式原则上不用作检索词；冠词、介词、连词、感叹词、代词、某些动词(系动词、情感动词、助动词)不可作为关键词；某些不能表示所属学科专用概念的名词(如理论、报告、试验、学习、方法、问题、对策、途径、特点、目的、概念、发展、检验等)不应作为检索词；另外，非公知公用的专业术语及其缩写不得用作检索词。特称词也一般不作为检索词。

【案例 2-12】“成德绵产业带现代集成制造系统发展战略和关键应用技术研究”，其中“成德绵”

是特称词，需替换成通用词“区域”，其采用的方法与手段是电子商务，所以选取关键词为“区域”、“产业带”、“集成制造”和“电子商务”。

提示：特称词一般不作为检索词，如“京沪高铁运行安全性研究”“四川省装备制造业智能升级”里面的“京沪”“四川”一般不作为检索词，而应该分别用上位的泛称，如“高速铁路”、“省市”或者“区域”。当然专门调研除外，如只想了解“京沪高铁运行安全性研究”的研究现状，此时“京沪”就可以作为检索词。

(4) 简练性。目前的搜索引擎和数据库并不能很好地处理自然语言。因此，在提交搜索请求时，最好把自己的想法，提炼成简单的而且与希望找到的信息内容主题关联的查询词。

2.5.2　检索词的选取方法

检索者需要根据检索需求，形成若干个既能代表信息需求又具有检索意义的概念。例如，所需的概念有几个，概念的专指度是否合适，哪些是主要的，哪些是次要的，力求使确定的概念能反映检索的需要。在此基础上，尽量列举反映这些概念的词语，供选择检索词时参考。如果遇有规范词表的数据库，在确定检索用词时，一般优先使用规范词。

1. 主题分析法

检索词的选取是用户分析、识别、提炼和归纳信息需求主题的过程。首先将检索主题分为数个概念，并确定反映主题实质内容的主要概念，去掉无检索意义的次要概念，然后归纳可代表每个概念的检索词，同时寻找检索词的同义词与上下位词，最后将不同概念的检索词以布尔逻辑加以联结。

主题概念一般包括研究对象、方法、材料、过程、条件等具有独立检索意义的一些基本概念，可作为检索词选用。研究对象一般有事物、人物、事物的组成成分和组成部分、学科、问题、现象等；方法指对对象因素进行操作时的措施、工艺、手段、方法以及所使用的工具等；材料指构成对象的物质材料；过程一般指各种自然过程、社会过程和生产过程中的运动、操作、演变等；条件指对象因素存在、发展、变化、研究、操作、分类、范围等方面的条件。

主题词的四种变化分别是同义词、上位词、下位词、相关词。同义词是指意义完全相同的词，如 GIS 与地理信息系统；上位词指概念上外延更广的主题词，例如，水是海水的上位词，液体是海水的上位词，音乐是 MP3 的上位词；下位词指概念上内涵更窄的主题词，例如，尾气污染、废气污染是大气污染的下位词，幼儿教育、初等教育、高等教育是教育的下位词；相关词是指意义相关的词，如出口和外贸。

在检索中，同义词、近义词是“或”的关系，用上位词即扩大检索范围，用下位词即缩小检索范围，但如果多个下位词都用来检索，相对于一个上位词来说，也可以算是扩检。

【案例 2-13】“高速铁路研究基地或者研究机构”，检索发现非常少，查“铁路研究基地”还是比较少，查“交通研究基地”或者“运输研究基地”就比较多，而这些研究基地里面通常都包括高速铁路研究。

2. 切分法

切分法就是指将用户的信息需求语句分割为一个一个的词。例如，“电动汽车的研究现状及发展趋势”可切分为“电动汽车”、“研究现状”和“发展趋势”。

通过主题分析和切分所得到的关键词，需要通过删除、替换、聚类、补充、限定等方法进一步规范。

(1) 删除法。通过主题分析和切分所得到的关键词，在这一过程中，对于一些不具有检索意义的虚词(包括介词、连词、助词、副词等)，予以删除；对于意义过于宽泛和过于具体的不必要的限定词，或者不能表达课题实质的高频词，或者存在蕴含关系可以合并的词，如“作用”、“意义”、“研究”、device、process 和 system 等，予以选择性删除。

【案例 2-14】“电动汽车的发展前景研究”，进行拆分以后，“研究”这个词意义过于宽泛，“发展”、“前景”这两个词存在蕴含关系，没有必要全部作为检索词，因此，“电动汽车”可作为必备检索词，“研究”、“发展”和“前景”根据需要可以保留 1～2 个作为检索词。

(2) 替换法。通过主题分析和切分所得到的关键词，也许偏于模糊、宽泛、狭窄或不可行，不能取得所希望的结果，这时可以引入更明确、更具体、更本质、更可行的概念词来替换。

【案例 2-15】“稀土材料的研制”，通过主题分析和切分得到的词，删除“研制”后，得到检索词“稀土材料”，而用户是研究“钐钴”，因此用更明确、更具体、更本质、更可行的“钐钴”替换“稀土材料”。

(3) 聚类法。把切分、删除、替换后所得出的关键词按语义概念进行同类合并，将那些可以相互等效、相互替换、相互补充的同义词、近义词、相关词归成一组。

(4) 补充法。通过主题分析和切分所得到的关键词，有些词是缩略词，有些词又是同义词和相关词，对于前者应考虑找出缩略词的来源词组，将两者一并作为检索词，对于后者应补充同义词和相关词(包括上位词、下位词和同位词等)作为检索词。

【案例 2-16】“模拟计算机”可以选取的检索词有“模拟计算机”“模拟系统 AND 计算机”。

(5) 限定法。针对一词多义导致误检的问题，需采取限定措施，即增加限定词作为检索词，如检索词“线路”应考虑增加“道路”、“车辆”或“电子”、“无线电”作为检索词。

【案例 2-17】“工程制图 CAI 系列课件的研制”，除选取“工程制图”“计算机辅助教学”“教学课件”等作为检索词外，应考虑增加“机械制图”“画法几何”等作为检索词。

3. 试查相关数据库进行初步检索，借鉴相关文献的用词

为使用户检索更加方便快捷，中国知网、万方数据、ProQuest 等很多系统检索结果中都提供相关检索词作为参考。也有数据库提供了检索词的扩展词、同义词、修正与提示功能。试查相关数据库，可以顺藤摸瓜地扩展、变更检索词。

【案例 2-18】例如，在维普《中文科技期刊数据库》(全文版)中，勾选页面左上角的“同义词”控件，输入检索词“土豆”，单击“搜索”按钮，即可找到和“土豆”同义或近似的词，用户可以选择同义词以获得更多的检索结果；又如，在 ProQuest 检索系统中输入检索词 job stress，系统会提示一系列的相关检索词，通过提示，可以选择更加合适的检索词。

2.5.3 检索词的选词要点及技巧

为确保检索结果的查准率和查全率，在选取检索词的过程中，需要注意以下要点。

1. 同义词的选取

检索词的全称、简称、俗称、英文缩写及不同拼写方式可以统称检索词的同义词。查全同义词和近义词是提高查全率的关键。在不提供规范词检索的系统中，应列出核心概念常用的中外文同义词、缩写词以及核心关键词的上下位类词，采用上述词进行检索并从已检出的文献中扩展检索用词，如表 2-16 所示。

表 2-16　检索词扩展举例

注意事项	原　词	扩展词
立足规范词，兼顾自由词	胶粘剂	粘固剂、粘合剂、胶结剂、粘结剂、粘胶剂
注意词的全称、简称及缩写字母	乙型病毒性肝炎 KPI	乙型肝炎、乙肝、HBV Key Performance Indicator
查全同义单词的不同拼写方式	fibre	fiber
注意外来词的译写变化	波尔兹曼	玻耳兹曼、玻尔兹曼
扩展英文检索词的选词视野	检测	test、examine、check
兼顾同义词	维他命	维生素
注意近义词	诗歌	poems、poetry、poesy、韵文
注意错别字	征兆	症兆

2. 隐含概念与隐含词的选取

在分析课题时，不仅仅是题面的拆分，更重要的是对课题的主题概念(特别是课题的隐含主题概念)认真分析，掌握课题的内容实质，概括出能最恰当地代表主题概念的检索词。同时注意用词的通用性、准确性和规范性。挖掘隐含问题与隐含概念的方法有以下几种。

(1)工具书、CNKI 知识元搜索、超星的读秀搜索等辅助工具了解背景知识。

(2)阅读初查文献，从篇名、关键词、摘要、原文、参考文献中挖掘隐性词。

(3)利用自己的专业知识和平时积累的知识或与导师、同学进行交流，挖掘隐性词。

【案例 2-19】“知识产权”一词隐含着“专利权”、“版权”、“著作权”和“商标权”等概念；“垃圾处理”这个题目中，在“处理”这个检索概念上，就要考虑增加“再生”、“回收”和“循环”等字面后隐藏的同义词；“煤灰利用”在“煤灰”这个检索概念上，就要考虑增加“砖”、“水泥”、“混凝土”和“路基”。如果想查找关于“新能源”方面的文献信息，检索词要考虑“新能源”、“风能”、“海洋能”、“地热能”、“太阳能”、“氢能”和“核能”等。

3. 英文检索词的选择

在检索英文文献时，英文检索词选取不准确将直接影响查准率和查全率。下面介绍几种选取英文检索词的方法和技巧供参考。

(1)从检出的中文文献的英文标题、关键词、摘要、文后的英文参考文献中选词。

(2)如果知道中文关键词，可以利用百度翻译、Google 翻译或利用一些专门的翻译工具如有道桌面词典、金山电子词典等进行翻译。

(3)利用 CNKI 工具书及知识元搜索的翻译助手和学术定义功能选词；或从中国专利反查英文词，先在国家知识产权局的数据库中检索相关中国专利，再用检索到的专利“公开号”去检索欧洲专利，就会找到这条专利的英文翻译，自然也就可以找到检索词的翻译了。

(4)利用网上百科(维基百科、百度百科)查词。

需要注意的是，中英文翻译时不一定都能按字面对译。在选择检索词时有些中英文之间可以一一对应，但有很多词却不是一一对应的。

【案例 2-20】例如，“网络资源”一词，很多人在检索外文数据库时就选择 Net Resources。其实，对于网络资源这个概念，Internet、World Wide Web、Web Resources、Networked Resources、Network-based Resources、Virtual Resources、Online Resources 等都可以用来检索这个概念。

4. 采用截词符或截短处理

对于英文词尾的规则性变换或词形的变化，恰当地应用截词检索也是建立检索式时需要充分考虑的策略之一，有时可以得到“四两拨千斤”的检索效果。中文没有词尾的变换，但却有大量的仅变化修饰性定语的词类，如刺绣、苏绣、湘绣、蜀绣等。如果要查全上位类的刺绣方面的文献，可以把修饰性的定语全部省略。这在特性检索的主题体系当中，可以在一定程度上弥补分类的不足。

【案例 2-21】“网络数据库的安全性研究”，其安全性包括安全机制、安全措施、安全模型、安全系统等，所以在选择检索词时，只需选择“安全”即可。

5. 如果词汇涉及面太广，难以枚举，最好用分类号

【案例 2-22】检索“工农业废水循环利用”，用中国图书馆分类号表达工业(T)、农业(S)才能保证查全率。而“废水”是比较专指的检索词，也没有形成学科，所以直接作为关键词，不用分类号表达。同时，检索式前面排列范围比较狭窄的检索项，如“废水”“利用”，后面连接范围较宽的检索项，如工农业的分类号，可以提高速度。若用《中文科技期刊数据库》检索，参考检索式为：M=废水*利用*循环*C=(T+S)。

6. 在检索中逐渐优化检索词

选择检索词不是一蹴而就的，从较少的关键字开始检索，尽量简明扼要地描述要查找的内容。在检索过程中，如果没有找到需要的结果，那么所获得的结果很可能会提供有效的提示，可根据提示，反复修正检索词。

7. 在不同的检索环境选用不同的检索词

一些口语化的词在搜索引擎中可以使用，但在数据库中尽量使用规范词与标准词，即注意想要的检索工具中作者的用词习惯。

【案例 2-23】检索词在不同检索系统的对比(激光治疗近视隐患方面的知识检索)。

本案例是要通过检索，获取激光治疗近视隐患方面的一般性知识，使用常用的搜索引擎检索，其结果往往是相关公司的广告、新闻等，可靠性、专业性都不强。这时不妨考虑使用图书馆主页的数据库，去了解权威的专家学者的观点，分析他们是如何从学术的角度来评判激光治疗近视隐患的安全性的，以便更加全面地了解这方面的信息。但不同的检索策略在不同的系统中效果不同，见表 2-17，搜索引擎中“激光*近视*隐患”检索式还可以检索到很多内容，但在数据库中检索不到，因为“隐患”一词不是医学领域标准用语。

表 2-17　同样的检索词在各不同检索系统中检索结果的比较

检索式	CNKI 检索结果	Google 检索结果
激光*近视*隐患	0(篇名途径)	236000
激光*近视*并发症	16(篇名途径)	1070000

2.6　信息检索的需求分析

在生活、学习和工作中，每个人都会产生对各种信息的渴求，这种渴求称为信息需求。只有对信息需求真正了解，才能获得正确的检索结果。需求分析是在问题及其最终解决方案之间架设桥梁的第一步。分析清楚需求间的逻辑关系包括因果关系、依赖关系、主次关系等，需求优先级的排列，就能探索出描述这些需求的多种解决方案，否则对需求内容的任何改进，都将导致信息查询上的大量返工。

2.6.1　信息需求所涉及的通用问题

分析课题是检索的准备阶段，是为了确立查询需求，是整个查询全过程的出发点，包括对课题类型、背景知识、概念及知识体系的分析，并提出拟解决的问题。信息需求的特征及其解决方案如表 2-18 所示。

表 2-18　信息需求的特征及其解决方案

需求特征	解决方案
检索目的	申报课题、开题报告、学术论文、成果查新以及其他需求类型等
所需信息的学科范围	某一学科还是多学科，需找出课题核心内容的主题概念或分类号
结果形式，需要什么类型的文章	简要分析、说明、正式报告、研究论文、口头报告
结果数量，需要多少信息	是一本书、一些文章和书籍，还是一个网站，或者更大量的信息
需要什么样的信息	数据、事实、评论、论文、科技报告、图书、专利、标准、网站
需要出版的哪些类型的信息	学术期刊、杂志、网站、书籍
需要哪一个时间段的信息	任意时间的信息来源还是某一特定时期的信息来源
所需信息的语种	除了查询中英文文献，是否还需要查询一些小语种的文献
对信息质量有何要求	是准确、可靠、完整、全面的信息，还是模糊、零散、片面的信息

2.6.2　用户特征所导致信息需求差异

每个人的知识结构、所处环境和面临的问题都有所不同，由此而产生的信息需求也千差万别。即使面对同一课题，不同身份的人需求的内容也不相同。用户特征及其信息需求差异如表 2-19 所示。

表 2-19　用户特征及其信息需求差异

人员类型	解决的主要问题	需要信息的主要类型	需要信息的主要特点
科学研究人员	“是什么”和“为什么”的问题	理论性较强的原始文献	新颖性、连续性和系统性
管理决策人员	“做什么”的问题	需要少而精、经过浓缩加工的信息	简明性、完整性、客观性

续表

人员类型	解决的主要问题	需要信息的主要类型	需要信息的主要特点
工程技术人员	“怎么做”的问题	专利、标准、技术报告、工程图纸、产品样本及各种实用手册等	要求实用性和准确性
市场营销人员	“怎么办”的问题	竞争对手、时事政策、经济形势	新颖性、准确性、可靠性

【案例 2-24】2004 年教育部提出大学英语教学改革，学校高度重视，当时校长办公室、教务处、外语学院都要求图书馆提供参考资料。虽然要求内容相同，但各自关注的侧重点不同，所以提供的参考资料完全不同。校长办公室的资料主要是政策出台背景、意义、重要性，教务处关注的是改革的管理措施、学分、考核，外语学院则关注的改革的具体措施、其他院校改革的经验。

2.6.3　不同阶段的信息需求差异

在学术研究过程中，研究人员在课题设计、课题实验(试验)、成果发表、论文写作等不同阶段的信息需求也会不同，如表 2-20 所示。

表 2-20　不同阶段的信息需求差异

阶段	课题设计	课题实验(试验)	成果发表、论文写作
需求特征	基本知识、信息背景、论证信息	特定信息、知识点跟踪	全面论证、分析信息与研究
需求内容	通过概览性资料了解背景知识、明确信息需求；可通过查询网页、报道、论坛、博客、百科全书、专著、综述等获得	需求准确信息；可通过查询标准、专利、文摘数据库、全文数据库等获得	需求全面信息与权威信息；可通过查询引文数据库、文摘数据库、全文数据库等获得

2.6.4　信息需求类型和文献类型的对应关系

在对课题进行主题分析后，可以从课题的性质和需要确定所需信息的文献类型。不同类型的信息需求及其对应的文献类型如表 2-21 所示。

表 2-21　信息需求类型及其对应的文献类型

信息需求的类型	解决需求的文献类型
大众化、常识性	报纸、杂志、搜索引擎
新闻、娱乐、财经	各种门户网站
尖端技术	科技报告
基础理论性探讨	期刊论文、会议论文
技术革新	专利文献
产品定型设计	标准文献及产品样本

2.6.5　信息需求与信息检索的对应关系

一般情况下，大部分的信息需求，最后会转化为信息检索的行为。信息检索人员认识到的信息需求不同于客观信息需求。由于主观因素、专业知识、认识能力等的差异，检索人员有可能对信息需求产生错误的或片面的认识，或者是对认识到的问题存在表达障碍。也就是说，有时候用户能够正确地表达出来的信息需求，与其客观信息需求之间存在着相当大的差距。这些因素都会导致信息检索策略的不准确或检索结果的失败。信息需求及其对应的信息检索类型如表 2-22 所示。

表 2-22　信息需求及其对应的信息检索类型

检索类型	需求特点	检索特点	适用类型	重点文献
普查型	需要全面收集某一主题的文献资料	需求带有普查、追溯的特点，要求高的查全率	立项、综述、申请发明、编写教材，进行基础理论研究的用户	专利、期刊及会议论文、科技报告、各类综述等
攻关型	需要收集有关特定方面的文献资料	具有专指性的特点，要求尽量高的查准率	科研、生产中需要解决某一关键问题的用户	专利、期刊和会议论文、产品说明书、标准
探索型	需要了解和掌握某一领域的最新研究动向或研究成果	信息需求具有及时的特点，要求检索结果尽可能“新”	研究、开发和应用新技术、新理论的用户	期刊及会议论文

2.6.6　特定信息的需求

在信息需求中，有时会存在需要某特定信息的情况，包括：①某一特定内容(如某一历史事件、某一分子结构、某一数据等)；②某一特定作者发表的文献；③某一特定文献类型(如图书、专利或科学期刊中的综述、科技报告或者政府发表的白皮书等)；④涉及某特定国家、地区、机构的人物或事物；⑤某一特定论文或者专利。对于特定需求，可以采用特定的检索手段，以需要某一特定文献为例，只要依据文献的著者(作者、译者)或题名(刊名、篇名)等典型的已知文献特征或线索，通过“责任者”或“题名”等途径检索查找出该文献，就能够满足该信息需求。

特别提示：大学生的信息需求。

由于我们的培养体制，大学生的主动信息需求不强烈，其实大学生除了考研、求职、毕业论文/设计等常规信息需求，更加应该主动关注自身成长和发展的信息需求，注意自身能力、视野的培养，首先是能力的培养(图 2-13)，如创新能力、团队合作能力、解决复杂问题的能力、全球化素养等这些方面，应该去看一些专业的文章，了解培养这些能力的方法和途径，主动训练，变被动学习为主动学习；其次是关注与自身生活相关的内容，如恋爱，可以查看恋爱的调查统计文章，看看大学生恋爱的影响因素和成功率，便于自己选择；最后是经常追踪自己所属行业的热点问题，看看发展过程和解决方案。

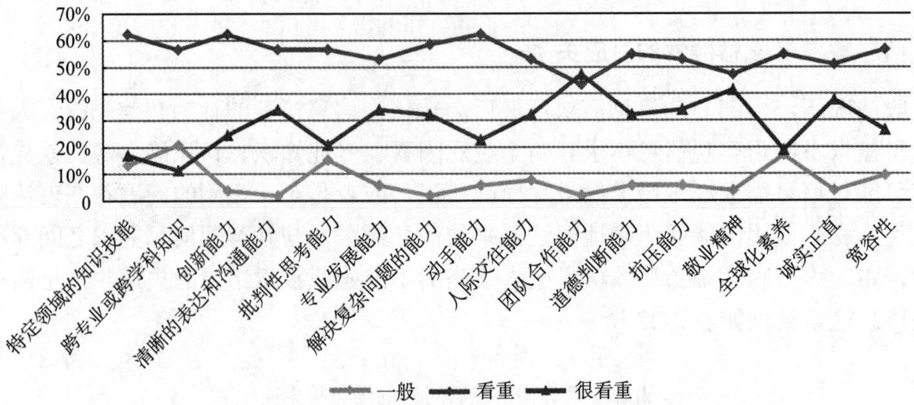

图 2-13　某大学调研用人单位对应聘者各项能力的关注程度

2.7 检 索 流 程

检索流程是从确立信息需求到信息需求得到满足的全过程。对于不同的检索系统、不同的课题、不同的用户来说，其具体检索流程有所不同。通用信息检索流程一般包括分析检索课题、选择检索工具、确定检索策略、调整检索策略及获取原始文献等流程，见图 2-14。

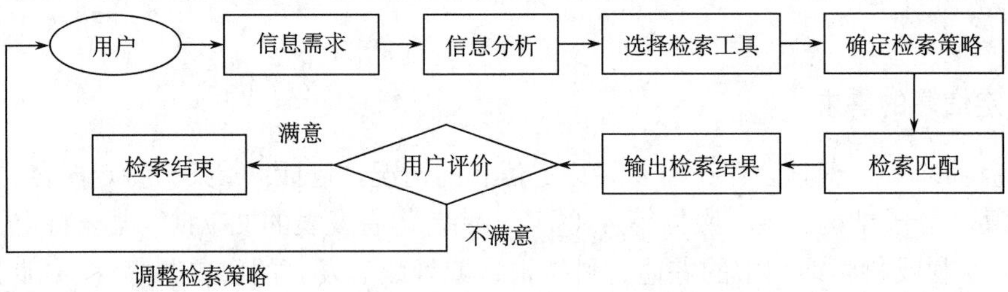

图 2-14　检索通用流程图

1. 分析检索课题，进行信息需求分析

检索开始一定要弄清楚课题的背景，包括对课题类型、背景知识、概念及知识体系的分析，并提出拟解决的问题，以明确课题所包含的概念成分及其相互关系。

2. 选择检索工具

在全面分析检索课题的基础上，对用户要求得到的信息类型、时间范围、课题检索经费支持等因素综合考虑后，从以下几个方面考虑选择检索工具。

(1) 可获得性。检索受到可利用的检索工具可获得性的限制。目前全世界有上千种检索工具，但大部分机构和图书馆收藏的检索工具有限，如果可利用的检索工具不足，也可以利用开放获取资源，如果还是不能满足需求，就必须向其他的文献服务机构申请代检代查。

(2) 针对性。选择的检索工具要与检索课题的学科一致，并且尽量选用该学科权威的检索工具。尤其是在课题鉴定、论文开题、科技查新、专利申请等方面，必须检索该领域公认的权威工具才有效。

(3) 全面性。了解检索工具收录的范围，包括时间跨度、语种、类型以及更新周期等是否满足要求；还要考虑区分其不同的版本、覆盖的范围、年限、权限(在收费的资源中，很多生产商会根据用户支付费用的不同，而开放不同的使用年限与权限。因此有时尽管选择的检索工具是正确的，但却不能检索到预期的结果，很可能是使用权限受到了限制)等。

(4) 方便性。所提供的检索途径、检索功能和服务方式是否便利。

(5) 完整性。大部分课题使用一种检索工具就可以达到要求，但对于重要的信息收集，如毕业设计(论文)、产品开发、科研项目申报、论文写作，则要多种检索工具综合运用。

3. 确定检索策略

根据待查课题的已知条件、课题检索的深度，以及检索工具本身可能提供的检索途径，选择检索途径、建立检索式并实施检索。

4. 调整检索策略

检索调整的基本目的，就是提高检索结果与用户需求的一致度(这里的需求既可以是用户开始检索时明确表达的需求，也可以是检索过程中的动态需求)。如果检索结果过多或者过少甚至为零，就需要根据命中文献量的多少、命中文献的切题情况等，来决定是扩大检索范围还是缩小检索范围。

提示：一般的检索系统都是按相关度高低显示检索结果的，即把相关度高的排前面，如果最前面的 20 条结果都不符合要求，则应考虑使用不同的检索词或更换检索系统。

1) 检索结果不理想的原因

调整检索策略之前，首先要分析结果不理想的原因。

若是检索结果输出的篇数过多，其原因可能是：选用了多个多义性的检索词，截词截得过短，输入的检索词太少，应该使用 AND、却用了 OR，优先运算符用错。

若是检索结果输出的篇数过少，其原因可能是：错选数据库；检索词概念错误或拼写错误；检索词过于冷僻或者具体；没有使用截词符；位置算符与字段算符用得过多；使用过多的 AND 算符；选用了不规范的主题词或某些产品的俗称、商品名作为检索词；同义词、近义词或隐含概念没有得到充分考虑，上位概念或下位概念没有得到完整运用等。

2) 扩大检索范围的方法

(1) 降低检索词的专指度，可选一些上位词或相关词补充到检索式中。

(2) 减少检索词，删去某个不太重要的检索词。

(3) 进行族性检索，可用分类号或采用一组近义词、同义词或相关词并用 OR 连接。

(4) 进行截词检索，可以采用后截断、前截断、前后截断等方法。

(5) 增加检索途径，如将“主题”途径与非“主题”途径结合起来使用。

(6) 取消限制过严的前后缀符、限制符。

3) 缩小检索范围的方法

(1) 提高检索词的专指度，增加或换用下位词或子概念或专指度较强的自由词。

(2) 逐步缩小检索途径的检索范围：全文→主题→文摘→关键词→题名。

(3) 有些数据库还能限定期刊范围：全部期刊→重要期刊→核心期刊。

(4) 用 AND 连接一些进一步限定主题概念的相关检索项。

(5) 用位置算符控制检索词的词间顺序与位置。

(6) 增加检索途径如文献类型、语种、地理范围、年代范围、作者或号码作为限定。

(7) 利用 NOT 限制不相关的文献的输出。

(8) 使用精确运算符“”，或选择精确匹配(中文库)。

【案例 2-25】使用电子期刊全文数据库检索关于“深圳市生物医药产业如何发展”的参考资料，初步制订检索式“深圳 AND 生物医药产业 AND 发展战略”，以摘要为检索点进行初次检索后，发现检索结果过少，在进行二次检索前，应该采取何措施来调整检索策略呢?

检索思路：(1) 把检索词“生物医药产业”更换为“生物医药产业”、“生物技术产业”和“医药产业”三个词，三个词之间为逻辑或。

(2) 将检索词“发展战略”改为“发展”或“规划”。

(3) 分别利用万方、维普和 CNKI 查找。

(4) 利用特别相关文献，如“深圳生物医药产业发展规划”的参考资料、相关文献等进行检索。

5. 获取原始文献

(1) 在本地全文电子期刊数据库中获取。检索本机构或就近图书馆的馆藏目录或者相应数据库。例如，已经确定所需要的文献所在的数据库，如果是全文数据库就可以直接检索并下载；如果是文摘数据库则看其是否收录文献的全文链接，如 Ei Compendex Web、国际博士/硕士论文数据库(PQDD)等都提供原文服务，可向数据库商提出购买原文申请；如果书目能够查到线索则可手工检索到纸本原文；如果检索到图书馆收藏有某一刊物并收藏在某一书库就可直接去复印。

(2) 获得文献作者的联系方式，直接向作者索取。MEDLINE、SCI 等文摘数据库均提供作者的 E-mail 地址。

(3) 通过搜索引擎或学术搜索引擎，输入文献标题或出版物的名称，直接找到原文；或者发现文献出处信息，方法是直接输入论文题名(适用于所有文献类型)并把文献格式限定为 PDF。

提示：SCI 检索的论文 90%以上都可以通过 SCI-HUB 网站免费下载全文，大多数开放获取的论文都可以用搜索引擎，免费获取外文全文建议使用谷歌学术和必应搜索。

(4) 利用联合目录，通过文献传递的方式获取。可以利用馆际互借与文献传递系统获取，许多图书馆的 OPAC 检索系统都是开放并可以免费检索的，因此用户在利用本馆的 OPAC 检索系统检索不到所需文献全文时，可以利用他馆的 OPAC 检索系统或中国高等教育文献保障系统(CALIS)的联合目录公共检索系统查询所需文献，在确定文献收藏单位后，向其提交文献借阅、复印请求，即馆际互借或文献传递请求。

(5) 通过科研社交网站、网络学术论坛、文献检索论坛、文献互助平台得到全文，如 ResearchGate (http://www.researchgate.com)、小木虫论坛(http://muchong.com/bbs)、师生联盟(http://www.sslm2008.com/?fromuid=877)等。

2.8 检索效果评价

信息检索效果是利用检索系统进行检索所产生的有效结果。检索效果评价是根据一定指标，对实施信息检索活动所取得的成果进行客观科学的评价，以进一步完善检索工作的过程。

2.8.1　检索系统的检索效果

克兰弗登提出了 6 项对于检索系统的检索效果指标，包括收录范围、查全率、查准率、响应时间、用户负担及输出形式。其中两个主要的衡量指标是查全率和查准率。这些指标不仅可进行定性的，也可进行定量的评价。

查全率 = 被检出的相关文献篇数 / 数据库中的相关文献篇数×100%

查准率 = 被检出的相关文献篇数 / 被检出的文献的总篇数×100%

造成检索系统的检索效果不佳的原因主要有以下两点。

(1) 网络环境下信息检索方法主要是关键词检索，其主要考虑的是关键词出现的位置和频率。此方法有两个缺陷：一是检索结果多是在字面上符合用户的要求，实际内容往往偏离用户的实际要求；二是用户输入的检索词稍有偏差，检索系统就无法确定用户的真正需要，因而无法提交正确的结果。

(2) 无法发掘隐性信息，由于一些隐性信息的存在，用户不能及时准确地从繁杂的检索系统中找到自己所需的信息。

2.8.2　用户的检索效果

从用户的角度考虑，可以从检索到的文献的相关性、适用性、新颖性三个方面判断检索效果是否满意。

(1) 相关性，即用户判断检索到的文献信息与实际信息需求之间关系的标准。现实的信息系统是回答用检索式表达后的信息提问。虽然检出的是与信息提问相关的信息，但不一定是真正切题的信息，用户只有在阅读文献信息后才能对其切题性作出判断。

(2) 适用性，即检索到的文献对用户的实际需要的满足程度或能够给用户带来的效果和产生的效益。

(3) 新颖性，即对用户而言，从检索系统中检出来的、含有新颖信息的文献数与文档中总相关文献数之比。

由于用户的因素而导致检索不满意或者检索效果不佳的主要原因有以下几点。

1. 信息检索思维方法的缺陷

(1) 在自身信息需求的分析上，从始至终都是一个需求，不懂得通过变换检索词，采用相关词或同义词来提出更多需求。

(2) 在具体检索时，以短句为单位，不能很好地切分关键词，找出关键词之间的关系。

(3) 在选择信息来源的时候，习惯采用通用搜索引擎进行检索，对垂直搜索工具、专业数据库检索平台没有主动或优先选择。

2. 对检索工具的选择缺陷

(1) 检索工具倾向搜索引擎，网络上的资源与专业的网络数据库相比，无论质量还是数量都有很大的差距，仅用搜索引擎来查找文章是非常不可取的。

(2) 忽略摘要数据库，过度依赖全文数据库。虽然检索摘要数据库不能马上得到全文，但是摘要数据库的数据量大、范围广，是查找文章线索极好的检索工具。

3. 信息检索操作方法的缺陷

(1) 在使用具体检索平台的时候，只使用初级检索功能，而没有发现检索平台的高级检索功能和检索限制选项。

(2) 在检索结果的利用上，不善于利用检索系统对检索结果进行分类、分析及对检索策略进行优化调整。

(3) 没有对检索词进行限制，包括字段限制、时间限制、分类限制等；主题概念不够具体或具有多义性导致误检；对所选的截词截得过短。

提示：高校信息素养教育数据库(https://suyang.zxhnzq.com)是学习检索技术的比较全面网站,内容涵盖了概念理论、检索技术、信息资源、检索系统、知识管理、学术资源、学术写作、科研工具、应用场景等内容。

研讨与训练 2-1　求职简历的关键词、匹配关系与目标规划

(1) 规定学生在 10 分钟内用表述特征的关键词填好表 2-23，每一张表相当于一条记录(表格的字段可以根据情况设计，但最好不要有姓名字段，以免熟悉的同学对号入座)。

表 2-23　关键词

学号	
性格	形象气质、心理素质、身体素质、性格特点
兴趣与爱好	运动、音乐、冒险、旅游、美食、文体特长
能力	逻辑或形象、创新或创业、团队合作能力、科研能力、沟通能力、协调能力、实践能力、国际视野
阅历或经历	实习和实践经历、社团和学生工作经历、获奖情况、社会义工
规划	工作类型、职业发展

(2) 老师或者活动组织者将所有表格收集起来，随机分配给每个人一张表，学生拿到的表最好不是自己填好的表。所有表格相当于组成了一个数据库。

(3) 进行检索。每个同学看着拿到的表格，如果检索人提出的词汇和内容在表格中出现，该同学必须站起来，每个检索最多只能在三个栏以内选择，所提词汇必须和表格里的词汇严格匹配，不能按意思理解。例如，要选一个信息检索课代表，要求在“性格”栏里填有“开朗”(填“活泼”“外向”等词不能被选中)，“能力”栏里填有“组织”，“阅历或经历”栏里填有“干部”(填“班长”“团支书”等词不能被选中)；如果检索结果为零，可以调整为：“兴趣与爱好”栏里填有“网络”(填“上网”“程序”等词不能被选中)，“阅历或经历”栏里填有“干部”；选到持有符合该条件表格的同学可以读出该表格所填的学号，拥有这个学号的同学就是符合条件的记录。每个感兴趣的同学都可以进行检索，例如，检索一个你愿意交往的人，帮同学检索一个朋友，帮某企业招聘人才等。

(4) 评论与讨论。检索的本质是匹配，检索的目标是交流与理解。一是被检索的对象需要被检索人查到，那么他的特征表述必须规范、明确，能够被别人理解、容易识别。扩展思考一下。如果想使简历、论文可以被别人轻易检索到，用词、表述就应该好好斟酌一下。二是检索人在检索时，也要思考检索的目标应该具有的特征以及这种特征的规范表述。三是有的检索无法显示时，不是因为检索本身，而是检索范围的问题，即检索范围太小或检索范围不正确。

(5) 上述提到的这些要点，也是人才招聘和招生考试选拔关注的内容，大家要有目的、有意识去培养这些能力和增加这些阅历，在以后的简历和面试中能够准确表达这些内容。

把这个过程理解清楚，就能领会到检索信息与创造发布信息是一体两面的，它们本质上是相通的。以写论文为例，检索论文是为了利用别人论文作为参考创作自己的论文，自己创作论文又是为了给别人提供参考。所以一个优秀的信息检索者也是一个优秀的信息发布者，一个检索论文的高手也会是一个写论文的高手。明白这个道理，就应该把信息检索与信息利用和创造结合起来，起到事半功倍的效果。

第 3 章　开放网络资源

3.1　网络资源概述

网络资源，是利用计算机系统通过通信设备传播和网络软件管理的信息资源，既包括商业信息、新闻、生活、娱乐信息以及 BBS、博客、微博、微信等非学术性资源，也包括教育培训、电子图书、开放获取等学术性资源。它已经成为全球范围内传播科研、教育、商业和社会信息的主要渠道。熟悉网络信息源的检索与利用，可以给我们的学习和生活带来诸多便利。

3.1.1　网络的基本知识

1. IP 地址

IP 是一种用于地址标识技术的 Internet(因特网)协议，是 Internet 上计算机之间的路由选择，可把不同网络的物理地址转换为 Internet 地址。IP 地址就是给每个连接在因特网上的主机(或路由器)分配一个在全世界范围内唯一的标识符。

目前，大多数 IP 编址方案仍采用 IPv4 编址方案，即使用 32 位的二进制地址进行识别，我们常见的形式是将 32 位的 IP 地址分成 4 字节，把 4 字节分别用十进制表示，中间用圆点分开，这种方法叫作点分十进制表示法。数字型 IP 地址用四组小于 256 的十进制数表示，如 202.115.72.101，是西南交通大学图书馆的一部主机，是西南交通大学图书馆自动化管理的服务器。

提示：大部分大型商业化数据库的使用，都是通过 IP 地址来限定集团用户的访问和使用权限。例如，大学生要使用所在高校图书馆所购买的电子资源，必须要所联网的电脑 IP 地址在校园网的范围之内才有访问或下载权限。

2. 域名

域名是一机构在网络上的重要特征，是网站的唯一标识，常由主体(如 baidu)+后缀(如.com)组成，而前面的 www 一般为主机名。网址/域名的命名遵循了一规则，这个规则便是由互联网中的“名字管理机构”来制定的，即域名系统(DNS)。这里先介绍下域名的组成：

主机名.机构名.组织名或部门名.顶级域名

互联网中的某台主机域名由其所属各级域名及其自身名字共同组成(即由子域名构成)，级别从左到右依次增加，最右边为顶级域名，最左边为主机自己的名字，各级子域名使用“.”隔开。以西南交通大学的域名为例，格式如下：

www.swjtu.edu.cn

其中

顶级域名：cn

组织名或部门名：edu

机构名：swjtu

主机名：www

常用的顶级域名如表 3-1 所示。

表 3-1　常用的顶级域名及其分类

分类	种类
以机构区分	com(商业机构)、net(网络运行服务中心)、gov(政府机构)、mil(军事部门)、org(非营利性组织)、edu(教育机构)、int(国际组织)、info(信息机构)、ac(科研机构)
以地域区分	AU(澳大利亚)、CA(加拿大)、CN(中国)、DE(德国)、FR(法国)、JP(日本)、KR(韩国)、UK 或 GB(英国)、US(美国)等

提示：因 IP 地址的数字不利于记忆，我们一般都选择通过记住域名地址去访问某个单位或者机构的网页。中文域名常用命名方式是中文拼音首字母简写，如煤炭学报域名是 www.mtxb.com.cn，或者英文字母的简写，如西南交通大学的域名 www.swjtu.edu.cn 中 swjtu 是(Southwest Jiaotong University)的简写。因此域名也是识别网站一种方法。

3. 网址

网址，网页的地址，网站名，即“服务器名+域名”，每一页网页都有一个网址。网址，也称为域名，又称 URL(统一资源定位系统)，是互联网用户用来标识主机的名字。该名字具有唯一性，层次性；字面意义可以表示主机的账号、功能、性质、所属的地区或组织，便于所有互联网用户记忆与使用。以西南交通大学学院设置为例，URL 的构成策略与示例如下：

https://www.swjtu.edu.cn/xysz_/xy.htm

其中

协议：https

服务器名、域名：www.swjtu.edu.cn

目录：xysz_

服务器根目录: /

文件：xy.htm

4. 网络资源下载与保存

(1) 保存网页中的文本。选择要保存的文本进行复制操作，打开文本编辑软件(如记事本或 Word)进行粘贴操作。

(2) 保存网页中的图片。在要保存的图片上右击，执行“保存”命令，选择保存目的地，单击“保存”按钮。

(3) 保存网页中的声音。一是在声音网址上右击，执行“保存”命令，选择保存目的地，单击“保存”按钮；二是用录音软件录音，推荐 Total Recorder。

(4) 保存网页中的 Flash。一是如果网站提供下载链接，可以右击，执行“保存”命令；

二是用 FlashCap 下载工具；三是用迅雷自带的 Flash Video（流媒体格式，FIV）资源嗅探的 IE 插件。

(5) 网页的保存。在打开的网页上，执行“文件”→“另存为”→选择目的地→“保存”命令。

(6) 整个网站及其资源抓取。用 WebZIP、WebCopier、网文快捕等软件。

(7) 视频下载。利用迅雷、网际快车、影音传送带、硕鼠等下载软件。

提示：有的网站设置了不能下载或者付费下载，这个时候可以用一些微信小程序进行拷屏或者录屏，再对拷屏图片进行文字识别；在网络上使用软件、游戏、歌曲、电影等资源时，可以随意播放，但下载时要注意遵守网络资源知识产权保护方面的法律法规。

【案例 3-1】2007 年，一名美国妇女因私自下载版权音乐被美国联邦法院判处赔偿六大唱片公司共 22 万美元。美国唱片业协会（RIAA）自 2003 年起控告的 2.6 万人中，许多人已用几千美元的代价与该协会私下和解。

3.1.2 网站

网络资源是通过网站（Website）这个平台来展示的。网站是指在因特网上，根据一定的规则，基于 HTML 制作的用于展示特定内容的相关网页的集合。简单地说，人们一方面可以通过网站提供相关的网络服务；另一方面也可以访问网站，获取自己需要的资讯或者享受网络服务。

1. 网站与网页

网页（Web Page），是网站中的一页，通常是 HTML 格式，网页是构成网站的基本元素，是承载各种网站应用的平台。网站与网页的比较如表 3-2 所示。

表 3-2 网站与网页的比较

网页	网站
浏览器显示的一个页面	一个机构/个人在网上提供浏览或服务的站点
含文章、新闻、链接、图片、视频等	一个网站包括多个页面/网页
含超级链接（文字、图片），单击后显示新页面	主页/首页：网站的第一个页面（导引）
网页的标识是网址：https://www.cnipa.gov.cn	网站的标识是域名：http://www.swjtu.edu.cn

2. 快速了解网站的要点

在使用网站时，通过以下途径可以快速从网站中找到所需信息。

(1) 网站的背景可以通过“关于我们”或“××简介”进行了解。

(2) 网站的全貌可以通过“站点地图（Sitemap）”或“网站导航”进行了解。

(3) 网站的内容可以通过栏目浏览或网站提供的站内搜索引擎进行了解。但需注意的是，这种方式只针对站内的网页，不能搜索网站拥有的数据库。例如，欧洲专利局的网站（http://www.epo.org/searching/free/espacenet.html）（图 3-1）提供的 Website、Patents，就是两种针对不同对象的检索。初级检索者进入一些检索网站时要注意区分。

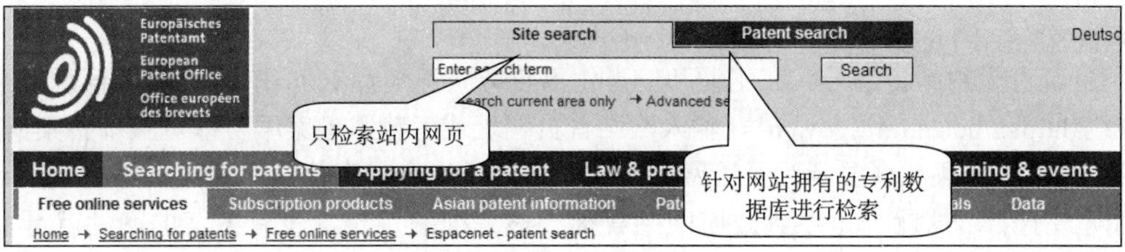

图 3-1　欧洲专利局页面截图

(4) 要了解网站某一具体的内容，按 Ctrl+F 键，出现“查找”搜索框，输入所要查找的关键词，可在当前网页中查找。

(5) 该网站的相关网站，可利用网站提供的“友情链接”或者“网站链接”进行了解。

(6) 要了解该网站的合法性与真实性，可查看网站首页底部的版权所有信息、许可证编号、地址与电话。

(7) 要对网页进行放大或缩小，用户可以使用右下角的“放大”/“缩小”按钮或者 Ctrl+鼠标滚轮来进行对网页的缩放操作，从而变换网页中的图片或文字大小。

思考与训练：打开中华人民共和国中央人民政府门户网站(http://www.gov.cn)，从以上七方面熟悉该网站，并从该网站上查找今年国家公务员考试时间、危险化学品登记管理办法、国家统计局与中国中铁的主页。

特别提示：在浏览到不熟悉语言的网站后，可以利用百度翻译(http://fanyi.baidu.com)(图 3-2)将整个网站的网页文本翻译成你熟悉的语言，虽然目前将其他语言翻译成中文准确率只有 80%左右，但对我们了解网站的基本内容已经足够了，或者直接使用谷歌浏览器 Chrome 打开网页并右击选择“将网页翻译成中文”选项。

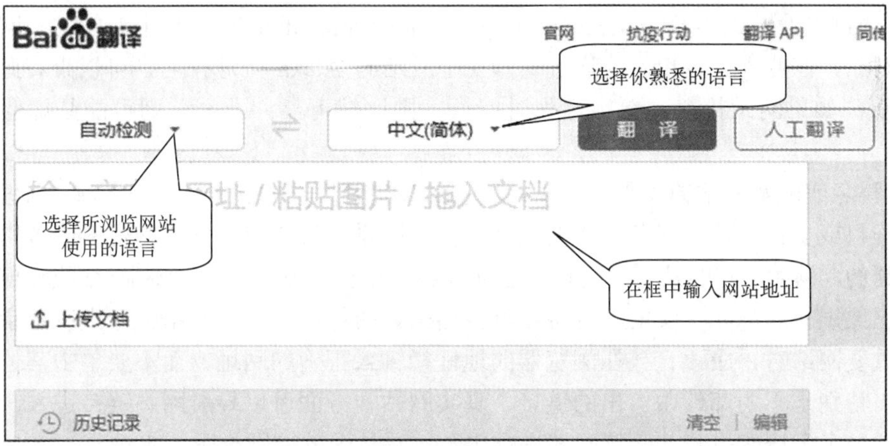

图 3-2　百度翻译页面

3. 网站的识别

通常我们打开的是一个网页，如 https://www.cnipa.gov.cn/col/col53/index.html，要查看网站信息，就要进入目标网站的首页，方法是去掉后面的部分，如本例输入

https://www.cnipa.gov.cn 就可以进入网站首页。

(1) 查有无网站备案号。在工业和信息化部政务服务平台 ICP/IP 地址/域名信息备案管理系统(https://beian.miit.gov.cn)，输入网站首页网址或者输入备案编号即可查询备案情况，如果搜寻不到结果或者显示为个人网站则不可相信。注意：有些网站备案编号是链接到自己的网站上的，这就一定要到政府网站查询。根据国家规定，没有备案的网站就是非法网站。

(2) 查该网站拥有者的工商与税务信息。在网站首页都有“关于我们”或者“版权所有”栏目，从中可以找到该网站的所有者，可以登录国家企业信用信息公示系统官方网站或天眼查、企查查等网站查询相关信息。主要检查以下几个方面：检查网站的所有者所在地与注册地址是否相同；有无经营执照与税务登记证；检查网站的所有者经营是否正常，有无违规行为记录。

(3) 检查该网站有没有公布详细的经营地址和电话号码。一般来说，正规性经营网站都会堂堂正正地将自己的经营地址、固定电话号码公布出来，供客户联系。而虚假网站往往是不敢公布自己的详细地址和固定电话的，具体有以下几种：没有提供用实名(包括人名与地名)登记的联系方式；版权所有地址与固定电话或手机所在地址不一致；手机号码查询，通过查询网(https://www.ip138.com/sj)可以看出手机所在地在哪里，如果和地址不符合，就要小心；只提供手机号而无固定电话；只有 QQ、MSN 号码而无固定电话，都是虚假网站的主要特征。

(4) 检查网页内容，虚假网站容易出现以下情况：页面设计细节处理粗劣；网站中所提供的货物价格低于正常价格甚至低于成本；网站先要求消费者通过银行、邮局汇款的方式将货款汇至网站指定账户；没有提供发帖的论坛。只要是不可信网站，他们往往由于心虚而不敢设立公开论坛让大家发表意见。

(5) 通过专业网站检查。Alexa(http://www.alexa.com/siteinfo)是一个专门发布网站世界排名的网站，在业界比较权威。通过查看某个网站的 Alexa 全球排名，可以查看此网站的运作时间：如果网站排名靠前，运作时间长，则比较可靠；反之，则可能是虚假可疑的网站。

(6) 冒名或山寨网站的识别与防止。切忌在未核实有关网站是否合法之前，向任何人提供个人资料或支付款项；避免使用网站所提供的联系方式，应从独立的资料或者用搜索引擎鉴别真伪，例如，有网站冒充阿里巴巴网或各大银行网站，只要在 Google 或百度里搜索阿里巴巴或银行名称，真实的官方网站就会出来，两相比较，自然不会上当；登录网银或者一些重要网站时，应该直接在浏览器的地址栏输入正确的网址，而不要单击其他网页上的链接，特别是不明邮件中给出的链接。真实网站一方面可以导航网站链接进入，另一方面可以通过多个搜索引擎搜索该网站进行比较，看是否链接同一网址。

【案例 3-2】在百度上搜索《亚太教育》这个期刊，就会出现一排官网，排名较高的往往就是花钱最多的。如何识别真正的官网呢？一是看主页下面的版权页，是否真的属于期刊社，真的版权页是：“版权所有 亚太教育杂志社官网 Copyright © 2019 http://www.ytjyzz.com Inc.All Rights Reserved”；二是看域名，真的域名是 ytjyzz(亚太教育杂志首字母的简写)，而其他域名分别是 http://www.echushu.cn、http://ytjy.xueshu.com；三是看搜索结果是广告还是官网标识。

3.1.3　网络资源的分类与特点

网络资源的分类与特点如表 3-3 所示。

表 3-3　网络资源的分类与特点

网络资源	类　型	来　源	举　例
政府信息源（以 gov 为一级或二级域名注册）	政府公布的政策、法令、法规、报告、统计数据、新闻等	政府网站	中国政府网
企业信息源（以 com 为一级或二级域名注册）	企业信用信息	本地市场监督管理局建立的企业信用网	国家企业信用信息公示系统(四川)
	企业产品、经营管理、招聘信息	企业自身网站	联想公司主页
	行业状况、标准规范、行业统计	行业协会网站	中国材料研究学会
高校信息源（一般以 edu 或 ac 为一级或二级域名注册）	招生、毕业分配、专业、学校发展等信息	学校主页、招生网站、人事网站	西南交通大学招生就业网
	课程学习、科研、教材、学术资源	学校的教务网站、科研网站、院系网站	西南交通大学教务处网站
个人信息源	个人资源发布	个人网站、播客、威客	个人主页
	个人观点发布	博客、微博、微信公众号、专家在线	新浪微博
机构信息源（一般以 net、com 或行政区域为一级域名注册）	新闻、财经、教育、读书、论坛等各种大众化、娱乐性信息	各种门户网站	搜狐、腾讯、新浪、网易四大商业综合网站
	商品等商业化信息	电子商务网站	阿里巴巴、淘宝、支付宝、京东商城
专题信息源	提供视频、音频、MP3、软件	专题网站	优酷网、酷我网、华军软件园等各种网站

特别提示：当我们通过网络检索到我们需要的信息时，可以根据信息来源的网站域名种类，来判别我们检索所获得信息的真伪或者是否权威。一般情况下而言，来源于 gov、ac、edu、mil 等网站的信息相对权威可靠，而来源于 com、org 等网站的信息则需要进一步核实方可引用。

3.2　网络资源使用工具——搜索引擎

网络就是一个巨大的信息资源库，但要从这个信息资源库中准确、迅速地找到并获取自己所需的信息，却往往比较困难。为了解决这个难题，从 20 世纪 80 年代起，人们就开发了各种网络信息检索工具。搜索引擎(Search Engine)就是网络信息资源检索与利用的核心工具。搜索引擎的出现，逐渐改变着我们的生活习惯和思维方式，很多问题只要“搜一下，你就知道”；很多信息资源只要“搜一下，就可获取”。

3.2.1 搜索引擎原理与分类

搜索引擎是指根据一定的策略、运用特定的计算机程序从互联网上搜集信息，在对信息进行组织和处理后，为用户提供检索服务，将与用户检索相关的信息展示给用户的系统。

1. 工作原理

搜索引擎作为检索和利用 Internet 上信息资源的中介，其工作原理仍然符合计算机信息检索的工作原理——对信息集合和需求集合进行匹配，它一方面需要从 WWW 信息资源中采集信息，另一方面需要构建与主题搜索相关的索引数据库，提供检索接口，反馈用户所需信息。一个搜索引擎由搜索器、索引器、检索器和用户接口 4 个部分组成，其工作原理如图 3-3 所示。

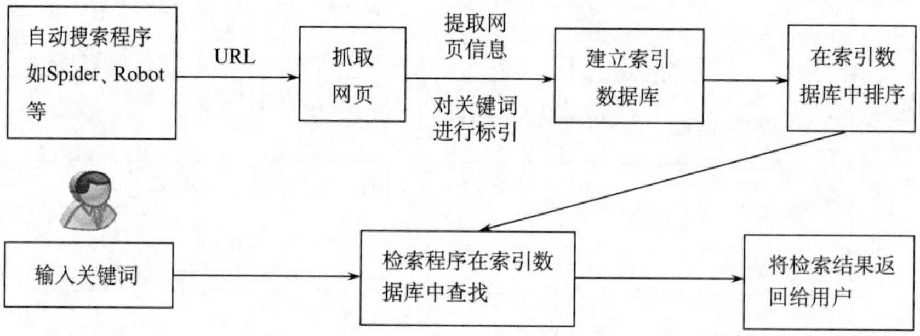

图 3-3 搜索引擎工作原理

搜索器的功能是在互联网上漫游、发现和搜索信息。搜索引擎的自动信息收集功能分为两种：一种是定期搜索，即每隔一段时间，搜索引擎主动派出 Spider 程序，对一定 IP 地址范围内的互联网站进行检索，一旦发现新的网站，将会自动提取网站的信息和网址加入自己的数据库；另一种是提交网站搜索，即网站拥有者主动向搜索引擎提交网址，搜索引擎在一定时间内向其网站派出 Spider 程序，扫描其网站并将有关信息存入数据库，以备用户查询。

索引器的功能是理解搜索器所搜索的信息，从中取出索引项，用于表示文档以及生成文档库的索引表。

检索器的功能是根据用户的查询在索引库中进行匹配，快速检出文档，进行文档与查询的相关度评价，对将输出的结果进行排序，并实现某种用户相关性反馈机制。目前搜索引擎一般使用两种技术来实现信息检索。一种是网站分类技术，即依据主题分类法、学科分类法或者大型的图书分类法建立一个网络分类目录，将收集的相关网站归入相应级别的类目下，并对每个站点进行简要描述，形成一个树状的分类结构，即总目-子类目-链接-文本，如雅虎之类的网络资源指南就采取这种技术。另一种是网页全文检索技术。通过计算机程序自动遍历因特网，将相关网页收集起来，并扫描网页中的每一个词，建立从字（词）到整个网页的倒排索引。在此基础上，用户使用关键词进行查询，系统将反馈包含该关键词的网页。网页全文检索技术是关键词式搜索引擎的核心支撑技术。

用户接口的功能是输入用户查询内容、显示查询结果、提供用户相关性反馈机制。主要目的是方便用户使用搜索引擎，高效率、多方式地从搜索引擎中得到有效、及时的信息，用户接口的设计和实现使用人机交互的理论和方法，以充分适应人类的思维习惯。

综上所述，搜索引擎的工作程序可分为四个步骤：信息的采集和存储→索引数据库的建立→检索界面的建立→检索结果的相关性处理。

搜索引擎其实也就是一个数据库，继承了传统文献信息检索技术的精髓，在搜索引擎中很多检索技术依然适用。搜索引擎与其他文献数据库相比，其中一个最重要的不同是搜索引擎通过计算机自动完成信息资源的发现、标引和入库。

但是目前的搜索引擎普遍存在以下缺点：①对检索结果人为加权或者干预，搜索结果中广告、垃圾网站和死链比较多；②没有统一的网络信息分类标准，令网络用户无所适从，而且网络信息分类难以与传统的文献分类融合，与常见的学科和知识体系之间缺乏必要的内在联系，使得网络信息的分类体系对知识面或学科的覆盖率达不到要求，对专业性较强的深度信息的查全率较低；③对资源不具有选择和价值判断的能力，排序结果不理想，难以搜索动态网页，查全率下降；④与学术型数据库接口少，搜索出的有效学术信息大部分只能浏览目录信息，不能下载全文。

搜索引擎的好坏评判标准除了索引的网页数量，另一个重要的方面是搜索结果的相关性。此外，还可以从查询速度、维护更新、界面是否简单易用等方面进行评判。

2. 根据数据检索内容划分的搜索引擎类型

1) 综合型

综合型搜索引擎在采集标引信息资源时不限制资源的主题范围和数据类型，又称为通用型检索工具。例如，常见的 Google、百度、搜狗，搜索信息种类繁多。

2) 专题型

专题型搜索引擎专门采集某一主题范围的信息资源或某一类型信息，并用更为详细和专业的方法对信息资源进行标引描述。例如，对历史的搜索引擎。专题型检出结果虽可能较综合型搜索引擎少，但检出结果重复率低、相关性强、查准率高，适用于较具体而针对性强的检索要求，目前已经涉及购物、旅游、汽车、工作、房产、交友等行业。

(1) 比价购物搜索引擎(http://s.manmanbuy.com)。

(2) 微博搜索引擎(http://s.weibo.com)。

(3) 旅行搜索引擎(http://www.tripadvisor.com)。

(4) 生意定向搜索引擎(http://www.business.com)。

3) 特殊型

特殊型检索工具是指那些专门用来检索图像、声音等特殊类型信息和数据的检索工具，如查询地图及图像的检索工具等。

(1) CC search 无版权素材图片搜索引擎(https://ccsearch.creativecommons.org)。

(2) SOOGIF 中文动图搜索网站(http://www.soogif.com)。

(3) 搜音乐，千千音乐(https://music.taihe.com)。

(4) 视频搜索，搜库(https://www.soku.com)。

(5) 地图搜索，图吧(https://www.mapbar.com/search)。

图片搜索

4) 搜索引擎集成平台

将多个搜索引擎集成到一个平台上，可以自行选择使用。

虫部落·快搜(https://search.chongbuluo.com)是一个集合了众多搜索引擎的引擎，功能强大，非常实用，可以搜索到的内容非常丰富，提供快速的搜索体验，集 Web 网页搜索、学术搜索、图片、聚合搜索为一体，专业领域知识等垂直搜索。

3. 常用搜索引擎语法

搜索引擎本质上也是一种数据库检索。因此针对数据库的检索策略，对搜索引擎几乎都可以使用，如逻辑组配、条件限制、精确匹配、通配符等。如果检索熟练，可以直接使用表 3-4 的检索策略；如果不熟练，建议多采用高级检索，因为高级检索选项本身就是检索策略的体现。使用搜索引擎，必须要掌握搜索引擎的常用语法，使用得当可以帮助我们更快更准地找到想要的资源。我们以常用搜索引擎语法为例举例说明。

表 3-4 搜索引擎常用语法表

功能	语法	检索格式	案例
指定网站或者网站类型	site	检索词 site: 域名 （注：域名要去掉 www 或者 http）	若搜索政府网站发布信息，则用：site:gov 若搜索四川轻化工大学的课程自修表，则用：四川轻化工大学课程自修表 site: suse.edu.cn
限定文件类型	filetype	检索词 filetype: 文档类型 （注：文档类型可以是 DOC、PDF、PPT、XLS、RTF、ALL）	若查询个人简介的 DOC 文件，则用：个人简介 filetype: doc 若查询信息素养的 PPT，则用：信息素养 filetype:ppt
精确搜索	加双引号“”	“关键词”， （注：不能切分检索词）	若查询“大学生创新能力培养”，则用：“大学生创新能力培养”
关键字在标题里面	intitle	intitle: 关键词	若查询文章标题含有“人工智能”，则用：intitle: 人工智能 若查询文章标题含有“信息检索”，则用：intitle: 信息检索
网址中包含的字符串	inurl	关键词 inurl: 网址片段中的关键词	若查询六级考试的历年真题，则用：历年真题 inurl: CET6 若查询 CPA 考试的历年真题，则用：历年真题 inurl: CPA
指定链接的网页	link	关键词 link: 网页	若查询阿里云上的大数据内容，则用：大数据 link:aliyun
文章内容搜索	intext	intext: 关键词	若查询“智能制造”，则用：intext: 智能制造
逻辑组配	逻辑与（AND 或空格）	检索词 A 检索词 B （或检索词 A AND 检索词 B）	搜索同时包含两个检索词的信息。 若查询包含“信息素养”且包含“信息检索”的资源，则用：信息素养 信息检索，或：信息素养 AND 信息检索
	逻辑或（OR 或 |）	检索词 A | 检索词 B （或检索词 A OR 检索词 B）	搜索包含两个检索词其中一个的信息。 若查询包含“信息素养”或包含“信息检索”的资源，则用：信息素养 | 信息检索，或：信息素养 OR 信息检索

续表

功能	语法	检索格式	案例
逻辑组配	逻辑非 (NOT 或–)	检索词 A –检索词 B (或检索词 A NOT 检索词 B) (注：–前要空格)	让–后的检索词不要出现在搜索结果里面。 若查询包含“信息素养”但不包含“信息检索”的资源，则用：信息素养 –信息检索，或：信息素养 NOT 信息检索
模糊查询	*代替任意字符	关键词* (注：截词检索，可以是前截断，也可以是后截断，还可以是中截断)	如用谭延* 代替谭延闿

提示：组配关系符号和通配符各种搜索引擎略有差异，可以看搜索引擎的帮助或者使用系统说明。

【案例 3-3】查询教育部网站上有关最新版的学位授予和人才培养学科目录的文件。检索式为：intitle:学位授予和人才培养学科目录 site: moe.gov.cn，则直接得到教育部 2018 年 4 月最新颁发的《学位授予和人才培养学科目录》的 DOC 文档。

3.2.2　搜索引擎的使用技巧

搜索引擎使用技巧

无论选择哪种搜索引擎，都会涉及一些搜索方法。想在网上快速、有效地获取信息，就要充分了解和利用搜索引擎提供的检索方法与技巧。其中，最主要的就是多使用高级搜索与按类别搜索功能。

1. 使用高级搜索和个性化设置

如果对搜索引擎各种查询语法不熟悉，建议使用集成的高级搜索界面，如百度的高级搜索可以非常便利地进行各种搜索查询(图 3-4)。常用高级搜索栏目包括检索词间组配与检索限制，采用高级检索能使检索目标更清晰，检索结果更符合要求。

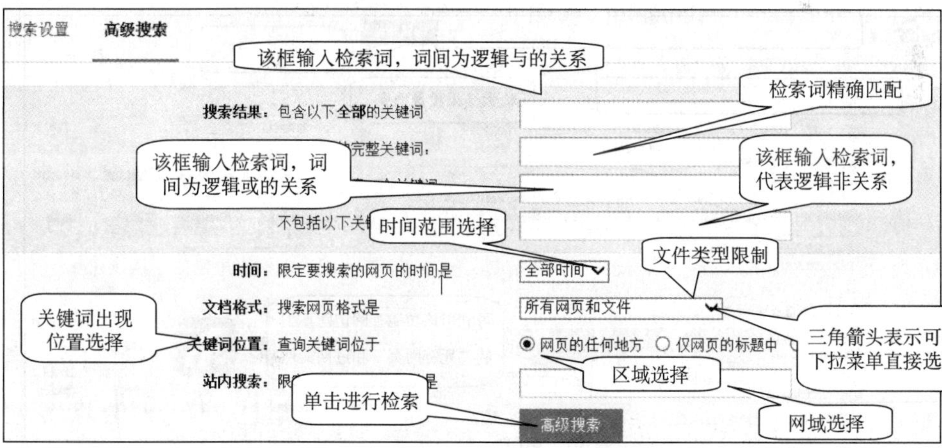

图 3-4　百度高级搜索界面

2. 使用类别搜索

许多搜索引擎都显示类别，一般都将常用类别(如新闻、网页、贴吧、知道、MP3、图片、视频、地图等)列在搜索框的上方或下方，而单击搜索类别后面的“更多”按钮就可以查看非常用类别，如搜狗的“更多”类别(图 3-5)。

一般而言，在一个特定类别下进行主题词搜索，所耗费的时间较少，而且能够避免大量无关的 Web 站点出现在检索结果中。

图 3-5　搜狗的部分搜索类别列表目录

3. 注意搜索返回的结果

搜索结果页面除了搜索到网页或者文件的链接与说明，还有很多有价值的参考信息，如图 3-6 所示，如果搜索结果不佳，通过对搜索结果页面进行分析，可以进一步修正检索策略。

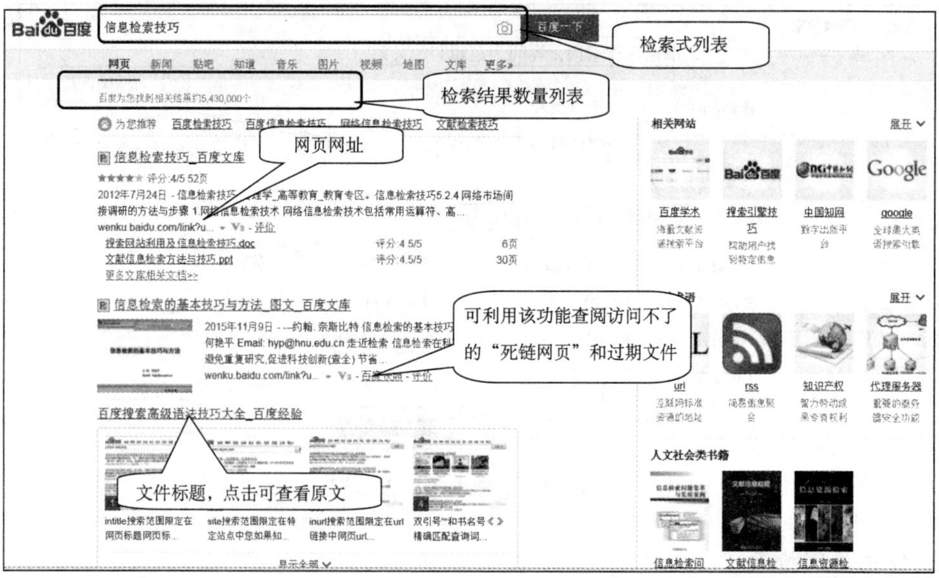

图 3-6　百度检索结果界面

4. 注意检索词的选用

目前，搜索引擎不具备智能识别能力，只能针对检索词在现成的数据库中机械地搜寻与之相匹配的词。因此，要准确、高效地查询信息，最关键之处就是要选择合适的检索词。选择检索词是一种经验积累，但在一定程度上也是有章可循的。

(1) 反映信息特征，检索词要具有特指性。

选择检索词的原则是，首先确定自己所要达到的目标，在头脑中要有一个比较清晰的概念，即我要找的到底是什么？是资料性的文档？还是某种产品或服务？抑或其他？然后分析这些信息之间的共性，以及区别于其他同类信息的内涵特性；最后从这些方向性的概念中提炼出此类信息最具代表性的关键词。

【案例 3-4】如果想搜索某些期刊的投稿电子信箱，通常的策略是在搜索框内输入“×××杂志编辑部”或“×××杂志电子信箱”，在检索无果的情况下，尤其对一些知名度不高的期刊而言，可以尝试“×××杂志 email”或“×××杂志@”进行检索。因为任何电子信箱中均有@，@成了查找电子信箱的关键特性。此外，现在许多杂志社都建立有采编一体化的在线投稿网址，检索时也可以尝试采用输入(期刊名称 在线投稿)或者(期刊名称 网络投稿)进行查询。

(2) 表达信息要准确，去掉宽泛的、无实质意义的检索词。

一般而言，检索词越具体，搜索引擎返回无关信息的可能性就越小。因此，检索词表述准确是获得良好搜索结果的一个重要因素。常见的表述欠准确的情况是，检索词与主题不相关或者相关但不够简练。与此同时，描述同一信息内容的主题关键字越多，定位目标信息越准确，搜索引擎返回的结果就越精确。

【案例 3-5】想查一些关于山顶洞人的资料，直接输入“查找关于山顶洞人的资料”。这个检索词看似很完整地体现了搜索者的搜索意图，但效果并不好。因为“查找”“关于”“资料”等都是没有关系、重复或没有实质意义的词，应该去掉。因此，最好的检索词应该是“山顶洞人 历史”。

因为提供的词组越精确，检索的结果就越好。所以在提交搜索请求时，应当尽可能多地输入描述信息内容主题的词或词组，并且力求相对精确。

【案例 3-6】如想查找国外有关期货投资基金方面的资料，输入“Funds”无异于大海捞针，“Investment Funds”范围就小一些，当然最好是输入“Futures Investment Funds”，返回的结果会精确得多。

(3) 表述信息要多元，巧用同义词、近义词和相关词。

有时候，要想使检索结果更加符合自己的需要，可以通过使用多个同义、近义和关联关键词等手段来扩大搜索范围。尤其对于一些非热门信息来说，仅用单个常用检索词搜索，可能返回的结果条目太少。这时就需要增加使用同义、近义和关联关键词来检索，才能达到较为全面而满意的搜索结果。

【案例 3-7】例如，想查阅申报课题的技巧时可用“申报课题技巧”“申报项目技巧”“课题申报经验”“课题申报指南”等关键词进行检索。再如，查找“加热设备”，同时也应把“温度调整设备”一并纳入关键词。

【案例 3-8】例如，要查询高校图书馆文献资源建设规划的相关信息，在网上搜索选择关键词时，就不能直接用“高校图书馆 文献资源建设规划”等内容去检索。因为某大学的文献资源建设规划并不会出现“高校图书馆”这一词，所以“高校图书馆”这一个词可以换成“大学图书馆”“学院图书馆”等近义词进行逻辑或运算。

(4) 考虑要查找的网页将以什么方式编写，避免使用自然语言，尽量使用规范化的检索词。

在使用关键词进行检索时，尽量不要用自然语言，即我们平时说话的语言和口气，而要从自然语言中提炼关键词，从而达到搜索目的。一般情况下，只要对问题进行适当的描述，在网上基本上就可以找到解决对策。

【案例 3-9】例如，要获得相关专业或职业的求职简历，在网上搜索选择关键词时，至少应该出现专业/职业、简历/求职书等内容描述，如“英语专业 求职简历”“注册会计师 求职书”等。又如，不要使用“我的头很痛怎样治疗”，而应使用“头痛 治疗”，因为这才是医疗网页会使用的字词。

5. 其他一些技巧

(1) 多个搜索引擎或者搜索工具交替使用。

面对一些重要搜索时，或者当一个搜索对象在一个搜索引擎没有出现相关结果时，可以采用多个搜索引擎进行搜索。因为每一个搜索引擎只能搜到其网页索引数据库里储存的内容，而各个搜索引擎的能力和偏好不同，所以抓取的网页和排序算法都各不相同。即使一个储存了互联网上几亿至几十亿的网页索引的大型搜索引擎数据库，也只能占互联网上普通网页的 30%以下，不同搜索引擎之间的网页数据重叠率一般在 70%以下。

【案例 3-10】四川自贡以盐、灯、恐龙名扬海内外。“吃在四川，味在自贡”。某游客计划利用两天时间到四川自贡观看灯会和品尝四川自贡的特色美食。如何检索自贡美食呢？是用百度还是直接拨打 114 呢？游客可以先利用百度搜索关键词“自贡美食”或者“自贡特色菜”了解自贡有哪些特色菜系(查询得知自贡有两大菜系，以兔为原料的兔系列菜馆和以麻辣鲜香为特色的盐帮菜馆)，然后根据时间安排分别品尝这两大菜系。利用大众点评或者美团网可查看评价高的两大菜系分别有哪些商家、每个商家有哪些菜谱、是否包含自己想要尝试的特色菜等。利用高德地图搜索中“周边”功能查询离自己最近的特色菜店铺，再通过百度获得电话直接预约。

(2) 需要查询经典的翻译时，可以同时使用中外文搜索词。

当需要翻译菜单或者名著名段时，只要知道其中一个字或词的准确翻译，就可以搜索出其完整翻译。

【案例 3-11】搜《红楼梦》里“好了歌”的翻译，见图 3-7。

【案例 3-12】想将“土豆烧牛肉”翻译为英文，只要知道土豆的英文，输入自由词“土豆烧牛肉 potato”，找到含有土豆烧牛肉的英文翻译的网页即可。

(3) 实用信息可直接用搜索引擎解决。

网民经常查询的主要实用信息项，包括万年历查询、机票查询、火车票查询、IP 地址查询、手机号查询、星座、天气等，几乎各种搜索引擎都可以直接提供答案或提供链接。

提示：不是互联网上所有的信息都能被搜索引擎搜集。搜索引擎对动态内容，如论坛、数据库内容，以及带框架结构(Frame)的网页检索能力较弱，所以这类信息不适合用搜索引擎搜索，而是应该去相关的网站或者 APP 上寻找，当然，可以用搜索引擎寻找相关网站。

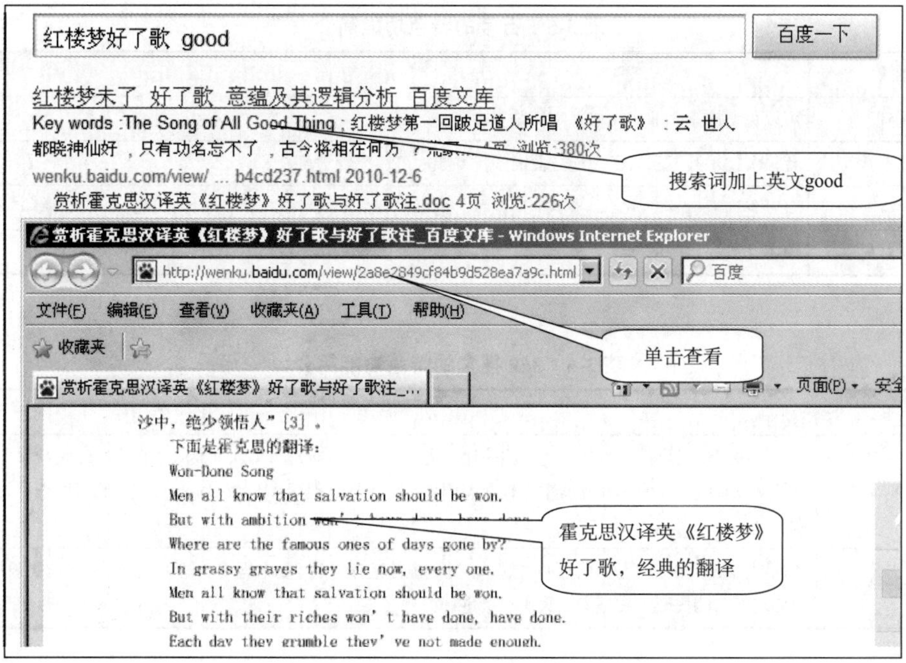

图 3-7　搜索引擎百度“好了歌”翻译

3.2.3　主要搜索引擎的介绍

1. 百度

百度(http://www.baidu.com)是全球最大的中文搜索引擎。2000 年 1 月由李彦宏、徐勇两人创立于北京中关村，致力于向人们提供“简单、可依赖”的信息获取方式。搜索范围涵盖了中国、新加坡等华语国家以及北美、欧洲的部分站点。

(1) 文心一言是百度全新一代知识增强大语言模型，类似 ChatGPT，能够与人对话互动，回答问题，协助创作，高效便捷地帮助人们获取信息、知识和灵感。

(2) 百度学术是一个提供海量中英文文献检索的学术资源搜索平台，涵盖了各类学术期刊、会议论文，旨在为国内外学者提供科研体验，具有高级搜索功能，搜索结果可以进行分类筛选。

(3) 百度翻译提供即时免费的多语种文本翻译、文件翻译、网页翻译服务，支持多种常见语言互译，覆盖 756 个翻译方向。用好该功能，就可以检索和阅读世界上大部分网站。

百度搜索技巧

百度的特色功能简介如表 3-5 所示。

2. 360 搜索

2012 年 8 月 16 日，奇虎 360 推出 360 搜索(http://www.so.com)，主要包括新闻搜索、网页搜索、微博搜索、视频搜索、MP3 搜索、图片搜索、地图搜索、问答搜索、购物搜索，通过互联网信息的及时获取和主动呈现，为广大用户提供实用和便利的搜索服务。特色是软件搜索和良医搜索，如表 3-6 所示。

表 3-5　百度的特色功能简介

功　能	介　绍
爱企查	可以免费搜索企业信用信息，详览要收费
百度技术学院	有很多技术开发、人工智能方面的学习视频，可以免费学习
百度地图	可以查询街道、商场、楼盘的地理位置，也可找到最近的所有餐馆、学校、银行、公园等
百度百科	内容开放、自由的网络百科全书，涵盖所有领域的中文知识性百科全书

表 3-6　360 搜索的特色功能简介

功　能	介　绍
软件搜索	360 软件搜索提供数十类超过十万款的软件资源下载。最新发布的软件及版本也将实时收录和更新。打开 360 软件搜索主页，在搜索框中输入想要查询的内容，然后单击“搜索”按钮，就可以查看想下载的软件
良医搜索	帮助网民在搜索医疗医药信息的时候，不受到虚假医疗广告、虚假医疗信息的侵扰，保障网民放心看病、放心就医。网民还可在搜索结果中直接进行挂号

3. 搜狗搜索

搜狐创立于 1998 年，是中国首家大型分类查询搜索引擎，其采用人工分类技术对所搜集的站点进行分类，并在目录下建立目录树体系，形成独具特色的分层目录系统。搜狗搜索(https://www.sogou.com)的特色功能简介如表 3-7 所示。

表 3-7　搜狗搜索的特色功能简介

功　能	介　绍
英文搜索	引入微软必应的搜索技术，为用户提供权威、全面、精准的英文搜索体验。此项搜索服务将对接全球范围内多达万亿的英文信息，为用户找到最精准的英文网页信息及英文学术数据。英文搜索频道提供自动翻译功能，用户可以直接输入中文词语搜索出英文结果
知乎搜索	搜狗改造知乎站内搜索，并把知乎内容融入搜狗搜索结果
微信搜索	由搜狗推出的针对微信平台的搜索引擎，可以直接搜索公众号和文章内容，让喜欢关注公众平台账号的用户快速找到自己喜欢的内容

4. 必应搜索

微软 Bing(必应)搜索(https://www.bing.com)是国际领先的搜索引擎，为中国用户提供网页、图片、视频、学术、词典、翻译、地图等全球信息搜索服务，分为国内版和国际版。在谷歌不能使用以后，必应是搜索外文最好的搜索引擎。

提示：在网上找免费的外文全文的方法是，直接用文章标题+PDF 做搜索词，用必应国际版搜索，即使找不到全文，也会搜到类似文章。

5. Yandex 搜索

Yandex (https://yandex.com) 是俄罗斯的重要网络服务门户之一，因其广告少、链接便捷而在我国的用户快速增长，Yandex 所提供的服务包括搜索、最新新闻、地图和百科、电子信箱、电子商务、互联网广告及其他服务。

3.2.4　学术搜索引擎介绍

(1) Google 学术搜索 (Google Scholar) (https://xs.glgoo.net)。Google 学术搜索包括了世界上绝大部分出版的学术期刊，是可广泛搜索学术文献的简便方法。可以从一个位置搜索众多学科和资料来源：来自学术著作出版商、专业性社团、预印本、各大学及其他学术组织的经同行评论的文章、论文、图书、摘要和文章。大多数开放获取论文都可以通过 Google 学术搜索获取。国内对谷歌相关网站是屏蔽的，但可以采用一些代理或者镜像网站登录谷歌学术，推荐使用镜像网站合集 (https://ac.scmor.com)。

谷歌学术

(2) PDF Search Engine (http://pdf-downloads.net)。它是一个专门的 PDF 格式文档搜索引擎，支持多语言，输入想找的 PDF 文档，单击“Search”按钮即可。在搜索的结果中，单击文件名即可下载原文。

(3) FINDARTICLES (http://www.findarticles.com)。FINDARTICLES 提供多种顶级刊物的上千万篇论文，涵盖艺术与娱乐、汽车、商业与金融、计算机与技术、健康与健身、新闻与社会、科学教育、体育等各个方面的内容，大部分为免费全文资料，检索操作简单。

(4) 知网空间 (http://search.cnki.net)。数据涵盖各个学科。它可以进行翻译、学术定义、学术趋势搜索。

(5) 万方分析学术知识脉络 (http://trend.wanfangdata.com.cn)。它以上千万条数据为基础，以主题词为核心，统计分析所发表论文的知识点和知识点的共现关系，并提供多个知识点的对比分析，发现知识点之间交叉、融合的演变关系及新的研究方向、趋势和热点。

(6) cnpLINKer (http://cnplinker.cnpeak.com)。中国图书进出口总公司组织开发了 cnpLINKer (Cnpiec LINK Service) 在线数据库检索系统，即“中图链接服务”，目前主要提供约 46000 种国外期刊的目次和文摘的查询检索、电子全文链接及期刊国内馆藏查询功能，并实时与国外出版社保持数据内容的一致性和最新性。

(7) Ebookee 免费电子书搜索引擎 (https://ebookee.net)。

(8) SEMANTIC SCHOLAR 免费学术搜索引擎 (https://www.semanticscholar.org)。

网络免费文学网站

(9) BASE (http://www.base-search.net)。BASE 是德国比菲尔德 (Bielefeld) 大学图书馆开发的一个多学科的学术搜索引擎，提供对全球异构学术资源的集成检索服务。它整合了德国比菲尔德大学图书馆的图书馆目录和大约 160 个开放资源 (超过 200 万个文档) 的数据。

提示：国内几大搜索引擎百度、360 搜索、搜狗搜索都有学术搜索功能。

3.3 网络资源使用技巧

Internet 拥有极为丰富的信息资源，号称是世界上最大的信息超级市场。然而由于网络信息资源浩如烟海，又具有动态性、分布性、多元性和无序性等特点，网络上存在大量重复的表层信息，给人们查询、检索网络信息带来困难。除了搜索引擎外，还有哪些方法可以从浩如烟海的网络信息资源查询到我们所想要的信息呢？下面从常用技巧进行介绍和引导。

3.3.1 使用网络资源思维方法技巧

要找到满意的、高质量的、权威的、有价值的网络资源，可以从以下几个方面考虑：一是需要的优质资源具有的特征，按照特征去查找；二是将问题分解，分解到可以分别去检索；三是使用领域里最大、使用人数最多的平台去协助检索。下面我们分别举例说明。

(1) 按特征去查找。例如，如何找到一本经典书籍，可以从以下角度去查找，见表 3-8。

表 3-8　书籍搜索特征词

特征	检索词
内容特征	经典书目、必读书目、改变历史进程书目、伟大著作
外部推荐	名校推荐书单、哈佛推荐书单、清华推荐书单、各种书评网
作者	著名作家、诺贝尔文学奖、思想家、哲学家
发行量	畅销书排行榜、发行量、出版次数

再如，想找一部优秀的电影，可以从如下角度去查找，见表 3-9。

表 3-9　电影搜索特征词

特征	检索词
剧本	名著改编、诺贝尔文学奖改编
获奖	奥斯卡、金鸡奖、威尼斯电影节
票房、评分	高票房、票房前十、评分 8.5 以上
内容特征	喜剧、传奇、科幻、爱情、战争、动画

(2) 将所需内容进行分解，逐一去解决。例如，旅游可以分成以下几项，见表 3-10。

表 3-10　旅游分解部分内容

分解内容	获取方式与渠道、特征词
天气	中国天气网、当地天气网
美食	特色美食、特色小吃、特色餐厅、美食街、必吃美食、地方美食

续表

分解内容	获取方式与渠道、特征词
交通	携程网、去哪儿网、马蜂窝网、驴妈妈、12306 官方网站、各大航空官方网站或者 APP、特价机票
住宿	携程网、去哪儿网、马蜂窝网、驴妈妈、华住会及各大酒店官网
景区与景点	5A 景区、4A 景区、网红打卡点、经典线路、必看景点、必去景点、最佳线路、景点人气排行榜

又如，医疗也可以将其进行分解如下内容，见表 3-11。

表 3-11　医疗分解部分内容

分解内容	获取方式与渠道、特征词
药物	世卫组织基本药物标准清单、药物指南
医生	好大夫在线、寻医问药、各大医院官网专家介绍
医院	好大夫在线、医院排名
治疗	治疗指南、诊疗指南、诊治指南、诊治专家共识、丁香医生网站

(3) 使用领域里最大、使用人数最多的平台帮助你参考决策。因为平台越大，数据积累越多，数据挖掘也越充分，构建的参考框架也越完整、全面。下面是一些领域的大型平台，见表 3-12。

表 3-12　部分领域大型平台

类型	重点网站或者 APP
购物	淘宝、京东、拼多多
旅游	携程网、驴妈妈、飞猪
新闻	人民网、新华网、央视网
门户网站	腾讯、新浪、网易
招聘网站	前程无忧、智联招聘、58 同城
视频网站	哔哩哔哩、爱奇艺、腾讯视频
短视频网站	抖音、快手、西瓜视频
团购、美食查找	美团、聚划算、拼多多
地图	高德、百度

搜索权威网站可以搜索词：主题+网站+排名 或 十大 或 知名 或 最大 或 最受欢迎，例如，搜索医疗网站，可以用医疗网站排名、十大医疗网站、知名医疗网站、最大医疗网站、最受欢迎医疗网站等作为搜索词进行搜索。

3.3.2 使用网络资源的途径技巧

不同的信息在其生产、加工、传递的不同时段会出现在不同地方，寻找信息资源，尤其是寻找学术、科研、重要的商业信息资源，具有不同的获取途径与方法。

1. 从信息生产流通角度查找

通过信息可能出现的地方查找，主要从信息生产者、使用者、相关者方面查找。任何信息之所以能够产生并传播，都必须有参与者，了解这些参与者并清楚参与者的信息表达形式，就比较容易进行信息定位。例如，求职招聘信息，信息生产者是企事业单位，在自己的网站和当地报纸、招聘中介上发布信息，信息的使用者是求职人员，信息的相关者是人才中介机构或者人才交流中心。了解了这些，找到相关企业或者人才市场的网站，就可直接获取大量的就业信息。

如果是一些大众化、公知化的信息，如新闻、财经、法律、统计数据、常用标准等，则可从源头发布网站、大型门户网站、专业性网站或者地域性重要网站获取。例如，一条财经信息，可能来自以下网站：中国人民银行、新浪、网易、证券网。

【案例 3-13】如何查询法律信息？法律信息的生产者是人民代表大会(人大)，可以在各级人大官网上查到立法信息；法律的使用者是政府和法院，所以，在政府网站和法院网站上也可以查到法律文本；法律的相关者是律师事务所和各个开设法律专业的院校，同样也可以查到。

思考与训练：某地的公务员招考信息如何查询？它会出现在哪些地方？如当地的人事局网站、当地的报纸、当地的门户网站。尝试寻找你所在省市的公务员招考信息。

2. 通过导航网站或者资源集成查找

导航网站就是通过一定的技术手段，为网站的访问者提供一定的途径，使其可以方便地访问所需的网站，而不用记住各类网站的网址，就可以直接进到所需的网站。现在的网址导航一般自身提供常用查询工具、搜索引擎入口，有的还有热点新闻等功能。相当于传统图书馆信息部门的目录索引。常用的导航网站包括 hao123(www.hao123.com)、2345 网址导航(www.2345.com)、360 导航(hao.360.cn)、QQ 导航(hao.qq.com)等。

【案例 3-14】找几个知名的购物网站，方法是打开 hao123 导航(图 3-8)，查看“购物”栏目即可。上面不仅有常用购物网站，还有购物和商城栏目。

购物信息资源

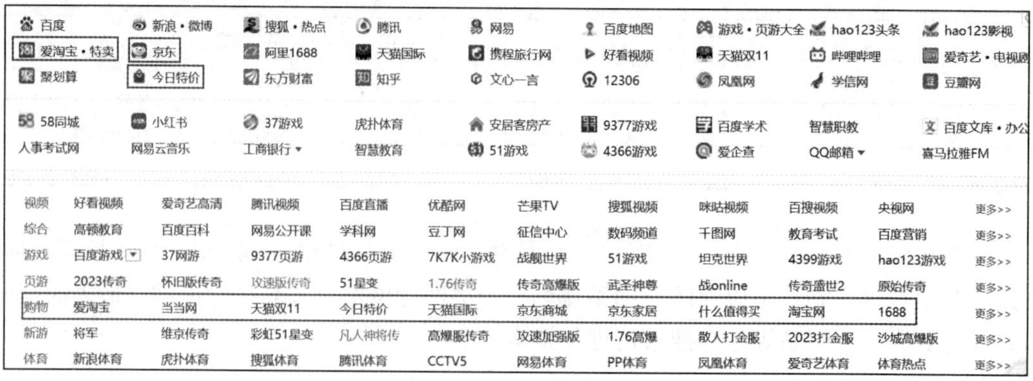

图 3-8 hao123 导航网站首页截图

导航网站有许多类，学科导航是其中一类，也称为学术信息门户，它是将特定学科领域的网上信息资源、工具和服务集成到一个整体(独立的或分布集成的信息门户网站)中，为用户提供一个方便的信息检索和服务入口。学术信息门户与搜索引擎最大的不同在于：一是针对专业研究型用户；二是信息资源经严格选择。下面是一些重要的学术与学习导航网站。

(1) 1 纳米学习(http://1nami.com)：一个专门收集高质量国内外学习网站的小众站点。上面收集有公开课、Web 开发、移动开发、医疗、科研、外语、国外 MOOC 等各类学习网站。

(2) 人工智能工具 AIGC 导航(https://www.aigc.cn)，收集各种人工智能工具。

(3) 学术网址导航(http://start.jisuiketang.com)，包括学术搜索、各种学术期刊平台、科研数据与工具。

3. 通过网络资源链接、超链接

检索到某一信息资源，打开其所在网站，一般都会有“友情链接”“相关链接”“推荐链接”“热点链接”等，通过一个机构的网站链接，可以分析这个机构的信息环境与关联范围，顺链而下，可以查找到许多相关有价值的信息。尤其是一些企业网站，“友情链接”可以比较完整地反映行业信息。

【案例 3-15】中国铁建股份有限公司主页的“友情链接”见图 3-9。

图 3-9　中国铁建股份有限公司网站首页链接截图

思考与训练：打开国家统计局网站，使用其网络链接分别连接到你所在城市的统计局网站和联合国的统计网站。

4. 通过搜索查找

当已经知道地址时，可以直接通过地址访问；当不知道地址或者知道内容较少的时候，可以借助搜索引擎等检索工具查找信息源。搜索方式为：关键词+官网。例如，用百度查找土木工程学会网站，直接在百度搜索框里输入：土木工程学会 官网。

思考与训练：请搜出 5 个有名的考研辅导网站。

3.3.3　信息检索委托与求助

要具有较高的信息素养，就要掌握较多信息获取渠道和手段。通常信息的获取渠道包括网络(搜索引擎、开放获取、论坛、机构网站)、图书馆、学术会议(同行交流)等。当这些渠道无法满足需求时，就需要申请委托检索或者直接联系作者获取。

1. 通过文献传递、馆际互借服务方式求助

随着信息、文献量的膨胀，世界上不可能有一个图书馆或文献信息服务中心的文献收藏能无所不包。馆际互借(Interlibrary Loan，ILL)是馆与馆之间的图书信息资料共享的手段，为返还式服务；文献传递(Document Delivery)是利用各种通信手段(如邮递(Mail)、快递

(Express)、电传(Telex)、传真(Fax)及电子邮件(E-mail))从各种文献服务中心获取文献信息的有效手段，为非返还式服务(提供文献的电子版、复印或扫描件)。一般图书馆的文献传递与馆际互借服务只针对其注册用户(如高校图书馆所在校的师生、在某公共图书馆办理了借阅证的会员)。

在大学图书馆里面，文献传递与馆际互借服务是一项日常业务，一般在其主页“服务”栏目里面都有详细说明和服务申请链接，图书馆大多数会补助部分或全部传递费用。对于本校图书馆没有的信息资源，可以积极使用该项业务扩大获取范围。除此之外，也可自行使用下面几个大型文献传递机构，尤其是毕业以后。

(1)e 得(易得)文献获取(http://www.yide.calis.edu.cn)。目前，CALIS 已与 NSTL 以及上海图书馆合作分别开通了 NSTL 文献传递服务(高校版)和上海图书馆际借书服务。凡是已经利用 CALIS 馆际互借共享版系统、本地版系统(完成 CALIS 馆际互借中心调度服务功能升级)的成员馆，都可以通过 CALIS 中心获得 NSTL 和上海图书馆馆藏资源，并且可以享受 CALIS 给予的补贴。

(2)国家科技图书文献中心代查代借(http://www.nstl.gov.cn)。其向注册用户提供各类型文献全文的委托复制服务，每篇文献按照 NSTL 内收费标准收取复制费和 2 元服务费。

(3)中国国家图书馆馆际互借与文献传递服务平台(http://wxtgzx.nlc.cn:8111/gateway/login.jsf)。国家图书馆文献提供中心以国家图书馆的馆藏资源和各类数据库为基础，以其他图书馆和各个情报机构为外延，由专业的图书馆员提供个性化的周到服务。用户可以通过登录中国国家图书馆馆际互借与文献传递服务平台直接提交网上申请，也可通过 E-mail、电话、传真和到馆委托等多种途径递交文献申请，其申请将在两个工作日内得到回应。

(4)开世览文中国高校人文社会科学文献中心(CASHL)(http://www.cashl.edu.cn/node/2958)。其为 CASHL 用户复印、传递“开世览文”收录的高校外文期刊论文、图书部分章节、缩微资料等文献。文献传递方式主要有 E-mail、网上文献传递系统(FTP)两种方式。

2. 通过参考咨询服务求助

参考咨询服务是为读者在查询和获取文献过程中有问题或疑问时提供便捷的帮助服务。方式包括实时咨询、电话或通过 E-mail 咨询、表单咨询或者现场咨询等。几乎所有图书馆都提供咨询服务，但一般都只针对其注册用户，下面提供几个公共咨询的站点。

(1)国家科技图书文献中心参考咨询(https://anyask.nstl.gov.cn/anyask/ask.html?key=nstl)。在国家法定工作日的上班时间提供实时咨询，读者可在任何时候提供表单咨询，其免费咨询热线为 8009908900。

(2)上海图书馆的网上联合知识导航站(http://vrd.library.sh.cn)。该导航站的咨询服务在读者中有较高的声誉。导航站的网上参考咨询服务面向全球的网络用户，是公益性质的服务项目，所有服务均免费。目前导航站的服务主要采用 E-mail 结合网上表单的方式，另外还有少量实时的咨询服务项目。

(3) 中国国家图书馆网上咨询台(http://www.nlc.cn/dsb_zyyfw/wdtsg/wszxt)。在实时咨询服务时段(每周一至周五，9～11 时，14～16 时)，可以与咨询馆员沟通。

提示：所在大学图书馆和地方图书馆一般都会提供在线或网上咨询功能。

3. E-mail 向作者索取全文

如果知道论文的标题与作者，但无法获取全文，可以尝试通过邮件向作者索取文献的全文。摘要型(如 Web of Science)数据库一般会提供作者的 E-mail 地址，如果没有，可以通过网络检索(Google 等)。写信的时候应该用自己单位的邮箱，尽量不要用 Gmail、163、Hotmail 等公共邮箱，同时信的开头要进行简要的自我介绍，包括研究方向以及获取文献的目的。一般来说，作者都会十分乐意发送全文。因为得知自己的工作有人感兴趣，是一件值得高兴的事。以下所提供的是向国外作者索要文献的一个模板：

Dear Mr./Mrs. ________(作者名)

I am a graduate student of ×××× University in China. I major in "________"(您的专业). Recently, I found one of your articles, titled "__________"(文章名) in Materials. I found it may help me achieve my goals in this research field. This would make a really positive contribution to my work. I would like to be able to read the full text of this article. The abstract makes the article sound very interesting. I wonder if you would consider sending me the full text by E-mail. Perhaps you would consider this as an act of friendship between our two countries.

Thank you for your kind consideration of this request.

Sincerely: ___________(您的名字)

My E-mail address is: ____________________(您的 E-mail 地址)

如果没有收到回复，有两种可能。一是邮箱地址已经过时。每个教授的邮箱都不是永久不变的，以前论文上提供的邮箱，可能现在已经弃之不用，此时应该查找该作者新近发表的文献获得最新邮箱后再联系。二是作者太忙，或不愿将全文发送给索取人。此时可以再次发邮件联系，不过要注意语气，诚恳说明索取文献的原因。

4. 向论坛或者问答社区求助

很多学术科研 BBS(如小木虫)都提供文献求助的版块，可以把自己需要的文献标题、作者、期刊名等信息发送上去，请网友帮忙检索。类似的方法还有文献网站、学者的博客、互助、QQ、MSN 群等。

推荐求助论坛如下。

(1) 小木虫学术科研互动社区(http://muchong.com)。

(2) 谷粉学术论坛(http://bbs.99lb.net/e99.html)。

5. 使用新媒体求助

(1) 使用相关的微信群、QQ 群。

(2) 使用新浪微博、今日头条的微头条、Twitter、微信公众号等。

(3) 使用问答平台，主要有悟空问答、百度问答、知乎问答、微博问答、搜狗问答、360 问答、手百问答等。

6. 其他求助方式

还可以向大学或科研机构的同学及师友求助帮忙检索；或者到附近的大学图书馆申请检索。国内无法获得的文献，有时候国外的大学可能订购，可以向国外的同学、朋友求助。

提示：使用求助的前提是不暴露商业机密和科研思路，涉及机密的内容最好不要通过求助方式尤其是向论坛求助方式获取。

3.3.4　查找国外网站和资料技巧

查询国外网站或者资料的技巧：首先，了解要查询国家或者地区的语言和国家域名。其次，查询外文资料的搜索引擎最好选择谷歌和必应，因为这两个搜索引擎的外文资料和链接更多、更全面。再次，搜索外文资料最好采用 EDGE 浏览器，因为其具有网页翻译功能，可以直接将外文翻译成中文。最后，搜索到的外文文件可以用谷歌翻译或者百度翻译，直接将外文翻译成熟悉的语言。

如何查找非英文网站和资料

【案例 3-16】查找并整理古巴关于乡村医生的政策。具体完成步骤如下：

(1) 用百度查出古巴的官方语言是西班牙语，域名是 cu。

(2) 用百度翻译查出“乡村医生 政策”的西班牙语是 médicos rurales Política。

(3) 用必应国际版，用 médicos rurales Política site:cu 作为检索策略，见图 3-10。

(4) 将检索结果页面直接翻译成中文进行浏览与选择。

(5) 下载的 PDF 文件，如果直接有中外文互译就用百度翻译直接翻译成中文，如果没有，先将 PDF 文件转化成 Word 文件，再使用百度翻译一段一段地翻译。

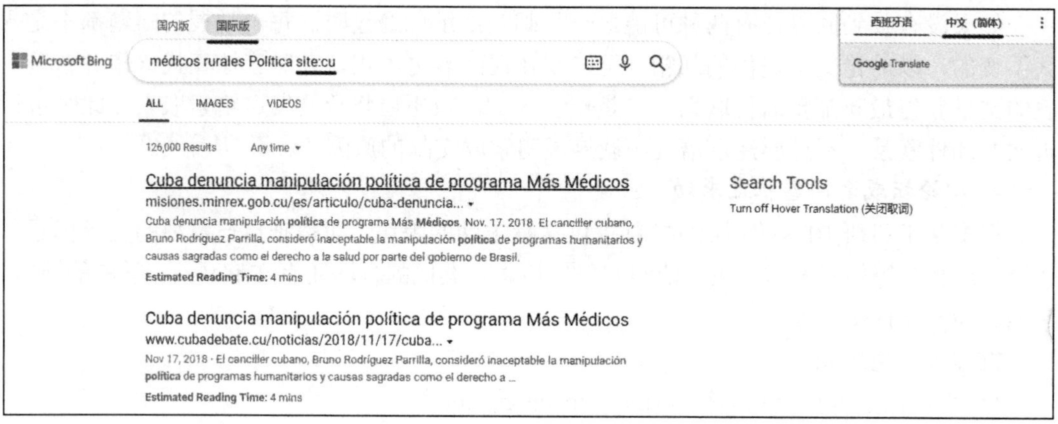

图 3-10　必应检索页面截图

3.4　网络常见开放资源

3.4.1　政府信息资源

政府信息是指行政机关在履行职责过程中制作或者获取的，以一定形式记录、保存的信息。作为最重要信息资源的政府信息涵盖全社会信息的很大一部分，它既是公众了解政府行为的直接途径，也是公众监督政府行为的重要依据。中华人民共和国中央人民政府门户网站(简称中国政府网)是查询政府信息的原点和起点。是原点是因为中国政府网可以查询所有的国家政策、法律、数据、政府服务等内容；是起点是因为通过中国政府网可以链接到各部委、各省市、各中央直属国有企业的网站。

中国政府网(http://www.gov.cn)于 2006 年 1 月 1 日正式开通，是国务院和国务院各部门，以及各省、自治区、直辖市人民政府在国际互联网上发布政府信息和提供在线服务的综合平台。中国政府网现开通“国务院”、“总理”、“新闻”、“政策”、“互动”、“服务”、“数据”和“国情”等栏目，面向社会提供政务信息和与政府业务相关的服务，建设基于互联网的政府与公众互动交流新渠道。网站下面的网站导航提供国务院部门网站、地方政府网站、驻港澳机构网站、驻外机构、媒体。

中国政府网是查询各类政策信息的权威网站。中央的政策信息用中国政府网，部门或者地方政府的信息通过网站导航进行相应链接，主要政府信息获取链接见表 3-13。

表 3-13　中国政府网主要链接

名称	网址	主要信息功能
中国政府网	http://www.gov.cn	政策、法规、新闻
国家统计局	http://www.stats.gov.cn	各种统计数据查询与链接
国家知识产权局	http://www.cnipa.gov.cn	专利、商标、地理标志、集成电路布图设计的申请与查询
教育部	http://www.moe.gov.cn	成绩、学籍、学位、出国留学
国家药品监督管理局	https://www.nmpa.gov.cn	药品、医疗器械、化妆品
工业和信息化部	https://www.miit.gov.cn	各种行政许可、工业数据
海关总署	http://www.customs.gov.cn	进出口法规、许可、外贸数据
国务院国有资产监督管理委员会	http://www.sasac.gov.cn	可以直接链接到各个中央企业网站主页
国家公务员局	http://www.scs.gov.cn	国家公务员考试、录用
国家标准化管理委员会	http://www.sac.gov.cn	国家标准全文下载、行业标准、地方标准查询
其他部委网站	中国政府网国务院部门网站链接	新闻、规划、法规、标准、统计
驻外机构	中国政府网驻外机构网站链接	驻外使馆，驻外总领馆，驻外团、处
地方政府网站	中国政府网地方政府网站链接	可以直接链接到各个省、直辖市网站主页

查询政府信息是首先进入相关网站，再利用上面的搜索功能进行搜索。

【案例 3-17】例如，要查询绵阳市政府关于军民融合的政策和措施，先通过中国政府网链接到四川省人民政府，再链接到绵阳市人民政府，见图 3-11，再使用其检索框进行查询。

图 3-11　绵阳市政府网站信息检索

3.4.2　专业或行业网络资源

每个人在学校中都有自己的专业，进入社会后会从事相关的职业。每一个职业都与行业的发展息息相关，了解行业信息对于学习目标与内容调整、工作变换都相当重要。现在很多大学生找不到合适的工作，也与自己学的知识和行业发展脱节有关。了解行业信息主要是了解行业发展趋势、行业热点、行业对能力的要求，行业有哪些效益好、领先的企业。行业或专业类信息可以从以下几个方面来查询。

(1) 行业科研机构网站。该领域内大型的、主要的科研机构。

(2) 行业生产企业网站。该领域内领先的、大型的、主要的生产企业，如汽车领域内的大众、丰田、通用等。

(3) 行业协会与学会网站。每个行业都有自己的协会，它是介于政府、企业之间，商品生产业与经营者之间，并为行业服务、咨询、沟通、监督、公正、自律、协调的社会中介组织。行业协会是很好的有关特定产业部门的信息源。行业协会经常公布行业资料，竞争企业的产品目录、样本、产品说明及公开的宣传资料，行业涉及的标准与规范等，是我们了解特定行业的最佳信息源。

行业协会一般都建有自己的网站，查找该类网站的方法是用搜索引擎进行搜索，搜索词为“行业名称 协会 网”，或者直接用“行业名称 网”。

【案例 3-18】查找交通运输的行业协会，使用“交通运输 协会 网”通过百度进行搜索，就可以检索到协会建立的网站，单击“中国交通运输协会”链接就可直接进入网站(https://www.cctaw.cn)，如图 3-12 所示。

图 3-12　中国交通运输协会网站首页标题栏

(4)行业主管部门网站。

(5)涉及该行业的资源导航。

【案例 3-19】一个学生学的是建筑工程专业，可能会进入建筑工程公司工作，平时需要关注哪些信息才有利于将来到工作岗位快速适应工作，并能够依据现在的建筑工程领域的新形势调整部分学习内容？建议该学生可以经常关注与浏览以下网站。

中国建筑科学研究院有限公司(http://www.cabr.com.cn)。

中国建筑集团有限公司(http://www.cscec.com.cn)。

中华人民共和国住房和城乡建设部(http://www.mohurd.gov.cn)。

中国建筑业协会(http://www.zgjzy.org.cn)。

中国建筑学会(http://www.chinaasc.org/index.html)。

筑名导航(http://www.archiname.com)。

建筑学信息资源

(6)涉及各个行业各个地区的企业资源导航。

中企集成(http://www.jincao.com)。

中国网库(http://www.99114.com)。

(7)行业或者专业知名公众号。

微信公众号会定期发布行业资讯、公司、产品、技术、活动信息等，关注所在行业大型机构、企业、中介、技术等的公众号，可以随时接收信息推送。获取方式：一是直接用机构名称或者专业热点技术名称在添加公众号栏目搜索；二是搜索知乎中用户提供的专业或者行业公众号推荐。

思考与检索：结合你的专业及将来可能就业的行业，找出该行业的主要生产企业、你所在省市的主要生产企业、科研机构、行业协会、行业主管部门等网站，对其中的内容进行浏览，了解行业发展状况，并对自己学习的知识进行衡量，分析学习内容与学习方式有没有需要调整的地方。

3.4.3　学习与课程信息资源

当前是一个数字化、网络化的学习时代，图书馆和网络上的学习资料数量大、种类多；有的费用昂贵，有的却免费。如何进行高效而有针对性的学习？选取学习资源非常重要。

1. 学习考试类信息选择的主要类型与途径

1)学习考试类信息主办方网站或官网

【案例 3-20】如全国大学英语四、六级考试网站(https://cet.neea.edu.cn)是教育部考试中心主办的英语四、六级考试的官方网站。

2)四大门户网站的教育专题栏目

由于几大门户网站财力雄厚，技术实力强，因此对各种学习、考试资料的收集比较齐全，整理比较规范，可信度也比较高。

【案例 3-21】新浪教育(http://edu.sina.com.cn)包含以下栏目：高考、考研、中小学、出国、商学院、公开课等。新浪公开课汇集全世界各大名校的著名教授视频课程以及 TED 和各种名家讲座，涉及人文、历史、经济、哲学、理工等各学科，打造网络视频教学无国界分享平台，具有中英字幕。

3) 相关中介辅导与培训机构

为了吸引读者，更为了在市场竞争中站稳脚跟，考试中介与辅导机构必然会投入人力与物力对考试信息、命题、模拟题进行收集、加工与发布，并且把其中的部分内容放在网上。尤其是在考试前几天，可以搜索最新发布的模拟题。针对大学生考研、考公、各种资格考试、考级的大型培训机构有中公教育、海天教育、海文教育、新东方等。

4) 相关论坛

许多考试网站为考生提供了论坛、博客等网上互动交流空间，考生在论坛里围绕考试主题自由发帖，共同探讨复习考试方法，互相解答疑难问题。

【案例 3-22】例如大家论坛(http://club.topsage.com)，设置了几十种考试论坛，在普通考研专栏里设置了考研信息、政治、英语、数学、考研院校、经验交流等十多个子论坛。

5) 导航网站的相关栏目

265 上网导航(www.265.com)、hao123(www.hao123.com)、114 啦网址导航(www.114la.com)等网站上都有专门的学习、考试、留学分类网站，单击该类别可查看主要网站，一般把点击量大和知名度高的网站排在前面。

【案例 3-23】在 265 上网导航网站上单击“考试”标签呈现的考试网站导航页面，见图 3-13。

图 3-13　考试网站导航页面截图

6) 排名搜索

要找到最佳的学习、考试网站，除了采用导航网站，还可以搜索各类网站的排名，一般在排名列表上都会给出简要理由供使用者参考选择。

【案例 3-24】以考研为例，检索词可用以下几组："考研 网站 排名""十大 考研 网站""常用 考研网站"。

2. 网络上的免费课程资源

网络众多的免费课程资源称为开放课程资源。开放课程内容包括课程大纲、课程情况、教师情况、考试情况、讲义、作业、课件(PPT)、教学视频、教学资料(教材、阅读材料、相关网站等)、教学进度、成绩评定标准等。这些资源能够为学生的自主学习和拓展学习提供课程资料。以下是一些开放课程资源的网址。

1) 国内精品课程——爱课程

目前，教育部大力倡导全国高校精品课程共建共享服务，从而使网络上出现大量的精品课程。爱课程(http://www.icourses.cn)网站集中展示"在线开放课程""视频公开课""资源共享课"。在查找这些课程的课件时，可以按课程名称、主讲人、学校进行查找；也可以分类浏览。建议大家从国家级精品课程或者选修选课人数比较多等方面去做信息筛选。

课程资源检索

2) 国外开放课程——MeTeL

MeTeL 教学资源平台(http://www.metel.cn)现已收录美、英、加、澳等国 300 余所著名高校，1 万余教师或教学小组讲授的 2.3 万余门课程、20 万余课节、95 万余个教学资源；涵盖 13 大学科门类，100 个一级学科，300 个二级学科，涉及计算机科学技术、数学、经济学、生物学、化学、法学、管理学、物理学、医学、心理学、农学、文学、电子科学技术、地理学、哲学等，与教育部的《学位授予和人才培养学科目录(2011 年)》一致。每门课程包括课程介绍、课程须知、课程表、教学大纲、参考教材、教材评价、任课教师等；每个课节可能有如讲义、课件、音频、视频、教学图片、教学案例、阅读材料、作业、习题答案、试卷等几类课节资源(图 3-14)；部分课节为独立的专题研讨会、实验实习、外出考察、演讲讲座、培训讲座等；个别课节会有相关的程序代码、工具软件、数据等资源。

未来竞争是全球化的竞争，只有目标盯住世界最好的大学、最好的老师和最好的课程，我们才能得到最大的进步。这些固然需要老师引导，但更重要的是学生本人要有境界与气度，并能够不断坚持向一流看齐。学生可以从正在学习的一门课程与同类的国际著名大学开放课程的参考读物、作业、小组讨论中找到学习资料。

思考与训练：从麻省理工学院开放课程中找出一门自己正在学习或者感兴趣的课程，观察有哪些内容和方法可以借鉴，并与现有的学习内容与方法进行比较。

提示：MeTeL 的课程是从网络上收集整理的开放课程资源，如果想免费学习课程，可以直接用课程名+大学名或者主讲教师名搜索到课程的原始网络地址。

3) 网络视频学习资源

最近几年，网络上国内外知名大学名师的教学视频不断增多，如哈佛大学公开课 Sandel 教授的 Justice，甚至有热心网友为其提供中文字幕。在搜索引擎的视频搜索类别下，或者

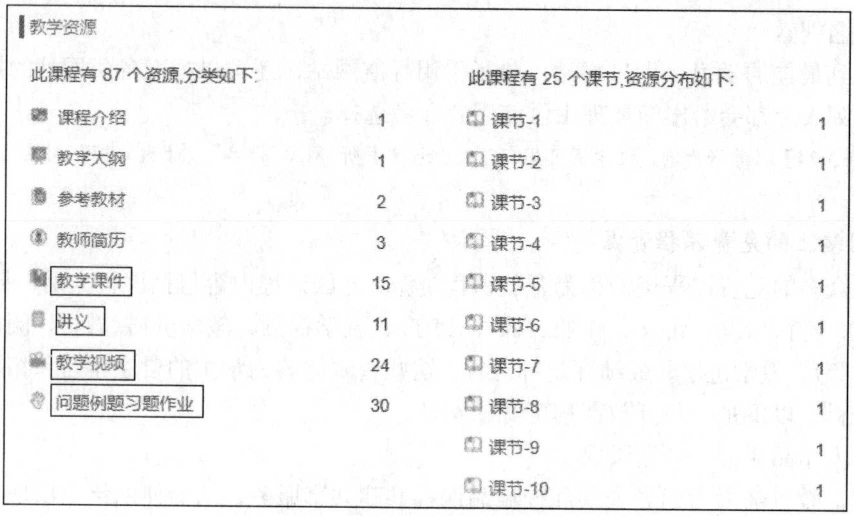

图 3-14　MIT 生物化学(一)课程开放资源

在优酷、土豆等专门的视频网站，输入大学名称或者课程名称，就能搜出众多课程教学视频。其中几大门户网站也提供了丰富的视频课程资源，并配有中文字幕。

网络资源推荐

(1)网易公开课(http://open.163.com)。

(2)新浪公开课(http://open.sina.com.cn)。

(3)网易云课堂(https://study.163.com)。

网易云课堂是网易旗下实用技能学习平台。它与顶级机构、院校和优秀讲师合作，提供海量优质课程，它包含了互联网、外语学习、生活家居、兴趣爱好、职场技能、金融管理等职业的课程，还有题库，笔记，问答等功能来提高学习的质量。

(4)学堂在线(https://www.xuetangx.com)。

学堂在线是由清华大学推出的中文大规模开放在线课堂平台，清华大学的很多课程都可以在这里观看，同时它还引入了很多国内外知名大学的课程。

(5)好大学在线(https://www.cnmooc.org)。

好大学在线是上海交通大学拥有的慕课平台。依托该平台，上海交通大学与百度及金智教育实施战略合作，致力于在互联网教育时代发展在线教育，让所有大学生有机会学习一流大学的课程并获得学分，让所有学习者能够享受优质教育资源

(6)超星尔雅(http://erya.mooc.chaoxing.com)。

超星尔雅是一个质量很高的精品学习网站。它把所有课程分为 6 大类，包括综合素养、通用能力、创新创业、成长基础、公共必修、个人发展。它提供了将近 500 个视频课程，这些课程都可以免费观看，并且不需要登录，直接单击课程就可以观看。

(7)可汗学院(https://zh.khanacademy.org)。

可汗学院是一所非营利教育机构，它的课程包含各行各业。现在可以在网易公开课、新浪公开课观看可汗学院教学视频。

(8) 我要自学网 (https://www.51zxw.net)。

我要自学网是免费提供学习教程资源的网站。作为一个老牌的自学网站，它的课程很全，从最早的办公软件、图像办公软件，到现在覆盖各行各业的自学网站。

(9) 慕课网 (https://www.imooc.com)。

慕课网是国内最大的免费 IT 技能学习网站，它提供了丰富的移动端开发，Web 前端、后端开发等视频教程资源公开课，而它的很多课程都是免费的。

(10) British Council LearnEnglish (http://learnenglish.britishcouncil.org)。

British Council LearnEnglish 网站是英国大使馆开设的英语学习平台，涵盖的内容很丰富，看听说写、雅思、商务英语、应用程序、课程等各种资源应有尽有，专业性比较强，很适合准备出国考试的学生，是可以获取相关信息的第一渠道。

(11) Udacity (https://www.udacity.com)。

Udacity 是职业编程学习的网站，提供微学位。

(12) Coursera (https://www.coursera.org)。

该平台免费提供 2000 多门课程，由斯坦福大学创办。

(13) Udemy (https://www.udemy.com)。

提倡"任何人都能跟专家学会任何事"，上线课程约 185000 门。

(14) TED 演讲 (https://www.ted.com)。

TED 是一个致力于传播思想的非营利性组织，其演讲形式通常简短有力。TED 始于 1984 年一个融合科技、娱乐和设计的会议，如今几乎涵盖所有的主题——从科学到商业再到全球问题。2006 年至今的 TED 演讲视频有 2200 多个。

4) 其他开放课程列表

开放课程资源列表如表 3-14 所示。

表 3-14　开放课程资源列表

序　号	机　构	网　址
1	国际开放课程联盟	https://www.oeglobal.org
2	英国开放大学	https://www.open.edu/openlearn
3	日本开放课程联盟	https://www.jmooc.jp
4	麻省理工学院	https://ocw.mit.edu/index.htm
5	耶鲁大学	http://oyc.yale.edu
6	卡内基梅隆大学	http://oli.cmu.edu
7	斯坦福大学	http://online.stanford.edu

思考与检索：找一门自己正在学习的感兴趣的课程，搜索一下国内这门课程有没有相关的国家或省级精品课程，国外有没有同类的开放课程？能找到课程章节内容的讲稿吗？有没有网络教材？有没有讲课视频？将找到的内容进行参考与比较，并融入课程学习中。

3.4.4 获取信息的新渠道——人工智能工具

2022 年 11 月，OpenAI 公司发布了聊天机器人模型 ChatGPT，该模型通过自然语言处理和机器学习算法实现了对话交互功能。这一里程碑式的突破标志着人工智能领域的重要进展。在国内，类似的大型语言模型应用也如雨后春笋般涌现，如文心一言、通义千问、讯飞星火等。这些人工智能工具以简单的方式为用户提供问题解决方案，改变了知识的生产方式，并将改变用户获取知识和信息的方式。它们将成为科学研究、科技创新与经济活动的工具和基础设施。鉴于这一趋势，联合国教科文组织也强调了政府批准人工智能课程的重要性，包括在学校教育、职业技术教育和培训中设置相关课程。

1. 主要模型介绍

目前常用的人工智能工具如表 3-15 所示。

表 3-15 常用 AIGC 及网址

类型	名称	开发公司	网址
通用	ChatGPT	OpenAI	用 edge 浏览器安装 sider
	通义千问	阿里巴巴	tongyi.aliyun.com
	文心一言	百度	yiyan.baidu.com
	智谱清言	清华大学	chatglm.cn
	讯飞星火	科大讯飞	xinghuo.xfyun.cn
PPT 制作	AIPPT	爱设计 AIPPT	www.aippt.cn
	MINSHOU	上海所思所见	www.mindshow.fun
论文写作	小泥同学	小泥同学	open.chatxueshu.com
	讯飞星火科研助手	科大讯飞	paper.iflytek.com
PDF 文件	askyourpdf	BlockTechnology	askyourpdf.com/zh
绘画	通义万相	阿里巴巴	tongyi.aliyun.com/wanxiang

人工智能的快速发展，加速了大模型的不断升级，各种运用也层出不穷，腾讯混元大模型和华为盘古大模型也非常值得期待。在 AIGC 导航(https://www.aigc.cn)、AI 工具集(https://ai-bot.cn)、深度 AIGC 导航(http://www.deepainav.com)里面提供了各种运用。

提示：ChatGPT3.5 可以每天免费使用 30 次，在 edge 浏览器中，在右上角“…”点开，找到“扩展”点击，在扩展商店里面搜索“sider: chatgpt”，就可以跳出该插件。点击“获取”之后就可以自动安装。

2. 主要功能介绍

(1) 论文写作。人工智能工具基于大规模的语料库和深度学习技术，能够生成高质量的句子和段落。无论是写论文、工作总结还是写文案，人工智能工具都能提供有用的建议和指导。它能够分析输入的数据，并提供诸如写作结构、段落组织和逻辑思维等方面的建议。

(2) 回答各种问题。人工智能工具是一个聊天机器人，可以与用户进行自然语言对话，提供信息和建议，解决用户的疑惑。无论是关于学习、娱乐、旅行还是其他领域的问题，人工智能工具都可以给出有用的回答。

(3) 协助编程。可以向人工智能工具咨询编程问题，寻求代码示例和调试建议。人工智能工具可以解释编程概念、提供编程技巧，并帮助解决问题和完成编程任务。

(4) 翻译。可以将需要翻译的文本输入人工智能工具，它可以将其翻译成其他语言。这对于学习外语、进行跨文化交流和研究工作都非常有帮助。

(5) 论文修改与润色。可以将自己的论文输入人工智能工具，它可以帮助检查语法错误、提供词汇替换建议、改进句子结构等。人工智能工具的回答和建议可以提升论文的质量和可读性。

(6) 创造性工具。可以与人工智能工具进行创意对话，共同构思故事情节、设计角色和解决问题。人工智能工具可以提供灵感和创意输入，帮助拓展思维和培养创造力。此外，人工智能工具还可以根据需求进行绘图设计。

3. 使用技巧

(1) 提问技巧，首先确定角色和领域。例如，你是心理学教授、计算机专业的大四学生、呼吸科医生，或是列车乘务员等。

(2) 精确表达问题，尽量使用清晰、明确的关键词或词组。例如，建筑专业本科毕业论文、儿童咳嗽治疗、冬季雾霾治理、大学生创新能力培养。

(3) 设定目标，提出要求，具体说明所需输出的结果、长度、风格、样式等。结果要求如：生成一份教案、试卷或资料清单；长度要求如：3~5 句话或 200 字以内；样式要求如：表格或 PPT；风格要求如：学术论文、鲁迅风格或李白诗词风格。

(4) 检查问题回答质量，学会使用继续或重新生成。如果生成结果不满意或想了解是否有更好的答案，可以修改输入的问题或直接让其重新生成。也可以将几次生成的结果复制下来，自行组合修改。

(5) 利用人工智能的创造性，一是提出跨学科问题，例如，用经济学方法研究社交媒体传播效果，用概率论分析财务风险；二是让其总结研究课题最新的前沿理论和方法；三是在问题中嵌入创新、新方法、新理论、耳目一新等关键词。

(6) 多个工具交互使用，一是同一个问题，使用不同工具进行解答，再将结果进行对比；二是将一个问题分成不同部分，使用不同工具解答。例如，要写一个介绍人工智能大数据模型的讲稿，可以先使用文心一言生成讲稿内容，进行修改后，再让 MINSHOU 生成 PPT 文档。

4. 局限性与对策

人工智能工具的局限性表现如下：

(1) 容易产生幻觉，人工智能工具经常一本正经地胡说八道，尤其是提供参考文献和相关网址的时候。

(2) 学术道德方面，一是存在被用来帮助学生作弊的风险，如撰写论文或完成作业；二是当 AI 模型用于生成内容，如文章、报告或其他形式的文本时，可能会引发关于谁拥有这些内容的智力产权的问题。

(3) 被剥夺学习的机会和意外发现的能力。传统的信息搜索过程同时也是一个学习过程，对搜索结果进行选择，可以探索信息需求的可能性范围，允许意外相遇或意外发现。人工智能工具在不显示其信息来源或引导用户完成搜索过程的情况下产生结果，就剥夺了这种可能性。

(4) 当 AI 和机器人、自动驾驶、武器等工具结合起来，可能引发混乱，在人工智能的"前沿"领域，也就是那些能力强大的通用人工智能模型，包括可以执行各种任务的基础模型，以及特定的弱人工智能(narrow AI)，两者都具有给人类社会带来伤害的能力。

针对局限性，可采取如下对策：

(1) 生成式 AI 只是一种工具，并非"知识权威"，尤其不能将其作为唯一信息源。

(2) 用信息鉴别法对 AI 生成内容进行批判性分析，包括查证来源、检查数据和事实、比较多个信息源等。

(3) 提出更精确、更深入的问题，避免对简单、直接答案的过度依赖。

(4) 人工智能治理攸关全人类命运，是世界各国面临的共同课题，全球应该在人工智能风险监管、立法方面加快步伐。

【案例 3-25】利用 AI 工具助力本科毕业论文写作(大家主要看提问方式，用 chatGPT3.5 完成)。

(1) 你是一名大学财务管理专业四年级学生，要写一篇保险业上市公司(中国平安)的财务分析的本科毕业论文，请给出论文构思，包括标题、摘要、关键词、目录。

(2) 请将上述标题、摘要、关键词翻译成英文。

(3) 请给出上述毕业论文的 15 篇中文参考文献和 10 篇外文参考文献。

(4) 请针对上述 25 篇参考文献写出国内外研究现状，包括每篇参考文献内容介绍和研究述评。

(5) 请写出该论文研究背景和意义，包括保险业和财务管理方面相关的：产业政策、十四五规划、二十大报告、国家领导人讲话和指示。

(6) 请列出上市公司(中国平安)财务风险分析的方法和数据来源。

(7) 收集中国平安公司 2022 年的年报数据，并将数据输入工具让其进行财务相关分析。

(8) 针对一篇中国平安公司的财务分析的本科毕业论文，请给出该论文的研究结论、研究不足与研究展望。

(9) 请写出中国平安公司的财务分析的本科毕业论文的致谢，包括指导老师邓发云、远在巴中家乡的父母、财务管理班级的同学，具有深情表达。

3.5 网络免费学术资源

当利用电子资源查找资料时，是否仅局限于购买的那些有版权限制的数据库呢？其实，网络上还有很多站点提供免费的学术资源，包括工具书、电子期刊、电子预印本、学位论文、研究报告、学术会议信息、标准、专利、数学图书等，它们既是馆藏资源的补充，也因为获取方便而被大家广泛使用。

3.5.1 开放获取资源

开放获取(Open Access)是指把同行评议过的科学论文或者学术资源放到互联网上，用户可以免费获取，而不需要考虑版权或者注册的限制。开放获取资源是网络上提供免费资源最常见的方式之一，它是指某文献可以在 Internet 公共领域中免费获取，允许任何用户阅读、下载、复制、传递、打印、检索、超级链接，并为之建立索引，用作学习、研究或其他任何合法用途。用户在使用该文献时不受财力、法律或技术的限制，只需在存取时保持文献的完整性，对其复制和传递的唯一限制，或者说版权的唯一作用应是使作者有权控制其作品的完整性及作品被准确接收和引用。

(1) SOCOLAR 平台 (http://www.socolar.com)。

SOCOLAR 平台是由中国教育图书进出口公司历时 4 年自主研发的 Open Access (OA) 资源一站式服务平台。平台旨在通过严格的资源遴选、规范的信息收集和快捷的检索功能，为用户揭示全世界优秀的 OA 资源，并为用户和作者打造一个友好的交流互动空间。

(2) HighWire (http://highwire.stanford.edu)。

HighWire Press 是全球最大的提供免费全文的学术文献出版商，于 1995 年由美国斯坦福大学图书馆创立。最初仅出版著名的周刊 *Journal of Biological Chemistry*，目前已收录电子期刊 710 多种，文章总数已达 600 多万篇，其中超过 200 万篇文章可免费获得全文；这些数据仍在不断增加。通过该界面还可以检索 Medline 收录的 4500 种期刊中的 1200 多万篇文章，可看到文摘题录。HighWire Press 收录的期刊覆盖以下学科：生命科学、医学、物理学、社会科学。

(3) OALib 平台 (http://www.oalib.com)。

OA 图书馆是 Open Access 图书馆的简称。OA 图书馆致力于可以免费获得高质量的文献，最早提供了很多的 Open Access 数据库和资源，利用 Google 的搜索技术建立了 OA 内容的搜索，可以很方便搜索近 6000 多种期刊资料和 5000 多个 Open Access 的数据库资源。其论文领域涵盖数学、物理、化学、人文、工程、生物、材料、医学和人文科学等多个领域，现在有 420 万篇了。

(4) DOAJ (http://www.doaj.org)。

DOAJ (Directory of Open Access Journals) 是由瑞典隆德大学图书馆整理的一份开放期刊目录。该项服务涵盖了免费的、可获取全文的、高质量的科学和学术期刊。他们的目标是涵盖所有学科和语言的开放期刊，目前一共有 16850 多种开放期刊收录到了该目录中。

(5) OpenDOAR 平台 (http://www.opendoar.org)。

OpenDOAR 是 2005 年 2 月由英国的 Nottingham 大学和瑞典的 Lund 大学共同创建，提供有关机构知识库、学科资源库等资源的目录列表。

(6) PLOS (https://www.plos.org)。

科学公共图书馆 (Public Library of Science，PLOS) 原是一家由众多诺贝尔奖得主和慈善机构支持的非营利性学术组织，旨在推广世界各地的科学和医学领域的最新研究成果。PLOS 出版了多种生命科学与医学领域的开放获取期刊，可以免费获取全文，比较具有影响力。PLOS 系列的期刊目前都已被 SCIE 收录。虽然期刊数量不多，但是文章总体数量相当庞大。

(7) 中国科技论文在线 (http://www.paper.edu.cn)。

中国科技论文在线是经教育部批准，由教育部科技发展中心主办，针对科研人员普遍反映的论文发表困难、学术交流渠道窄，不利于科研成果快速、高效地转化为现实生产力而创建的科技论文网站。内容包括自然科学、工程技术、医药卫生、农业科学、人文科学等领域，可以检索和按学科分类浏览。该网站采取文责自负的原则，一般情况下作者提交的学术论文均可被系统接收。论文格式多为 PDF 格式。

(8) 预印本 (http://arxiv.org)。

预印本包含物理学、数学、计算机科学、定量生物学、定量金融、统计学、电气工程和系统科学以及经济学领域的学术文章。现今的科研人员习惯将论文先上传至 arXiv.org，再提交给专业的学术期刊。在这个网站新的 idea 既可以免费获取，又可以让从事研究的科研工作者最快速地获得科研的灵感，因而广受欢迎。

3.5.2　免费电子图书

(1) 世界名著网 (http://t.icesmall.cn)。

世界名著网提供大量的国内外经典著作的在线阅读，分为世界名著、诺贝尔获奖作品、中国经典名著等栏目。提供书名和作者搜索功能。

(2) BookZZ (https://www.bookzz.ren)。

Book 系列包括 Booksc、Bookie、Bookzz、Bookfi， Book 系列网站书籍种类丰富，基本专业书籍都可找到免费下载。Book 系列网站截止到 2021 年底，已有 278 多万书籍以及 5242 多万文献可以免费下载，大多数是 PDF、DJVU、EUPB 格式。下载也很方便，直接搜论文或者文章题目即可，还可将选择地区并设置成中国。

(3) Project Gutenberg (https://www.gutenberg.org)。

古腾堡计划 (Project Gutenberg) 是最受欢迎的免费电子书网站之一，提供超过 60000 种免费电子书。可以根据自己的喜好选择任何电子书，下载并开始在个人设备上在线阅读。此外，还可以根据自己的选择在站点上创建自己的书籍。

(4) 鸠摩搜索 (https://www.jiumodiary.com)。

鸠摩搜索是一个电子书搜索引擎，界面简洁、内容纯净，专业而高效。它的内容融合了度盘、微盘这样的网盘搜索，到淘宝、书站、论坛站点的搜索应有尽有。缺点是搜索到的资源都是个人上传保存的，资源的质量不能保证。

3.5.3　免费数据库资源

(1) 国家哲学社会科学学术期刊数据库 (http://www.nssd.cn)。

国家哲学社会科学学术期刊数据库中不仅有中外文期刊，还有很多本哲学、社会科学等相关专业书籍，只需要注册登录，就可以免费阅读全文或者下载全文。

(2) BioMed Central (http://www.biomedcentral.com)。

生物医学中心 (BioMed Central，BMC) 是生物医学领域的一家独立的新型出版社，以出版网络版期刊为主，目前出版 300 种生物学和医学领域的期刊，少量期刊同时出版印刷版。BMC 出版社基于“开放地获取研究成果可以使科学进程更加快捷有效”的理念，坚持在 BMC 网站免费为读者提供信息服务，其出版的网络版期刊可供世界各国的读者免费检索、阅读和下载全文。

(3) Free Medical Journals (http://www.freemedicaljournals.com)。

Free Medical Journals 提供了全部免费的医学生物学相关期刊的全文链接，包括 5088 种免费的英文和非英文(15 种语言)的生物医学全文期刊。检索 Free Medical Journals 期刊有专业(Specialty)和字顺二种途径。

(4) PubMed Central 全文数据库(http://www.ncbi.nlm.nih.gov/pmc)。

PubMed Central (PMC) 由美国国家医学图书馆(the United States National Library of Medicine, NLM)下属国家生物技术信息中心(National Center for Biotechnology Information, NCBI)开发，收录存档无版权争议的生物医药类全文文献，免费提供用户使用。截至 2021 年 10 月 15 日，PubMed Central 共收录 730 万篇全文文献。

(5) ERIC 教育资源数据库(https://eric.ed.gov)。

ERIC 是美国教育部资助的网站系列和世界上最大的教育资源数据库，其中包括各种文档以及教育研究与实践方面的论文摘要，这些摘要超过了 100 万篇，收录 980 多种教育及和教育相关的期刊文献的题录和文摘。部分资源可查找到全文。

(6) NTIS (https://www.ntis.gov)。

NTIS (National Technical Information Service) 是美国国家技术情报社出版的美国政府报告文摘题录数据库，其服务目标和宗旨是刺激创新与发明促进国家经济增长。NTIS 全面收集由政府资助立项的科学、技术、工程及商业信息，在长达 50 余年的发展过程中已积累了涉及 350 余个学科的 200 多万份出版物。 NTIS 出版的美国政府报告通报与索引数据库是一个重要的信息资源，主要收集了 1964 年以来美国国防部、能源部、内务部、国家航空航天局(NASA)、环境保护局、国家标准局等国家、州及地方政府部门立项研究完成的项目报告，少量收录世界各国和国际组织的科学研究报告，包括项目进展过程中所做的初期报告、中期报告和最终报告等，能够及时反映科技的最新进展。该数据库每年新增约 60000 条数据。部分报告可以免费下载。

(7) 维普数据库 OA 资源(http://www.cqvip.com)。

维普数据库的《中文科技期刊数据库》是大型的商业数据库，诞生于 1989 年，累计收录期刊 15000 余种，现刊 9000 余种，文献总量 7000 余万篇，是我国数字图书馆建设的核心资源之一，是高校图书馆文献保障系统的重要组成部分，也是科研工作者进行科技查证和科技查新的必备数据库。由于开放获取的学术发展趋势，该数据库有 1806 种学术期刊可开放获取。

具体使用方法是登录 http://www.cqvip.com，选择“期刊导航”检索界面，进入之后，勾选“只查看 OA 期刊”复选框即可，如图 3-15 所示。

(8) 汉斯出版社 OA 资源(https://www.hanspub.org)。

汉斯出版社(Hans Publishers)是一家国际综合性出版机构，聚焦于国际开源中文期刊全球的出版发行。汉斯出版社以高素质的队伍和优质的服务，致力于数学物理、医药卫生、

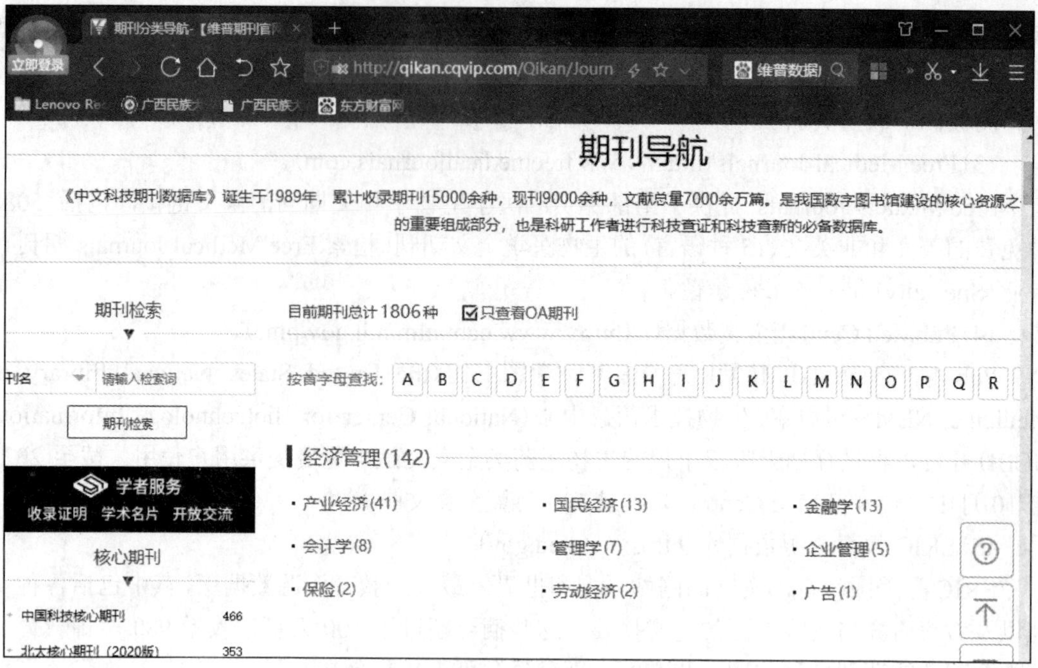

图 3-15　维普数据库 OA 期刊检索结果

工程技术、生命科学、信息通信、人文社科、化学材料、经济管理、地球环境等方面学术书刊的出版发行。

(9) 国家自然科学基金大数据知识管理服务门户 (https://kd.nsfc.gov.cn)

通过该门户的“信息检索”栏目，可以查询自然科学基金资助的 160 多万项科研项目的研究报告、发表的相关论文和专利，大部分论文可以免费下载。里面的报告和论文质量都比较高，是申报科研项目的重要参考资料。

(10) PubScholar 公益学术平台 (https://pubscholar.cn)

平台首期整合集成了中国科学院的科技成果资源、科技出版资源和学术交流资源，内容包含期刊论文、学位论文、预发布论文、专利文献、领域快报、动态快讯、科学数据、图书专著等，目前通过平台可检索的科技文献资源量约 1.7 亿篇。

研讨与训练 3-1　正确认识搜索引擎与网络工具

首先在网络搜索了解下面几个故事：

(1) 魏则西的疾病治疗与百度医疗搜索；

(2) 欧盟向谷歌开出天价反垄断罚单；

(3) 搜索引擎百度已死；

(4) 因谷歌导航失误，18 岁俄罗斯小伙冻死。

通过上面几个案例，说明如何使用与评价搜索引擎。

搜索引擎提供的结果跟现实实际情况一致吗？

搜索引擎提供的答案是客观完整的吗？

搜索引擎提供的答案是否跟其商业利益和政治立场有关？

搜索引擎提供的答案需要斟酌吗？

提示：搜索引擎是一个数据提供商，它首先是一个商业机构，是以盈利为目的，然后才是它的社会公益性。

研讨与训练 3-2　认识你的行业

认识你的专业或行业，分别列出与你专业相关的下列网站。

(1) 专业排名最靠前的国内外大学的主页和开放课程资源网站。

(2) 行业科研机构网站；即该领域内大型的、主要的科研机构网站。

(3) 行业生产企业网站；即该领域内领先的、创新的生产企业网站。

(4) 行业协会与学会网站。

(5) 行业主管部门网站。

(6) 行业里知名的公众号、微博号(关注与专业相关的就业、考研、技术方面的公众号)。

(7) 涉及该行业的资源导航。

通过查询与浏览上述网站，构建自己的信息环境。

研讨与训练 3-3　旅游规划信息检索

计划一个 4 人到省外某地的旅游，时间 3～5 天，请制订以下计划：

(1) 往返机票或者火车票(携程或者 12306)；

(2) 当地住宿，可以每天住不同地点(携程)；

(3) 当地美食(携程的旅游攻略)；

(4) 准备游览的当地著名景点(景点排名、5A、人气最旺)；

(5) 每天行程安排，精确到小时；

(6) 当地的天气(中国天气网)。

建议：(1) 可以飞机和高铁结合，出发一般在早上，返程一般可以晚上；

(2) 住宿一般接近车站、景点或者美食街；

(3) 当地交通可以多种考虑，在使用公共交通、滴滴、租车、包车中选择；

(4) 游览路线一般安排在一个方向上，白天游览晚上欣赏美食，也可以参加当地的旅游团，使用携程提前一天预订景区门票有优惠；

(5) 可以参考别人的旅游攻略，或者使用行程助手软件协助安排，参考使用多个旅游网站如携程、马蜂窝、驴妈妈规划行程。

第 4 章　图书馆信息资源

图书馆是搜集、加工、整理、收藏文献资料，并为人们提供阅览、外借或者参考咨询服务的机构，有保存人类文化遗产、开发信息资源、参与社会教育等职能，它是文献信息资源的集散地，也是传播人类知识的重要枢纽。

4.1　图书馆概述

图书馆承担着提供文献信息和咨询服务的重要职能。它以其丰富的馆藏文献资源和先进的检索手段成为课堂教育的延伸和素质教育的基地。

4.1.1　图书馆的发展历史

图书馆最原始的功能就是保存人类的记录与文化，所以，世界上的文明古国都是早期图书馆的重要发祥地。早在公元前 3000 年时，古巴比伦的神庙中就收藏有刻在胶泥板上的各类记载。已知世界上最早的图书馆是美索不达米亚平原的尼尼微图书馆(亚述帝国的国王亚述巴尼拔建立，所以又称亚述巴尼拔图书馆)。该馆收藏各类文献 1 万多种，泥板 3 万多块，内容几乎囊括了当时的全部学识。其中大部分(20720 块)现存于大英博物馆，并按照不同专题排放在不同的藏书室，许多藏书都刻有国王的名字。而且，这些泥板存放在陶罐里面，每块泥板都有标记标明该泥板藏于某室、某架和某罐中，并在每间藏书室门边的墙上标出书目，以便查找。这表明，在亚述帝国时期的藏书室已有了文献管理。

古埃及托勒密王朝的亚历山大图书馆建于公元前 3 世纪，是当时世界上最大的图书馆。丰富的馆藏吸引了四方学者云集此地，均在此讲学或求学，使图书馆享有“世界上最好的学校”之美名，并在整个地中海区域传播文明长达 800 年。古希腊地理学家、天文学家、数学家和诗人埃拉托色尼、古希腊文献学家阿利斯塔克等不少历史名人都曾出任过亚历山大图书馆的馆长。哲学家埃奈西德穆，数学家、物理学家阿基米德等睿智圣贤也均在此讲学或求学过。

希腊在柏拉图时代，就已经有了颇具规模的图书馆，古罗马受到埃及和希腊的影响，也非常重视图书馆，仅罗马一城就有 28 个公共图书馆。图书馆经历了古代、近代的不断发展，已经从最初的皇家藏书、宗教藏书、贵族私人藏书，逐渐演变为向公众开放的图书馆。图书馆的功能也从最初的保存扩大到了集收集、整理、保存、利用、学习、教育、交流等功能为一体的现代图书馆。

据《在辞典中出现的“图书馆”》记载，“图书馆”一词最初在日本的文献中出现是 1877 年；而最早在我国文献中出现，则是 1894 年《教育世界》第 62 期中所刊出的一篇《拟设简便图书馆说》。中国最早的省级图书馆为 1904 年创办的湖北省图书馆。周朝时，老子曾任守藏史，就是我国最早的图书馆员。在图书馆工作过的名人国外有胡佛、盖茨，国内有李大钊、毛泽东、沈从文、华罗庚、金庸、莫言等。

4.1.2 图书馆的功能与服务

图书馆的馆藏由印刷型馆藏(图书、期刊、本校学位论文、会议论文、各种研究报告、标准规范等)和数字馆藏(电子图书、电子期刊等网络付费资源)两部分组成。其中数字馆藏的建设和使用，是当前网络环境下图书馆拓展服务范围和提高服务能力的重要手段，而服务则是图书馆存在和发展的永恒主题，常见的服务类型及特点如表 4-1 所示。

表 4-1 图书馆的服务类型与特点

服务类型	服务方式	服务特点
书刊阅览	一般图书、期刊、报纸、工具书会存放在不同书库，需到存放地阅览	可以利用图书馆联机公共目录，先检索到索书号，就可以直接找到所需书刊的具体位置
书刊外借	只有办理借阅证的会员才可借阅，并且有最多借阅量和借阅时间限制	
电子资源使用	目前主要是期刊全文、电子图书和各种文摘数据库，电子资源有信息量大、检索方便、更新快等优点	电子资源因为版权限制，一般只能在一定 IP 地址范围内或注册用户使用，使用电子资源要注意其类型和收录范围
咨询服务	在线实时咨询、电话咨询、邮件咨询、咨询台咨询	在利用图书馆资源与服务的过程中遇到问题时可以利用图书馆的咨询服务
文献传递与馆际互借	当所利用的图书馆馆藏资源不能满足需求时可使用	向其他图书馆或者文献机构申请所需论文或者图书的扫描、复印件或原件并通过图书馆传递给用户
教育培训与教学	信息资源利用讲座、信息检索教学	培养信息素养，提高用户信息素质与资源利用效率
学科服务	学科馆员、定题服务、科技查新、查收查引等	服务内容专业化、学术化，一般针对较高层次信息需求的读者
知识产权服务	知识产权信息咨询、专利查新检索、专利信息分析、知识产权信息素养教育等	提高用户知识产权信息素养，为知识产权创造、运用、保护和管理各环节提供信息服务

4.1.3 我国图书馆的类型

我国的图书馆依其建立单位、功能、服务对象的不同可分为以下三种(图 4-1)：公共图书馆、大学图书馆、专业(行业)图书馆(如国家科学图书馆、国家工程图书馆、国家农业图书馆)等。图书馆是大学生在校学习及投身社会的重要信息源。

1. 公共图书馆

所有县级以上地方政府都有图书馆服务本地群众。例如，国家有国家图书馆，四川省有四川省图书馆，成都市有成都图书馆，郫都区有郫都区图书馆。公共图书馆的资源与服务和当地的经济发展水平密切相关，其特色是生活化和地方化的资源丰富，读者主要为当地市民。

提示：国内很多省市图书馆可以提供注册用户的电子资源，包括中国知网使用权限，如浙江图书馆、广西壮族自治区图书馆 。

浙江图书馆

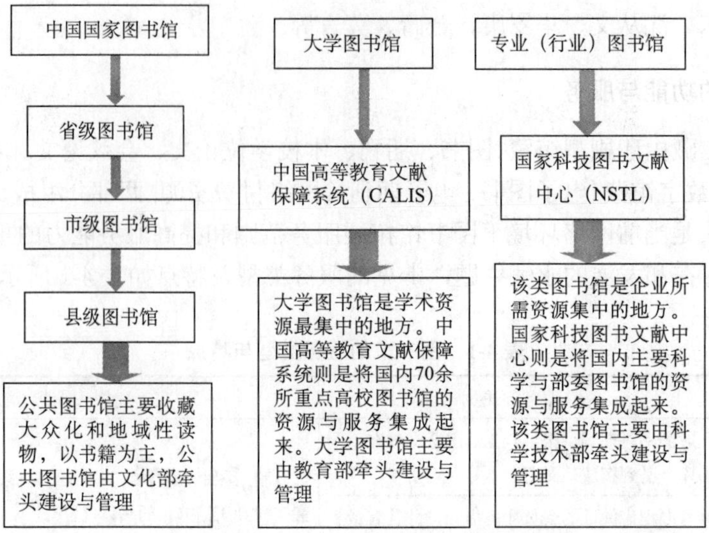

图 4-1　我国三类图书馆对比

2. 大学图书馆

大学图书馆是高校师生查阅各类文献信息的资源中心，是高校的一个重要组成部分，对师生学习与科研具有不可替代的作用。特色是科研与学术资源丰富，读者主要为本校师生。1998 年开始建设的中国高等教育文献保障系统(CALIS)，是国内主要高校图书馆的资源与服务的集成。

3. 专业(行业)图书馆

专业(行业)图书馆最具代表性的是原部委图书馆，主要针对部委下属企业与科研单位而设立，馆藏具有针对性。但随着国家部委的不断改革与合并，图书馆的性质、名称和服务也相应会不断变化。这类图书馆包括机械工业信息研究院图书馆、冶金工业信息标准研究院图书馆、中国化工信息中心图书馆、中国农业科学院图书馆、中国医学科学院图书馆等。2000 年 6 月 12 日，该类图书馆共同组建了一个虚拟的科技文献信息服务机构，即国家科技图书文献中心，又名国家科技数字图书馆(NSTL)，特色是收藏的企业实用资源如国内外标准、规范等比较丰富，读者主要为行业内企事业单位、科研单位的科研人员与管理人员。

4. 三者之间异同点

大学图书馆与公共图书馆的最大不同就是，大学图书馆的馆藏都与该大学所设置的学科领域息息相关，所以专业性和学术性较强，而且图书馆学科馆员提供比较专业性的指导和服务。公共图书馆则侧重于满足各阶层各行业的需要，所以公共图书馆的馆藏在学术方面的要求不高且一般不提供相对较为专业的书籍和刊物。当然，在某些方面，如地方政府和公共事务的信息收藏上，公共图书馆的馆藏可能多于大学图书馆。大学图书馆与行业图书馆的信息资源都相对专业且学术性强，区别在于，行业图书馆的文献资源侧重所在行业文献的全面收集，而大学图书馆的文献资源则与该校的专业设置紧密相关。

4.1.4　图书馆对大学生的意义

现代高校图书馆是高校最重要的组成部分。图书馆、实验室、教学楼是现代高校的三大支柱，高校图书馆作为高校基本的教育设施之一，被誉为“大学的心脏”，直接承担着培养人才的重任，是大学生学习的一个重要场所，学会充分利用图书馆的资源和服务是每一个大学生必须掌握的基本技能。现代高校图书馆基本都建立起了馆藏纸质资源、电子资源和馆际互借与文献传递“三位一体”的信息资源保障模式。大学阶段是一个人完善知识、增长才干、塑造性格的重要时期，大学生应抓住这一时期，充分利用图书馆，进行广泛阅读，积极利用图书馆提供的各类资源和服务，让其真正成为良师益友，从而为走向社会做好准备。

简而述之，充分利用图书馆资源和服务，对于大学生有诸多好处，具体体现在以下四点。

如何远程访问图书馆

(1)图书馆丰富的专业信息资源、人性化的学习环境有利于课堂专业学习内容的巩固与拓展。现代化图书馆为读者提供了人性化的学习空间、丰富多彩并可便捷快速获取的文献资源、良好的学习氛围和现代化的配套设施，以便于长期、自由地利用图书馆进行自学，也能够拓展教师课堂授课内容的深度和广度。

(2)图书馆丰富的非专业资源可以提高学生的综合素质。大学阶段，除了专业知识的学习，还需要帮助学生拓宽视野，增加知识面，完善知识结构，提高人文素养。大学图书馆经过多年的积累，已经拥有比较丰富的社会科学如文学、历史、心理学、名人传记等方面的书籍和自然科学方面的文献资源，能够为提高大学生人文素质和培养健全人格提供有利滋养。

(3)图书馆提供的各种使用指南、培训讲座和信息素养课程教学，方便学习信息检索相关技能，能够有效提高信息素养，从而达到提升终身学习能力的目的。

(4)图书馆提供的学科馆员、专题与定题跟踪、馆际互借与文献传递、参考咨询等服务，可以为大学生的专业学习、科学研究提供全方位、个性化支持。

4.1.5　我国重要的图书馆平台介绍

1. 中国国家图书馆·中国国家数字图书馆(http://www.nlc.cn)

中国国家图书馆(图 4-2)旧称北京图书馆，简称国图。中国国家图书馆是国家总书库、国家书目中心、国家古籍保护中心、国家典籍博物馆。中国国家图书馆馆藏宏富，品类齐全，古今中外，集精撷萃。馆藏文献超过 3500 万册件并以每年百万册件的速度增长。馆藏总量位居世界国家图书馆第七位，其中中文文献收藏世界第一，外文文献收藏国内首位。随着信息载体的发展变化，中国国家图书馆馆藏规模不断扩大，类型日益丰富。不仅收藏了丰富的缩微制品、音像制品，还建成了中国最大的数字文献资源库和服务基地，数字资源总量超过 1000TB，并以每年 100TB 速度增长。网站提供国图收录的各类别特色资源上百万种，并免费开放给注册用户在线阅读，包括中文图书、民国期刊、中华古籍和善本、博士论文、音像制品等多种电子资源，内容丰富、种类繁多，并提供一站式检索，方便读者查找。它是查询国内图书与古籍最权威的去处。

国家图书馆

图 4-2　中国国家图书馆主页

1) 中国国家图书馆数字资源服务方式

中国国家图书馆数字资源提供三种用户服务方式，即读者卡用户、实名注册用户，非实名注册用户。其中，读者卡用户将可以访问全部开放的数据库资源，同时可以修改读者卡的登录密码；实名注册用户将可以访问大部分数据库资源，相对读者卡用户要少一些；非实名注册用户将可以访问少量数据库资源。

2) 中国国家图书馆数字资源使用方式

首次登录，先进行实名注册，登录后使用文津搜索，在搜索结果页面通过查看指定类型，缩小检索范围，进行排序，找到资源后，可以进行在线阅读(图 4-3)。也可以使用阅读推荐、包括古籍和博士论文的特色推荐、地方资源和种类繁多的外购资源。

提示：中国国家图书馆是对注册用户提供免费资源最多的地方，方便大家在校外或者毕业后使用。

2. 上海图书馆及上海科学技术情报研究所(http://www.library.sh.cn)

上海图书馆(简称上图)成立于 1952 年，上海科学技术情报研究所成立于 1958 年。1995 年上海图书馆与上海科学技术情报研究所合并，成为综合性研究型公共图书馆和行业情报中心。该馆研发了一些特色数据库，作为开放资源为社会提供服务，包括家谱、手稿档案、古籍等，还有一些上海地方文献数据库。

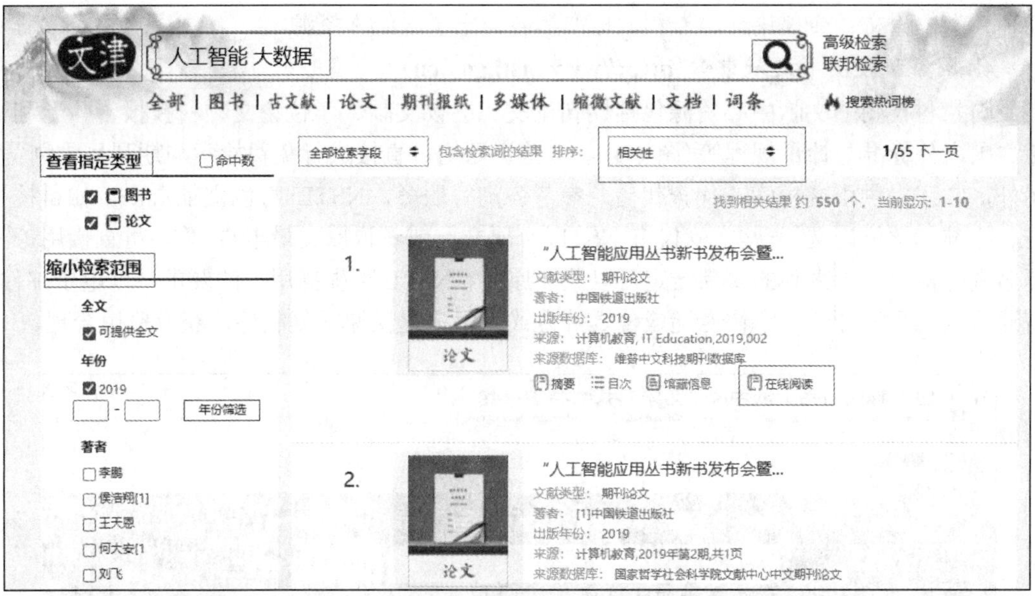

图 4-3　中国国家图书馆文津搜索结果页面

上海图书馆提供的公共开放性数字资源，包括开放的全文影像资料和开放数据两个方面，其中开放数据是对各种馆藏特色数据库进行重组和整合，在分散的数据库之间建立逻辑关联后，向读者、第三方机构、社会团体和个人提供数据服务和知识服务。

特色数据库和服务：家谱知识服务平台、上海图书馆家谱数据库、上图家谱全文数据库、盛宣怀档案知识库、中文古籍联合目录及询证平台、历史文献众包平台、数字人文开放数据平台、人名规范库。上海图书馆的特色是向读者提供免费参考咨询，读者有问题可以填写表单咨询。

思考与训练：输入网址 http://vrd.library.sh.cn 进入参考咨询(网上联合知识导航站)，查看以下栏目：“实时咨询”“浏览问题库”“高级搜索”。

3. 中国高等教育文献保障系统(http://www.calis.edu.cn)

中国高等教育文献保障系统(China Academic Library & Information System，CALIS)是教育部通过构建基于互联网的“共建共享”云服务平台——中国高等教育数字图书馆，制定图书馆协同工作的相关技术标准和协作工作流程、培训图书馆专业馆员、为各成员馆提供各类应用系统等，支撑着高校成员馆间的“文献、数据、设备、软件、知识、人员”等多层次共享，已成为高校图书馆基础业务一日不可或缺的公共服务基础平台，并担负着促进高校图书馆整体发展的重任。在这一服务体系中，可由全国著名高校图书馆联袂为读者提供包括书刊联合目录查询、e 读与 e 问、联合问答、资源导航、数字资源联盟采购等多种服务。

e 得(http://yide.calis.edu.cn)为读者提供了一站式的全文文献获取门户，它集成了电子全文下载、文献传递、馆际互借、单篇订购(PPV)、电子书租借等多种全文获取服务，结合专业馆员提供的代查代检服务，帮助读者在全国，乃至全世界查找并索取中外文图书、期刊、学位论文、会议论文、专利、标准等各类电子或纸本资源。

4. 国家科技图书文献中心(http://www.nstl.gov.cn)

国家科技图书文献中心资源包括期刊论文、会议文献、学位论文、科技报告、专利文献、国内外标准与计量规程等(图 4-4)。这些资源均可直接进行免费检索与期刊目录浏览。另外，它还提供引文检索、代查代借、参考咨询等服务。NSTL 特色文献众多，如科技报告、标准、学位论文(一些文献仅有 NSTL 有原文，或者说原文最丰富)等，可直接用论文题名进行检索，检索到的文献一定可以获取原文。NSTL 可根据用户的要求，以电子邮件、普通信函、平信挂号、特快专递或传真等方式为用户提供原文复制件，获取费用合理。

图 4-4　国家科技图书文献中心主页

国家科技图书文献中心是企事业、研究机构使用科研资源的一个主要途径。NSTL 全国免费共享文献包括：

外文现刊数据库(https://cds.nstl.gov.cn)；

外文回溯期刊全文数据库(http://archive.nstl.gov.cn/Archives)；

开放资源集成获取系统(http://oar.nstl.gov.cn)。

这是 NSTL 整理的可通过互联网免费获取全文的期刊资源，全国各界用户都可使用。

5. 全国图书馆参考咨询联盟(http://www.ucdrs.superlib.net)

全国图书馆参考咨询联盟是一个完全免费的论文搜索下载网站，它功能非常强大，它不仅支持搜索论文，还支持搜索书籍、期刊、论文、报纸、标准、科技报告。它甚至还支持搜索音视频，你可以搜索你需要的学习视频。搜索到电子图书可以试读前面 20 页，期刊论文、学位论文可以通过邮箱接收全文，但需要注册成功后才能使用。

4.1.6　国外主要的图书馆平台介绍

1. 大英图书馆(http://www.bl.uk)

大英图书馆(亦译作不列颠图书馆、英国国家图书馆)，是世界上最大的学术图书馆之一。1973 年 7 月 1 日建立，图书馆位于伦敦和西约克郡。拥有超过一亿五千万件馆藏，包括期刊、报纸、剧本、专利、图画等，既有最近出版的，也有古老至公元前 2000 年的古籍手抄本。

2. 美国国会图书馆(http://www.loc.gov)

美国国会图书馆建于 1800 年，设立在华盛顿国会山上，是世界上最大的图书馆，也是全球最重要的图书馆之一。该图书馆书架的总长超过 800 公里，其中包括大量图书、特色收藏(如世界上最大的地图)、电影胶片和电视片等。据美国国会图书馆网站最新介绍，藏品总数 1.3 亿，其中 0.29 亿书籍、0.12 亿照片、0.58 亿件手稿。读者只有使用借阅证才能进入读者阅览室和读书借阅。

4.2　图书馆纸质资源的利用

4.2.1　馆藏和馆藏目录

1. 图书馆馆藏、文献布局与借阅方式

图书馆馆藏是指图书馆收集的各种类型文献资料的总和，简称馆藏或藏书。是图书馆赖以存在的物质基础，是满足读者需求的根本保证。图书馆馆藏是与一定时期的文献生产和使用方式紧密联系的。

现代图书馆收藏的文献资料包括图书、期刊、政府出版物、小册子、学位论文、报告、照片、电影片、幻灯片、唱片、录音磁带、美术作品、缩微文献、计算机可读资料等。

图书馆常按不同的文献类型来划分和管理文献，并以某些文献类型作为馆藏特色，所以馆藏结构也有文献类型这一重要方面。

图书馆馆藏是不同学科、不同文献类型、不同文种、不同深度(完备程度)和一定数量的文献组成的具有特定功能的整体，这个整体称为馆藏书体系，其构成方式称为馆藏结构。

目前国内外图书馆普遍采用的馆藏文献布局方式是藏借阅一体化布局，它是一种全开布局，利用计算机技术、通信技术、网络技术等信息技术，采用“统仓管理方式”。

2. 馆藏目录和索书号

馆藏目录：反映某一图书馆所藏的全部或部分文献的目录，分为反映收藏单位的全部文献或某一种文献的总目录、分馆目录、借书处目录、阅览室目录等，以及特藏目录(反映有特殊价值，并需单独保管的文献的目录)。

索书号：图书馆赋予每一种馆藏图书的号码。这种号码具有一定结构并带有特定的意义。在馆藏系统中每种图书的索书号是唯一的，可借以准确地确定馆藏图书在书架上的排列位置，是读者查找图书非常必要的代码信息，图 4-5 为某高校的索书号排架示意图。在通常情况下，索书号由两部分组成:分类号和书次号。索书号的分类号是根据图书的学科主题所取用的分类号码，一般按照《中国图书馆图书分类法》(第四版)取号。索书号的书次号是按照图书作者姓名所编排的著者号码，或者是按照图书进入馆藏时间的先后所取用的顺序号码。通过采用著者号码，一位作者所著的同一学科主题的图书会集中在一起，方便读者查找资料。

图 4-5　高校图书馆索书号排架示意图

提示：去图书馆看书或者借书时，先检索到索书号，确定馆藏位置，直接去取，而不是盲目去找。

3. 图书馆一般排架规则

(1) 依据《中国图书馆图书分类法》的分类体系，所有图书均采用分类著者号码顺序排列。先按分类号中拉丁字母顺序排，再依次位数字排。小号在前，大号在后，依次排列。

(2) 类号相同按著者号码的大小顺序排列，小号在前，大号在后。

(3) 按写作年代(或月)或出版年代(或月)取著者号的图书，按年代的顺序排。按会议届次出版的图书，按届次顺序排。

(4) 图书排列顺序按架次，由左至右，由上至下排列，书架上图书不能排列过满，每格要留有 1/4～1/3 的空档，以备补充新书。

(5) 每排书架都要有架标，标明该排书架上图书的起止类号。图 4-6 为高校图书馆的架标示意图。

4.2.2　馆藏目录检索

联机目录(Online Catalogs)是一种以机读形式存储图书馆馆藏书目信息的电子目录，它能反映文献资料的在馆情况，提供馆藏位置等信息，能够揭示期刊名、书名、会议录名称级别。查询时，可以用文献的责任者、题名、主题、ISBN、ISSN、分类号等进行检索。

图 4-6　高校图书馆架标示意图

联机公共检索目录(Online Public Access Catalog，OPAC)，是一种通过网络查询馆藏信息资源的联机检索系统。用户可以在任何地方查询各图书馆的 OPAC 资源。它是网络时代图书馆查找文献资源最重要的工具。通过图书馆网上联机公共检索目录，输入你的检索词，可以是书名(刊名)、作者、年代、出版社等，就能查找到你所需要的书刊线索，能反映书刊的在馆情况，提供馆藏位置。

目前，OPAC 已广泛用于图书馆的书目检索。OPAC 既可满足一般读者和图书馆工作人员查询公共目录的要求，也可为分馆 / 各系部提供公共目录查询，还可以与其他数据库(本馆、本校、校外的)连接，保持一致的检索界面，并与系统中的相关模块(如采访、编目、期刊、流通等模块)进行集成，显示必要的文献订购、签到、加工和流通信息。

大多数的 OPAC 允许读者自己执行某些流通功能，如续借、预约 / 取消预约、申请馆际互借等。读者能浏览自己的流通记录，查看借阅的资料和了解过期、罚款、停借、违章等信息。书目检索本质是指向图书馆馆藏与地址的检索，因此不同图书馆的书目检索内容、过程与方法基本相同，下面以西南交通大学图书馆为例说明书目检索。

(1)登录西南交通大学图书馆(http://www.lib.swjtu.edu.cn)，单击“纸本馆藏”栏目，进入目录检索页面(图 4-7)，系统同时提供多字段检索、多库检索、组合检索等多种检索方式。

(2)选择检索方式，并输入检索词。书目检索途径一般包括题名、责任者(著者)、主题、分类、出版社和 ISBN 等。

(3)浏览检索结果并进行筛选(图 4-8)。对于一次检索返回条目太多的情况(一般是 200 条以上)进行限制性检索(如按检索结果分类直接查看)或二次检索。OPAC 支持用二次检索进行一定的筛选。可以自行选择排序方式。

图书馆检索

图 4-7　西南交通大学图书馆联机公共目录查询系统界面

图 4-8　西南交通大学图书馆书目检索结果界面

(4) 查看馆藏信息(图 4-9)。在列表界面单击某条记录的序号或题名，就可以打开某一条记录，出现文本显示。文本显示中的链接点包括题名、责任者、出版者、主题和丛编题名、馆藏信息(包括馆藏房间和索书号)等。一般图书馆现有馆藏书目和电子书有直接链接。查看馆藏信息就可以根据所在图书馆的文献楼层分布以及架标示意图，或者 RFID 系统精确定位示意图去取阅自己需要的文献。

提示： 图书馆书目检索系统主要用于检索图书，对于期刊只支持刊名、ISSN 检索，不支持期刊中论文题名检索；学位论文以书的形式处理；会议论文支持会议录名称、ISBN 检索，不支持会议论文题名检索；音像资料、报纸一般只能按名称检索。

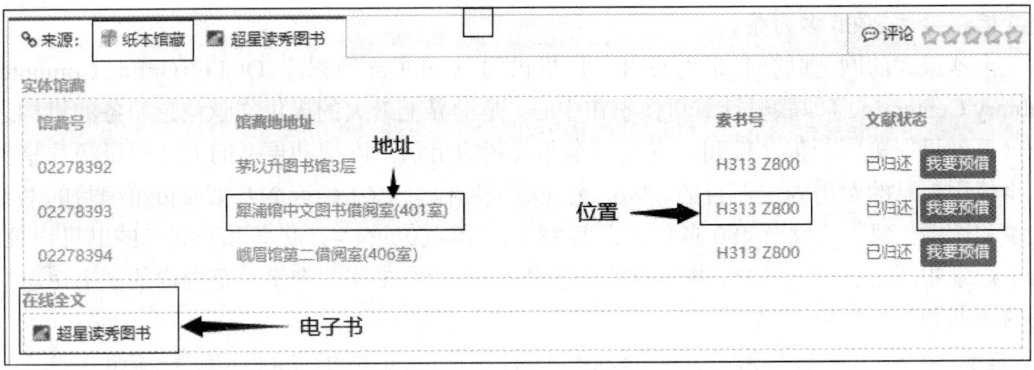

图 4-9　西南交通大学图书馆书目馆藏信息界面

4.2.3　联合目录检索

联合目录：揭示与报道若干个图书馆收藏的文献的一种统一目录。联合目录可以是综合性的，也可以是专题性的。因此，使用者可以在较短时间内一次性检索多所图书馆的馆藏，包括电子期刊、印本期刊、图书和会议录等，并可以依据检索到的数据，进行馆际合作数据申请。国内外常用联合目录如下。

CALIS 联合目录(http://opac.calis.edu.cn/simpleSearch.do)，包含了 CALIS 成员馆的书刊馆藏信息，检索图书收藏最好用，期刊馆藏项揭示不全。在检索结果页面单击“馆藏”(图 4-10)，就可以查看该书有哪些图书馆收藏。

图 4-10　CALIS 联合目录检索结果页面

CALIS 外文期刊网(http://ccc.calis.edu.cn)是面向全国高校广大师生的一个外文期刊综合服务平台。它是普通用户获取外文期刊论文的最佳途径。收录 10 万余种高校收藏的纸本期刊和电子期刊信息，其中有 4 万多种期刊的文章篇名信息周更新，目前期刊文章的篇名目次信息量达 8000 多万条。

全球最大的网上联合目录为 OCLC 所提供的 WorldCat 数据库。OCLC（Online Computer Library Center, Inc.）即联机计算机图书馆中心，是世界上最大的提供文献信息服务的机构之一，总部设在美国的俄亥俄州，它是一个非营利的组织，以推动更多的人实现资源共享并减少使用信息的费用为主要目的。WorldCat 数据库包含 OCLC 近 2 万家成员馆编目的书目记录和馆藏信息，共收录 480 多种语言近 28 亿条馆藏记录、4.7 亿条独一无二的书目记录，每个记录中还带有馆藏信息，基本反映了从公元前 1000 多年至今世界范围内的图书馆所拥有的图书和其他资料。

提示：在联合目录查到线索后，如果本校图书馆没有，可以通过馆际互借和文献传递获取原文。

4.3 主要中外商业数据库的利用

由于每个数据库提供商的资源和检索思路不同，各个检索系统从界面到内容、从功能到结果输出都会有所不同。同时，检索系统的界面和功能也在不断发展和变化。但各个检索系统的目标却是一致的，都是揭示资源内容为用户服务，因此总结规律，可以找到使用检索系统的通用技术。

4.3.1 主要中文数据库介绍

一般在图书馆尤其是高校图书馆的主页上，都会有数据库或电子资源栏目，进入后可以看到数据库的简要介绍与使用链接。由于学科、规模和经费的原因，各个图书馆拥有的数据库类别与数量差异很大。图书馆电子资源有多种分类，有按文献类型的，有按中外的，有按学科的。下面就简要介绍图书馆常用电子资源。

1. 常用中文资源

1）中国知网（https://www.cnki.net）

中国知网知识发现网络平台面向海内外读者提供各类资源统一检索、统一导航、在线阅读和下载服务。收录资源包括期刊、博士/硕士论文、会议论文、报纸等学术与专业资料；覆盖理工、社会科学、电子信息技术、农业、医学等广泛学科范围，数据每日更新，支持跨库检索。各库所收录的期刊论文、博士/硕士论文、会议论文及报纸全文均包含 CAJ 和 PDF 两种全文格式，检索页面部分文献还提供 HTML 格式。

知网信息使用

关键特征：具有强大的分析功能和知网节文献关联检索功能；平台提供行业知识服务与知识管理平台、选刊投稿、学术热点、指数检索，引文检索功能也不错。

非订购用户可以免费检索，下载全文需要付费，个人也可以购买使用权限。

提示：注册部分省市公共图书馆会员可以免费检索下载中国知网文献。

2）万方数据知识服务平台（http://www.wanfangdata.com.cn/index.html）

万方数据知识服务平台整合数亿条全球优质知识资源，集成期刊、学位、会议、科技报告、专利、标准、科技成果、法规、地方志、视频等十余种知识资源类型。万方智搜是万方数据股份有限公司全新推出的学术资源发现平台（图 4-11），整合数亿条全球优质数据资源。包括：学术期刊、学位论文、会议论文、科技报告、专利、标准、科技成果、法律法规、地方志、机构、科技专家等子库。文献采用 PDF 格式。

图 4-11　万方数据知识服务平台主页

关键特征：平台提供分析、排序、相关热词、引文网络、相关文献等较多功能；提供 40000 余种国外期刊，主要来源于 NSTL 外文文献数据库以及数十家著名学术出版机构及 DOAJ、PubMed 等知名开放获取平台，但不能直接获取外文原文；科技报告、机构库、专家库、地方志是其特色资源。

非订购用户可以登录免费检索期刊、会议、学位论文，下载全文需要付费。

3) 维普中文期刊服务平台 (http://qikan.cqvip.com)

重庆维普资讯有限公司的主导产品《中文科技期刊数据库》是经国家新闻出版总署批准的大型连续电子出版物，累计收录期刊 15000 余种，现刊 9000 余种，文献总量 7000 余万篇。 8 个专辑 (社会科学、自然科学、工程技术、农业科学、医药卫生、经济管理、教育科学、图书情报) 定期出版。网站提供的检索方式有两种：适用于大众用户的简单检索和适用于专业检索用户的高级检索 (图 4-12)。

关键特征：平台只含有电子期刊，但收录核心期刊不足 2000 种；收录过刊较多，回溯年限 1989 年，部分期刊回溯至创刊年；具有分析、筛选和知识链接功能。

非订购用户可以登录免费检索，下载全文需要付费。

4) 超星汇雅电子图书 (http://www.sslibrary.com)

超星汇雅电子图书数据库拥有百万电子图书全文，图书涵盖各学科领域，为高校、科研机构的教学和工作提供了大量重要的参考资料，提供超星阅读器、PDF、网页阅读三种全文浏览方式，首次使用请安装超星阅览器的最新版本；使用网页浏览器阅览，注意要求浏览器支持 HTML5。

关键特征：非订购用户无法登录访问。

有超星移动图书馆 APP，订购用户可以下载安装注册后移动阅读。

图 4-12　维普网高级检索页面

5) 读秀学术搜索(https://www.duxiu.com)

读秀知识库

读秀学术搜索主要是由中文图书资源组成的知识库系统，它以 600 多万种中文图书资源为基础，提供深入图书资源内容的全文检索，其中 320 万种图书支持全文试读。同时，它还与本馆电子图书数据库、馆藏目录系统挂接，方便读者使用。读秀提供方便的知识(全文)检索、图书、期刊、报纸等多个搜索选择，图书部分原文的试读功能，还可通过图书馆文献传递功能获取部分全文内容，以及多种获取图书途径信息，无须下载专用阅读软件。

关键特征：非订购用户无法登录访问；可以在 300 多万种图书中快速定位到所需要的章节，准确获取图书中的细节内容，如具体指标、知识点的出处等；可以通过文献传递方式获取图书、期刊、学位论文的全文。

6) 京东读书专业版(https://gx.jd.com)

京东读书专业版专为高校读者提供电子书阅读服务，拥有丰富的正版数字图书资源，且不断更新。

关键特征：可通过京东读书专业版 APP 或手机网页版阅读。

只有订购用户才可以使用，并且每个学校订购的资源不同使用范围也不同。

2. 主要国外文献数据库介绍

1) 外文文摘数据库

文摘数据库一般历史都比全文数据库长，在各自领域都有一定的权威性，非订购用户一般都不能直接访问文摘数据库，并且每个订购学校的链接地址也可能不一样。现在部分文摘数据库都和全文数据库有链接。

(1) Web of Science。

Web of Science 数据库是国际公认的反映科学研究水准的数据库，其中以 SCIE、SSCI 等引文索引数据库，JCR 期刊引证报告和 ESI 基本科学指标享誉全球科技和教育界。

Web of Science 是 Clarivate Analytics(科睿唯安，原汤森路透旗下知识产权与科技事业部)开发的信息服务平台(图 4-13)，支持自然科学、社会科学、艺术与人文学科的文献检索，数据来源于期刊、图书、专利、会议录、网络资源(包括免费开放资源)等。用户可以同时对该平台上已订购的所有数据库进行跨库检索或选择其中的某个数据库进行单库检索。

关键特征：最知名的公认的科学统计和学术评价数据库，具有强大的分析功能；平台上除了 SCIE、SSCI、A&HCI 还包括了 ISTP 发展出来的 CPCI。

SCIE、SSCI、A&HCI 中 90%以上文献通过 DOI 号都可以在 Sci-hub 网站上获取全文。

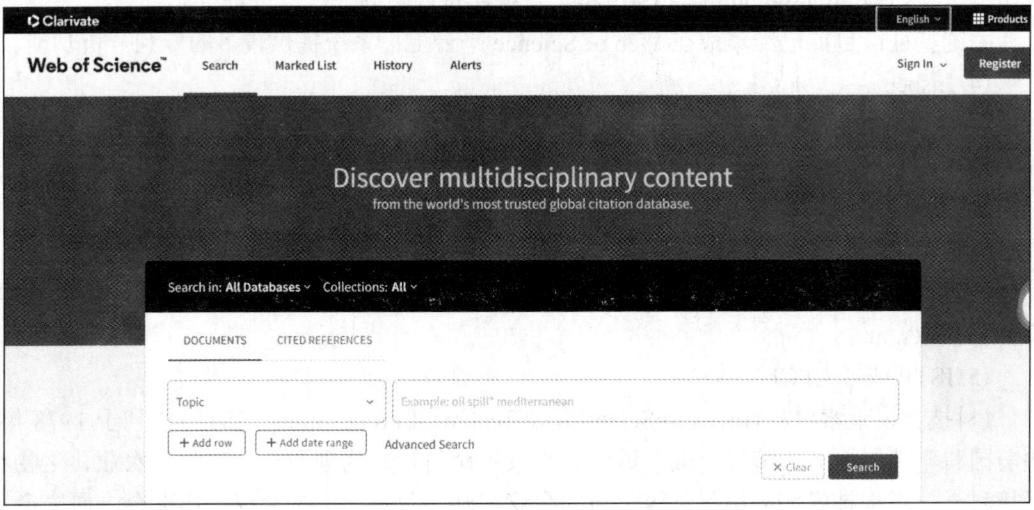

图 4-13　Web of Science 平台主页

(2) Engineering Village (EV) 检索平台。

在 EV 平台上(图 4-14)，最核心的数据库是工程索引文摘数据库(Ei Compendex)。侧重于工程技术领域的文献的报道，涉及核技术、生物工程、交通运输、化学和工艺工程、照明和光学技术、农业工程和食品技术、计算机和数据处理、应用物理、电子和通信、控制工程、土木工程、机械工程、材料工程、石油、宇航、汽车工程以及这些领域的子学科。Ei 数据来源于 5 千多种工程类期刊以及 3 万多种会议录，每周更新。

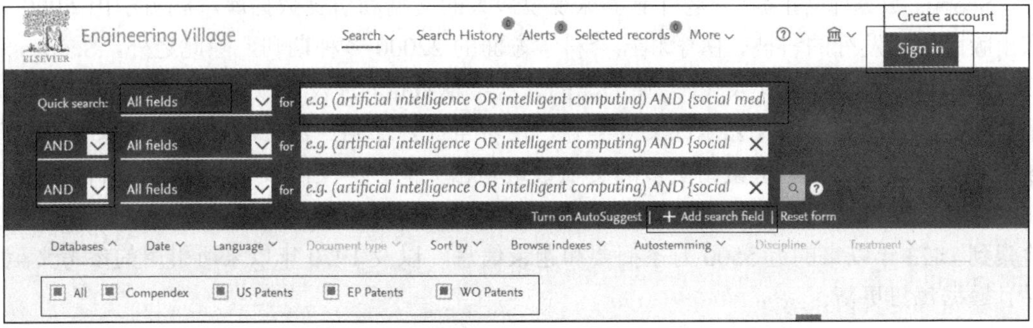

图 4-14　EV 平台主页

关键特征：Ei Compendex 是工程领域最重要的数据库，文献类型包括期刊、会议，EV 平台还包含专利文献，但已经很少有单位采用 EI 收录来评价。

(3) Derwent Innovations Index (德温特专利文摘索引)。

Derwent Innovations Index (DII) 是世界上最大的专利文献数据库，覆盖约 60 个知识产权组织公开的专利文献，按技术内容分为 Chemical, Electrical & Electronic 和 Engineering 三个子数据库，提供快速、精准的专利信息和专利引文信息检索。DII 对所有专利说明书的标题和摘要都改写为简洁的英文，并且为每一项发明建立了唯一的专利族。用户可查看专利说明书全文。最早的数据回溯至 1963 年，数据库每周更新。

关键特征：目前已经集成在 Web of Science 平台上；系统提供较多的专利分析功能。

(4) Inspec。

由 the Institution of Engineering and Technology (IET) 出版的 Inspec 数据库收录世界上关于物理学、电气电子技术、计算与控制工程、信息技术、机械制造等领域的科技文献。数据来源于近 4 千多种期刊和会议，以及图书、技术报告和视频资料等。数据库每周更新，最早的回溯数据出版于 1898 年。它是理工学科最重要、使用最为频繁的文摘数据库之一。

关键特征：该数据库已经集成到 Web of Science 平台；大部分论文全文可以通过数据库 IEL 获取。

(5) ISTP 或者 CPCI。

《科技会议录索引》(Index to Scientific & Technical Proceedings，ISTP) 创刊于 1978 年，由美国科学情报研究所编辑出版。该索引收录生命科学、物理与化学科学、农业、生物和环境科学、工程技术和应用科学等学科的会议文献，包括一般性会议、座谈会、研究会、讨论会、发表会等。其中工程技术与应用科学类文献约占 35%，其他涉及学科基本与 SCI 相同。自 2008 年 10 月 20 日起，在全新升级的 Web of Science 中，ISTP 更名为 Conference Proceedings Citation Index-Science (CPCI-S)。同时，原社会科学及人文科学会议录索引 ISSHP (提供社会科学、艺术及人文科学国际会议论文文摘及参考文献索引信息)，更名为 Conference Proceedings Citation Index-Social Science &Humanities (CPCI-SSH)。

关键特征：目前已经集成到 Web of Science 平台中；大部分全文获取比较困难，部分学会、协会数据库的会议论文有全文链接。

(6) Scopus (http://www.scopus.com)。

Scopus 数据库 (图 4-15) 是目前全球规模最大的文摘和引文数据库，涵盖了由 5000 多家出版商出版发行的科技、医学和社会科学方面的 22000 多种期刊。除此之外，Scopus 还收录了 700 万条会议论文及 12 万册书籍的二次文献数据，涉及领域包括自然科学、工程技术、医学、社会科学以及艺术人文等学科，内容全面，学科广泛，特别是在获取非英语国家的文献方面，用户可检索出更多的文献数量和相关的参考文献及引文信息，并配备多种文献计量工具帮助用户对科研内容进行跟踪、分析和可视化研究。通过 Scopus，用户可以检索到 1823 年以来的近 5500 万条摘要和题录信息，以及 1970 年以来所引用的参考文献，并且数据每日更新。

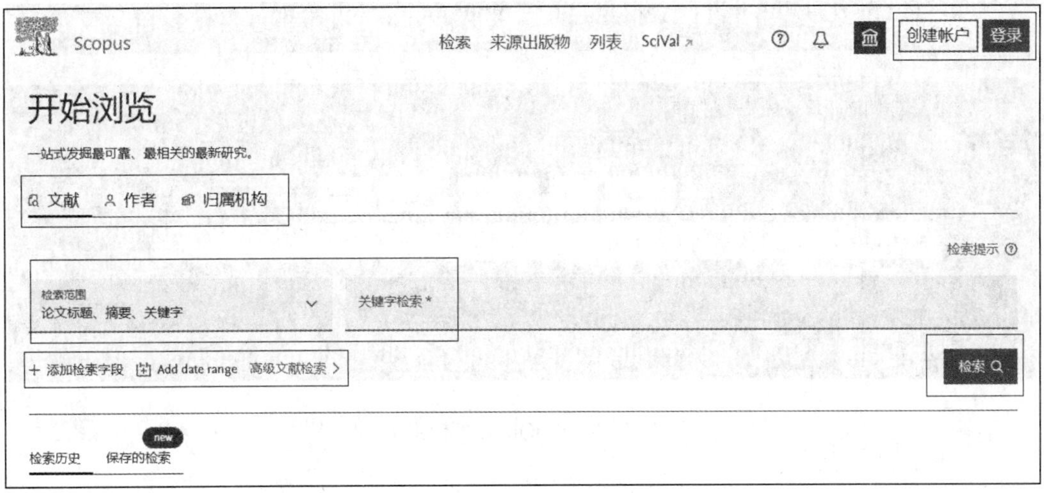

图 4-15　Scopus 数据库主页

关键特征：最为全面的文献检索(涵盖自然科学、医学、社会科学和生命科学全领域)。机构库——支持机构检索和分析功能；作者库——支持作者检索和分析功能。

2)外文全文综述检索平台

一般是多个数据库集成在一个平台上，不同的学校可以订购不同的数据库；里面的期刊没有投稿链接。每个平台都有一到两个知名数据库。

(1)ProQuest 数据库平台(https://www.proquest.com)。

ProQuest Information and Learning 公司通过 ProQuest 平台(图 4-16)提供 60 多个文献数据库，包含文摘题录信息和部分全文，涉及商业经济、人文社会、医药学、生命科学、水科学与海洋学、环境科学、土木工程、计算机科学、材料科学等广泛领域，包含学位论文、期刊、报纸等多种文献类型。尤其值得一提的是著名商业经济数据库 ABI 和全球最大的学位论文数据库 PQDT，还有原剑桥科学文摘(Cambridge Scientific Abstracts，CSA)平台丰富的特色专业数据库(自 2012 年起，该库全部合并至 ProQuest 平台)，以及丰富的人文社科资源数据库。

关键特征：PQDT 是查国外学位论文的最大平台，部分有全文；非订购用户可以免费检索浏览文摘；平台更新及时，能够查询及时的新闻动态、评论，是了解外部新闻的一个平台。

(2)EBSCO 检索平台。

EBSCO 公司是世界上最大的提供期刊、文献订购及出版服务的专业公司之一，出版有 60 多个电子文献数据库，这些数据库包括近 3000 种期刊全文和 ESBCO 免费赠送给用户的 3400 多种无版权限制的电子图书。包括自然科学、社会科学、人文和艺术科学等各类学科领域。其中收录的期刊有一半以上是 SCIE、SSCI 的来源期刊。其中 Academic Search Ultimate(ASU)和 Business Source Ultimate(BSU)商业资源全文数据库使用比较广泛。

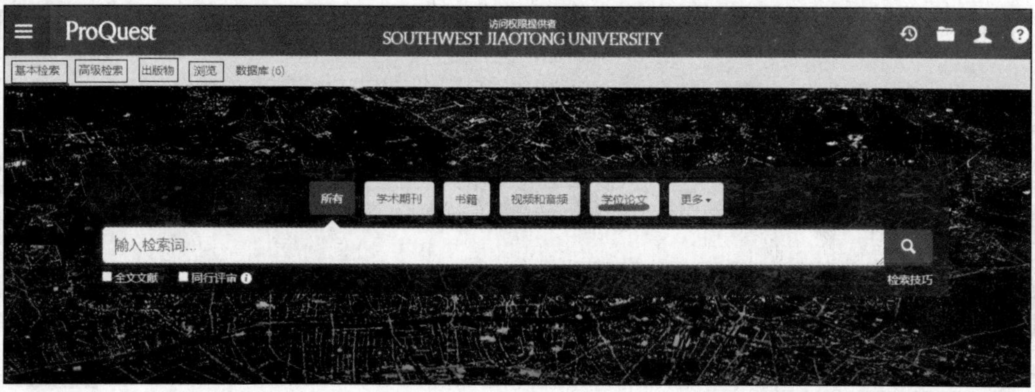

图 4-16　ProQuest 平台主页

关键特征：EBSCO 是查找人文社会科学文献最常用的数据库之一，BSU 中可以检索国际知名公司的 SWOT 分析和行业发展分析;平台上提供有部分免费数据库，如 ERIC、MEDLINE；非订购用户需要注册才能登录。

(3) OCLC FirstSearch 基本组数据库(https://firstsearch.oclc.org)。

OCLC 是世界上最大的图书馆合作组织，OCLC FirstSearch 服务从 1996 年开始推出，是一个大型综合的、多学科的数据库平台，涉及广泛的主题范畴，覆盖所有领域和学科。FirstSearch 基本组数据库则是在其中精选了以下 13 个最受图书馆欢迎的子库，涵盖图书、博硕士论文、学术期刊、会议论文、百科全书、年鉴、政府出版物、拍卖目录等多种文献类型，覆盖所有学科，所有信息来源于全球知名图书馆和信息提供商。

关键特征：WorldCat 全球图书馆联机联合目录数据库是世界上最大的书目记录数据库，包含 OCLC 近 2 万家成员馆编目的书目记录和馆藏信息；联机检索提供商之一。

3) 常用出版社出版数据库检索

常用出版社出版数据库检索特点如下。

(1) 出版社出版数据库一般包括图书和期刊；提供全文，一般包括多学科。

(2) 出版社出版数据库提供的期刊一般包括投稿链接。

(3) 出版社出版数据库检索方式一般包括检索和浏览，检索入口比较少。对图书的检索一般可以检索到章节目录。

常用出版社出版数据库列表如表 4-2 所示。

表 4-2　常用出版社出版数据库列表

数据库名称	资源简介
ScienceDirect (https://www.sciencedirect.com)	Elsevier Science 公司出版的期刊是国际公认的高水平的学术期刊，大多数都被 SCIE、EI 所收录，属国际核心期刊。SD 数据库可以免费检索，大部分论文需要订购或者采购才能下载浏览全文，Open Access 论文可以免费下载

续表

数据库名称	资源简介
Access Engineering(全文) (http://accessengineeringlibrary.com)	McGraw-Hill 集团出版的经典工程科技类图书。主要学科包括化工、环境、能源等 16 个工程学领域，数量在持续增长中
剑桥图书在线(Cambridge Books Online) (https://www.cambridge.org/core)	剑桥大学出版社。学科分布广泛，覆盖工程、数学、物理、生物、医学、地学、天文学，以及以历史、文学、语言学为代表的诸多人文社科学科
Emerald 出版社 (http://www.emeraldinsight.com)	提供 Emerald 出品的 200 种高质量的管理学全文期刊，2000 多个精选案例研究，来自领域内权威学术出版物 500 多篇学术评论文章；500 多个全球商业和管理大师的思想库，提供生动有趣的“商界风云人物”的访谈记录
IG Publishing (https://www.igpublish.com/iglibrary)	出版美国、英国 8 个学会或出版社的电子图书
MyiLibrary (http://lib.myilibrary.com)	MyiLibrary 是英格拉姆数字集团的集成性电子书平台，主要服务于学术研究者、专家学者和大学生等。目前与 MyiLibrary 合作的出版社达到 980 家，平台共收录理、工、农、医、文、史、哲等领域近 30 万种电子书，其中 80%以上为 2002 年以后出版
SAGE Premier 期刊数据库 (http://journals.sagepub.com)	SAGE 出版公司于 1965 年创立于美国，与全球超过 250 家专业学术协会合作出版 909 种高品质学术期刊。SAGE 期刊 100%全文、100%同行评审，每本期刊可提供其创刊起第一卷第一期到目前最新的全文
施普林格·自然集团(Springer Nature) (http://link.springer.com)	Springer Nature 数据库为用户提供科学、技术、医学、社会科学出版物，内容包含专著、教科书、手册、图集、参考工具书、丛书等，学科覆盖建筑学、设计和艺术、行为科学、生物医学和生命科学、商业和经济、化学和材料科学、计算机科学、地球和环境科学、工程学、人文社科和法律、数学和统计学、医学、物理和天文学、网页设计
Taylor & Francis Group (http://www.tandfebooks.com)	拥有 200 多年丰富的出版经验。Taylor & Francis eBooks 提供来自 Routledge、Psychology Press 和 Focal Press 等知名出版品牌的电子书，学科覆盖人文科学、社会科学、行为科学、城规与环境、科技医疗与法律等领域
Wiley Online Library (http://onlinelibrary.wiley.com)	每年出版学术图书超过 4000 种，其强势学科包括工程学、化学化工、材料学、生命科学、数学与统计学、商科、人文社科

4) 常用协会出版数据库检索

常用协会出版数据库检索特点如下。

(1) 协会出版数据库一般包括期刊和会议论文集，有的还包括标准和案例；提供全文。

(2) 协会出版数据库提供的期刊一般比较少，但品质比较高，专业性强，期刊一般包括投稿链接。

(3) 协会出版数据库检索方式一般包括检索和浏览，检索入口比较少。

常用协会出版数据库列表如表 4-3 所示。协会出版数据库里面最有名的 IEL(IEEE/IEE)不仅内容收录广泛，还有多种文献种类，检索方式、结果分组与筛选功能也很强大。

表 4-3　常用协会出版数据库列表

数据库名称	资源简介
IEL (IEEE/IEE Electronic Library) (http://ieeexplore.ieee.org)	由美国电气电子工程师学会(IEEE)与英国工程技术学会(IET)出版的期刊、会议录、标准、电子图书的全文，并可看到出版物信息。其权威的内容覆盖了电气电子、航空航天、计算机、通信工程、生物医学工程、机器人自动化、半导体、纳米技术、电力等各种技术领域
美国癌症研究协会(American Association for Cancer Research，AACR) (http://www.aacr.org/Pages/Home.aspx)	其出版物包括 7 种正式出版的期刊和其他产品
国际计算机学会(Association for Computing Machinery，ACM)(http://dl.acm.org)	收录 ACM 全文期刊、杂志和汇刊共 55 种；超过 300 种会议录(5000 多卷)；超过 5000 家出版社的 280 多万条引文信息
美国地球物理学会(American Geophysical Union，AGU)(http://agupubs.onlinelibrary.wiley.com/hub)	平台访问 AGU 出版的 19 种期刊 1996 年至今的全文
美国化学学会(American Chemical Society，ACS) (http://pubs.acs.org)	ACS 共出版 63 种期刊，内容涵盖了有机化学、普通化学、环境化学、燃料与能源、药理与制药学、材料学、物理化学、环境工程学、应用化学、分析化学、无机与原子能化学、聚合物、工程化学等 24 个主要的化学研究领域
美国航空航天学会(American Institute of Aeronautics and Astronautics，AIAA)(https://arc.aiaa.org)	每年 AIAA 出版约 40 场会议超过 3000 篇会议论文。数据回溯到 1963 年。提供 10 种同行评审期刊，其中有两种已停刊，全部回溯至 1963 年
美国物理研究所(American Institute of Physics，AIP) (https://www.aip.org)	包括 12 种物理学术期刊、1 种杂志(Physics Today)、AIP 会议论文集系列(回溯到 1970 年第一卷)，以及美国激光研究所(LIA)出版的唯一官方学术期刊《激光应用期刊》
美国数学学会(American Mathematical Society，AMS) (http://www.ams.org/home/page)	美国数学学会从其出版的期刊中精选出 9 种刊物，内容涵盖美国数学学会刊物以及俄罗斯科学院出版的核心数学刊
美国物理学会(American Physical Society，APS) (https://journals.aps.org)	收录了 10 种物理领域的核心期刊，另有 6 种免费出版物，最早回溯到 1893 年创刊内容
美国土木工程师学会(American Society of Civil Engineers，ASCE)(https://ascelibrary.org)	包含 38 种现行专业期刊、超过 600 卷会议录，以及电子图书和标准
美国微生物学会(American Society for Microbiology，ASM)(http://journals.asm.org)	ASM 期刊是微生物学领域杰出的出版物，内容涵盖基础和临床微生物学领域，所刊登文章数量超过微生物学领域全部论文量的 1/4，文章引用量占所有微生物学论文引用数量的 42%
美国机械工程师学会(American Society of Mechanical Engineers，ASME) (https://asmedigitalcollection.asme.org)	提供 32 种全文期刊，每年召开约 30 次大型技术研讨会议、举办 200 个专业发展课程，制定众多工业和制造业行业标准
英国医学会医学期刊(British Medical Association，BMA)(http://journals.bmj.com)	包括 BMJ 期刊专辑(BMJ Journals Collection)、循证医学数据库(Best Practice)、临床证据(Clinical Evidence)等子库
英国土木工程师协会(Institution of Civil Engineers，ICE)(http://www.icevirtuallibrary.com/content/journals)	面向中国地区开放 26 种在版全文期刊，涉及土木工程及相关领域，如岩土工程、建筑材料、水工程、环境工程等

续表

数据库名称	资源简介
英国机械工程师协会（IMechE）（http://sage.cnpereading.com）	IMechE 数据库产品内容包括英国机械工程师协会的 18 种学术期刊（其中有 14 种被 JCR 收录）、Proceedings of IMechE 全系列以及 1847 年首期以来的全部回溯文献
英国物理学会（Institute of Physics，IOP）（http://iopscience.iop.org）	IOP 向 CALIS 开放共 60 种电子期刊，其中 58 种被 SCIE 收录，52 种有影响因子
美国光学学会（The Optical Society of America，OSA）（https://www.osapublishing.org/china）	OSA 出版与合作出版的 15 种高品质同行评审期刊提供了光学（Optics）和光子学（Photonics）领域 35%的文献数量，而这些文献被引用的数量占据了这两个领域被引文献总量的 41%
国际水协会（International Water Association，IWA）（http://iwaponline.com）	主要涉及水资源研究、水处理以及水循环等方面的工作，目标在于实现全球水资源的可持续利用，以解决水供应问题。十几种全文电子期刊通过 IWA 访问
国际光学工程学会（Society of Photo-Optical Instrumentation Engineers，SPIE）（http://spiedigitallibrary.org）	综合了 SPIE 的会议录、期刊和电子书出版物，学会每年举办 300 多次国际性学术会议，SPIE 期刊大部分被 JCR 收录，期刊的影响因子排名光学核心期刊的前列
工业与应用数学学会（Society for Industrial and Applied Mathematics，SIAM）（http://epubs.siam.org）	SIAM 出版的 18 种同行评审的研究期刊在应用和计算数学的高等研究领域非常著名，它们涵盖了整个应用和计算数学领域，内容丰富而全面

3. 常用多媒体资源

多媒体技术和 Internet 的发展给人们带来巨大的多媒体信息海洋，并进一步导致了超大型多媒体信息库的产生。多媒体信息直观便捷，便于学习。目前多媒体学习资源正在快速增加，多媒体数据库检索多采用分类浏览方式。多媒体资源一般在订购学校建立镜像站，所以每个学校的网址可能不一样。如果学校没有订购，个人可以在网上直接购买会员资格。

（1）新东方多媒体学习库（http://www.koolearn.com）。新东方多媒体学习库提供四六级、考研、出国留学、应用外语、实用技能、求职指导等类的课程学习，包括托福经典课程、GRE 经典课程、雅思经典课程、大学英语六级、英语初高级口语、新概念英语等。

（2）FiF 外语学习资源库（http://lib.fifedu.com）。如图 4-17，其主要包括以下模块：口语训练营；阅享电子书；视听练兵场（国际媒体精品（BBC、VOA、ITN、ECL、TED）、演讲辩论集萃、影视共赏、其他）；在线课程库（综合英语课程、通识英语课程、职业英语课程、经典课程、雅思考试课程）；玩转多语种（日语、德语、法语、西班牙语、意大利语、俄语、韩语、越南语）；专题•赛事；考试竞技场（英语四六级、专业四八级、PETS、PRETCO）等。

（3）CAMIO 艺术博物馆在线（http://camio.oclc.org）。CAMIO 艺术博物馆在线（Catalog of Art Museum Images Online）收录了世界各地丰富多样的艺术资料，其内容及描述由 20 多家世界级知名博物馆提供。CAMIO 馆藏丰富，涵盖公元前 3000 年至今约 95000 件艺术作品，包括照片、绘画、雕塑、装饰和实用物品、印刷品、素描和水彩画、珠宝和服饰、纺织物和建筑，以及音频、视频和混合媒体资料等。

图 4-17　FiF 外语学习资源库主页

(4)“知识视界”视频教育资源库(http://www.libvideo.com)。“知识视界”视频教育资源库收录了来自澳大利亚、美国、德国、法国、日本等不同国家 1 万多部涉及各个学科的科教片，分为基础性、实用性和前沿性三个类别。这些科教片配有地道的外语发音，提供中外文双语字幕(字幕可进行显示或隐藏设置)，也是学习专业外语的最佳选择之一。

(5)爱迪科森网上报告厅(http://gaoxiao.wsbgt.com)。爱迪科森在线学习平台，包括集基本素养、外在素养以及文化素质于一体的“综合素质”和拓展专业知识面的“学科报告”两大资源版块。

(6)正保远程教育多媒体资源库(http://library.chnedu.com/CM/index/view.do?op=init)。赛文教育联合正保远程教育推出正保远程教育多媒体资源库系列产品，内容涵盖外语考试、研究生入学考试、会计考试、公务员考试、司法考试、医学考试、各类从业资格考试等 2000 多门网络课程，均由国内顶级名师讲授，帮助高校师生顺利通过各种考试、提升专业能力、增强就业实力。

(7)CIDP 制造业数字资源平台(http://www.digitalmechanical.com.cn)。 CIDP 制造业数字资源平台以我国机械工程、航空航天、电气工程、汽车与机床等制造业在长期设计制造过程中形成的海量信息资源为对象，基于制造业中的中国国家标准和行业标准，参照国际标准和制造业发达国家的国家标准，利用数据检索与关联技术对资源进行整合，以适合的形式来表现相关的内容，为制造类企业和用户提供不同粒度、多种层次、优质丰富的数字资源，可以广泛应用于专业知识查询、论文写作、课程设计、毕业设计以及工程指导相关领域的学习研究中。目前包含六大专业模块：①知识单元；②三维模型；③工程教学；④多媒体资源；⑤设计计算；⑥电子书。

(8)软件通(http://rjt.softtone.cn)。软件通是国内首个基于内部网络的计算机技能自助式网络视频学习系统，内容涵盖商业、创业、计算机技术领域全部职业技能软件的教学视频，满足各领域软件的应用需求。涉及 180 多种软件，并每年持续新增软件内容和扩充新的教学视频。

(9)库客数字音乐图书馆(https://www.kuke.com)。它是国内专注于非流行音乐发展的数字音乐图书馆，拥有 NAXOS、Marco Polo、 CRC 等国际著名唱片公司的鼎力支持，广泛收集世界范围的古典音乐，以及中国、美国、西班牙、日本、瑞士、南非、伊朗等多个国家独具特色的民族风情音乐，设立爵士音乐、电影音乐、新世纪音乐等多个专栏，汇聚了从中世纪到现代 3400 多位艺术家、100 多种乐器的音乐作品，总计 50 多万首曲目，通过互联网提供在线音乐资讯服务，为音乐学习者和爱好者提供全面、丰富的数字音乐资料。

(10)超星名师讲坛(http://ssvideo.chaoxing.com)。它是超星公司拥有自主产权的、自行设计、自主拍摄与制作的高教精品教学视频数据库，数百位授课老师均是来自中国社会科学院、北京大学、清华大学、复旦大学、华东师范大学等国内外的知名学者和教授，他们大都是相关领域的学术权威和研究专家，代表着该领域的研究方向。其目前囊括了文化、教育、科学技术、文学、艺术、历史、考古、法律、哲学、语言等数十余个学科。

4. 电子资源的使用方法——系统的帮助文件

在检索系统的主页中，一般都有“帮助”(Help)或者“检索指南”(Tips、Search Tips)栏目，单击可以看到关于该系统的适用范围、使用方法与功能，一般是说明文字配以相应操作过程的静态图片，通俗易懂，便于用户学习掌握。通过这些说明文字，就可以知道自己该选用什么样的工具及学会基本的检索方法。另外，也可以通过图书馆或数据库商等发布数据库时提供的使用帮助或者通过搜索引擎搜索获得。搜索方法如输入 filetype:ppt SDOS，即可得到外文数据库 SDOS 的使用帮助，文件格式为 PPT。

5. 检索系统的访问与连接

1)检索系统存放地点

数据库的存放地点一般有主站和镜像站两种方式。主站检索速度可能较慢，但内容更新较快；镜像站则相反，检索速度可能较快，但内容更新较慢。

主站：数据库供应商建立的服务器，由数据库商直接管理，提供服务，如万方、Elsevier。

镜像站：将主站点的资料复制到本馆或某地服务器上，向读者提供服务，如维普、超星。

2)并发用户数与超时退出

并发用户数：允许在同一时间使用数据库的最大用户数量。超出用户数的其他用户无法使用数据库。但有的数据库在并发用户数已满的状态下，仍然可以进行基本目录信息的检索，包括文摘，只是无法下载全文。

超时退出：如果用户进入数据库后，在一段时间内不进行任何操作，数据库会自动将该用户退出，用户需重新登录后方可继续检索。在检索完成后，应当及时退出。

提示：检索系统连接不上或者打不开的原因可能是①没有订购或者使用到期；②计算机使用了代理服务器或者计算机的 IP 地址不在本校的范围内；③没有按要求输入用户名和密码；④部分全文数据库需要国际权限；⑤超过用户数限制或者过量的访问请求；⑥操作过于频繁被退出。

3)校外访问

图书馆的电子资源属于商业资源，一般通过 IP 地址限定在校内的教师、学生使用，考虑到师生出差、住在校外，图书馆都有远程(校外)登录系统。一般是用学号/工作证号，密码同学校信息门户系统的密码远程登录图书馆，或者直接使用学校网络中心提供的 VPN 账号登录。此外，很多图书馆申请开通了 CARSI 电子资源校外访问服务(不需要 VPN)，本校师生只需在跳转页面使用统一身份认证账户登录，即可访问如中国知网(图 4-18)、万方、Web of Science 等多个数据库。

图 4-18　知网校外访问

6. 数据库合法使用

数据库厂商一般都实行每天 24 小时不间断对用户使用情况进行监控，当一个 IP 在 1 分钟内发出下载请求超过 45 次/篇时，将被监控系统视为使用了自动下载工具进行违规操作。根据订购协议，违规使用的后果是数据库商大幅度涨价或者诉诸法律，停止违规 IP 的使用权，或者停止订购单位所有 IP 的使用权。对于图书馆用户来说，违规使用包括以下几种。

1) 恶意下载

(1) 对文摘索引数据库中某一时间段、某一学科领域或某一类型的数据记录批量下载。

(2) 对全文数据库中某种期刊(或会议录)或其一期或者多期的全部文章进行下载，一个账户连续不断下载同一数据库中的全文不能超过 30 篇。确有需要，可以分次分时下载。

(3) 利用下载工具对网络数据库进行自动检索和批量下载。一般全文网络数据库的使用许可协议书明文规定，严格禁止使用任何自动下载软件、智能机器人下载工具(如 NetAnts、FlashGet(JetCar)、DLExpert、GetRight 等)。

2) 恶意传播

(1) 用于个人研究或学习的资料以公共方式提供给非授权用户使用。

(2) 设置代理服务器为非授权用户提供服务。

(3) 在使用用户名和口令的情况下，有意将自己的用户名和口令在相关人员中散发或通过公共途径公布。

3) 谋取利益

(1) 直接利用网络数据库对非授权单位提供系统的服务。

(2) 直接利用网络数据库进行商业服务或支持商业服务。

(3) 直接利用网络数据库内容汇编生成二次产品，提供公共或商业服务。

4.3.2　电子资源使用常用流程

1. 了解检索系统的检索界面

当链接到一个数据库的检索平台后，可看到其检索主页面。通常，外文检索平台的主页和检索主页面有所不同，如 OCLC。如果在校园网内，建议使用图书馆提供的数据库链接地址，一般图书馆的链接都是直接到数据库检索平台的检索主页面。对于某一个特定数据库的检索主页面，可以从以下几方面去认识与熟悉。

特别提示：目前大多数外文数据库都提供中文检索界面，有的打开主页直接就是中文检索界面，有的需要在主页上“语言”菜单中选择“简体中文”菜单项转换检索界面。初学者容易犯的错误是看到中文检索界面就用中文检索词。

1) 可用资源列表与选择

目前，一般的检索系统都提供多个数据库，涵盖多种文献类型或者多学科。在检索主页面，若用户不进行选择，系统通常默认是对全部可以使用资源(一般是单位订购的资源)进行检索。根据需要，用户可进行如下选择。

(1) 直接选择某一学科领域或单一资源或数据库组合。

(2) 查看学科领域(Subject Areas)列表或数据库(Databases)，查看出版物列表及查看资源的相关详情，以便更好地了解内容范围、涵盖的日期范围、涵盖的刊名数以及当前的记录总数，了解概况后进行选择。

(3) 通过基本检索，先查看检索结果的分类列表，再进行筛选或者更改数据库选择(Change Database Selection)。

特别提示：在同一检索平台上，选择不同的资源或者数据库，其检索字段、检索界面及检索限制条件都有可能不同。

2) 了解检索与浏览模式

在检索系统的首页，一般会提供快速或简单检索框、各种检索与浏览方式的链接等。大多数检索系统都包括基本检索、高级检索、专业检索、分类检索、特色检索(如词表检索、索引检索)、按主题(学科)浏览、按出版物字顺浏览等。

(1) 浏览检索(导航)通常包括学科分类浏览和出版物(期刊)名称浏览两项功能。一般将浏览与检索结合起来，能快速检索到相关论文，例如，按期刊名称浏览，在进入期刊名称浏览页面后，输入要查询期刊的名称或者名称包含的关键词，就能快速找到该期刊。要浏览该刊文章可直接在选定刊名中检索。

(2) 如果检索目标较为明确或检索表达较为复杂，应选择高级检索(Advanced Search)。它可以借助多个检索框创建更复杂的检索；并可选择检索字段，还可以设定如时间范围、来源类型、文档类型、语言等限制(Limit)选项；还可对检索结果页面的显示选项，如排序标准、每页显示项数等进行预先设定。

【案例 4-1】中国知网主页面上提供的资源列表和检索方式，见图 4-19。

图 4-19　中国知网的主页面

(3)对于一些检索平台提供的特色检索，要学会尝试使用。因为它将揭示该数据库的特色功能，如 EI 的词表检索、SCIE 的引文检索。

特别提示：一般检索结果都会自动生成所使用的检索表达式，如果对检索结果不满意，可将检索表达式复制到检索框直接进行修改。

3)了解检索提示

检索提示通常包括：①通配符和截词符如何使用，外文数据库中“*”通常用于替代零个或多个字符，“?”用于替代一个字符；②有哪些匹配规则；③检索字段的字段代码，字段代码是否区分大小写，有的检索系统会在检索框的上面或旁边直接给出样例。

4)了解个性化服务功能的使用

很多检索系统都为用户提供了个性化服务功能。用户要使用某个检索系统的个性化服务功能，必须首先在该检索系统进行个人账户的注册(Registering for a Personal Account)，拥有账号(Account)，然后根据需要定制个性化服务。通过个性化服务，可以保留搜索习惯和结果，提高工作效率，最重要的是能及时得到自身关注领域的最新科研信息。

5)了解如何进行检索设置

进行检索设置包括检索范围选择和检索结果显示等内容。检索范围选择一般包括时间、语种、学科、文献类型；检索结果显示一般包括排序方式、每页显示数目等。

6)查看是否需要安装专门阅读工具

检索平台若有自身专用的阅读工具，一般都会在检索首页提供下载安装地址。如果没有进行安装，则会在查看全文时提示用户进行安装。外文数据库几乎都是使用 PDF 和 HTML 格式(Ebrary 除外)，安装 PDF 阅读器后就可直接打开。

2. 检索系统的检索过程

1)设定检索范围

通常在检索系统中，用户可以选择设置的检索范围包括学科范围、期刊范围、时间范围、语言范围、地域或国家范围等。

2)限定检索字段

检索系统提供的检索字段通常有主题、篇名、作者、机构、关键词、摘要等。有的在“字段”下拉列表框中选取，有的在固定检索字段后面选取，选定要进行检索的字段后，以下的检索将在选定的字段中进行。

基本检索一般默认为主题或者题名字段。

3) 输入检索词，选择匹配方式

检索系统常见的检索词匹配方式有三种，即前方一致检索、精确检索和模糊检索。

前方一致检索，即最前端中含有该检索词的就满足检索条件，若题名中输入“计算机”，则可检出“计算机会计学”“计算机原理与系统结构”等(通常用在书目检索中)。

精确检索，又叫完全一致检索，即只有与检索词完全相同的才能满足检索条件。

模糊检索，又叫部分一致检索，即只要含有该检索词的就满足检索条件。

提示：目前部分检索系统如中文的 CNKI、万方，英文的 IEL、SpringerLink 具有检索词智能推荐功能，即只要输入一个字或词，系统就会在下方列出最相关的词组，可以直接选取列出的词组。

4) 选择检索词间的逻辑组配关系

在主要检索界面中，检索系统一般会提供 2～3 个检索框，有的还可以根据需要增加或者减少检索框。检索框由检索字段选择框、检索词输入框、检索逻辑关系选择框等组成，有些系统还提供词频选择框和精确检索、模糊检索等匹配方式选择框。

【案例 4-2】例如，EI Village 平台中，在检索框输入的检索词如图 4-20 所示，形成的检索策略如下：((((CW interference and(recognition or suppression))WN TI)OR((PN code and slip correlation)WN KY))OR((jamming blanking or racking accompanying flight)WN KY))。

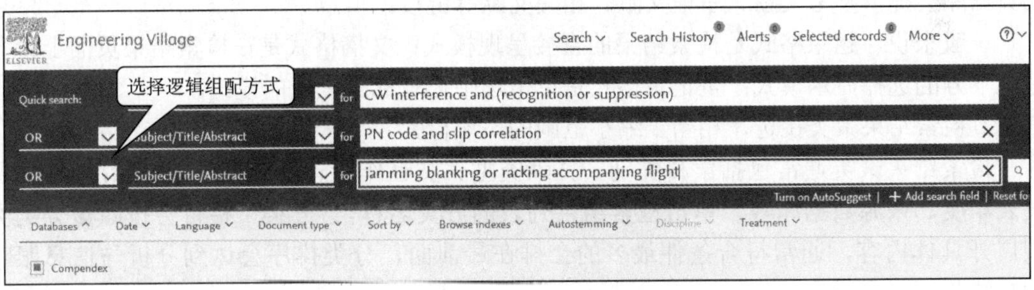

图 4-20　EI Village 平台中检索词的输入

一般而言，所有检索系统都支持布尔逻辑检索。布尔逻辑检索的逻辑组配框一般有三个选项：并含、或含、不含，即英文的 AND/OR/NOT，使用非常简单。用户可根据前后逻辑框输入词的逻辑关系随意匹配。系统在执行检索时会优先操作括号内的内容。

注意：有的数据库系统中，每个逻辑框内同样可以用逻辑组配，但检索系统会把单个检索框内的检索组配词优先考虑，再进行各个逻辑框之间的组配。

5) 选择检索结果的排序方式

合理、多样的排序方式能帮助用户快速查找检索结果。检索系统提供的排序(Rank By、Order By)方式通常有相关度(Relevance)、时间(Date)、重要性(如被引频次、下载频次、经典论文)或者名称(特别是会议、标准等特种文献常采用)。多数检索系统是在执行检索后选择检索结果的排序方式，如 CNKI、SCIE；有些在执行检索前或之后均可选择排序方式，如 EI。

数据库设置优先排序方式前两位是论文发表时间和相关度排序。这两种排序方式最符合用户查询文献的习惯。时间排序是以更新数据日期排列，最新更新的记录优先显示；相关度排序一般是以检索词在检索字段内容里出现的命中次数和出现的位置排序，次数越多越靠前。

6）进行检索

单击“检索”(Search)按钮进行检索。

3. 检索结果的处理

当单击“检索”按钮执行检索后，就转到检索结果显示页面。在此页面可以对检索结果进行处理，主要任务是通过检索系统提供的功能对结果进行浏览，并选取符合要求的记录进行阅读或者下载。

1）显示格式选择

一条命中记录通常有三种显示格式，即题录格式、文摘格式和全记录格式。一般题录格式是系统默认的格式，单击标题可以查看全记录格式，单击记录下方的文摘格式可以查看文摘等。

(1)题录格式：通常显示内容包括篇名、著者姓名、原文出处及语种。

(2)文摘格式：除题录外还有文摘。

(3)全记录格式：通常显示记录的所有字段内容，文摘数据库一般会提供全文链接，全文数据库会提供参考文献、引证文献、相关文献等链接。

一般来说，题录格式是检索结果的直接呈现模式；文摘格式是在检索结果页面上每条记录下方的选择显示模式；全记录格式是单击选中记录标题呈现的模式。

2）检索结果聚类挑选，相当于缩小范围的二次检索

检索结果聚类通常包括学科类别、文献类型、文献作者、作者单位、文献出版来源、发表年度、来源数据库等，单击检索结果列表的分类名称，“分类”栏目会按照该分类类型展开具体内容，通常符合条件最多的会排在最前面，分类排序会达到分析与信息跟踪的功能。

3）结果不理想，可进行二次检索

一次检索后可能会有很多记录是用户所不期望的文献，这时可在第一次检索的基础上进行二次检索。也就是说二次检索是在上次检索结果的范围内再进行检索，可以多次进行，使检索结果越来越靠近用户需求的结果。在外文数据库中二次检索通常表示为 Narrow results by、Search within results、Refine results、Refine your search。

【案例 4-3】 维普的二次检索，见图 4-21。

二次检索框通常设在页面左侧检索结果聚类功能显示的上方，在检索框里输入新的关键词，单击“在结果中检索”(Limit to)或者“在结果中排除”(Exclude)按钮即可。

4）排序方式

在检索前如果不进行排序方式的选择，检索结果就采用系统的默认排序方式，一般是时间或相关度排序，在检索结果页面上，可根据需求重新调整排序方式。

5）记录的选择与标记

对于初步浏览中意的记录，可以勾选每条记录前的复选框；也可以在中文数据库单击“全选”选择框，在外文数据库单击 Select all on page 链接，选中一页中的所有记录进行标

记。少数数据库如 SpringerLink 不提供标记记录的服务。选择标记后，用户可以查看选定的记录(View Selected Records)或直接下载(Download)。

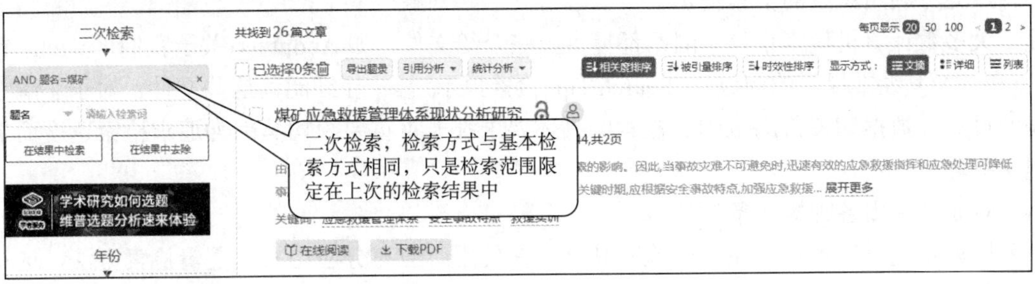

图 4-21　维普的二次检索页面

6) 输出格式选择

输出格式通常有详细格式、引文格式和自定义格式。输出格式是否完整，关系到检索结果的数据导入书目管理系统是否完整和方便。详细格式是数据库选择最多的输出格式，符合普通用户利用信息的习惯。例如，CNKI、VIP 和 EBSCO 提供全部 3 种输出格式。

4. 检索系统的使用技巧

1) 恰当选用检索系统

不同的数据库，其收录范围和检索技巧各不相同，哪怕是同质化的数据库，其收录也各有特色。例如，CNKI 和万方均收录中文期刊，但是 CNKI 收录的期刊论文学科相对覆盖范围更广，而万方期刊论文库则侧重自然科学且对文献进行了一定程度的初筛。对于信息检索而言，重要的是在检索前选择正确的数据资源，既包括对不同检索系统和数据库的选择，也包括在同一个检索系统或数据库中学科范围、文献类型、语种、时间等的选择。只有如此，才能在一定程度上保证最终检索结果的查全率、查准率。正确地了解、认识、熟悉各类检索系统，是恰当选用数据库的前提，如表 4-4 所示。

表 4-4　检索工具的选择原因

工具选择	选择原因	发挥的作用
综合检索系统	数据库多，文献量大，能系统、全面地获取课题相关文献	有助于发现交叉学科的文献
专题检索系统	专指性强，专业文献收录全，能获取高相关度的论文	查找学科专业领域的新进展：关联型知识(文献数据库)
全文数据库	能直接下载全文，补充核心系统和专业库未收录的资源	一次性获取所需文献，高效、方便
事实、数值数据库、搜索引擎	能检索具体数值、特征、事实信息(名词解释、统计数据等)，或通过专业机构网站了解课题背景信息和动态	查找特征型知识、背景知识，如查找某些事物的数值及量化指标

提示：一般根据检索目的选择，例如：①对某一问题进行大致了解，可选事实、数值数据库或搜索引擎；②了解某一专题的最新研究动态及发展趋势，可选更新速度快的专题检索系统；③对某一课题进行全

面的调查研究，了解该课题的整个发展过程，可选收录时间跨度长的综合检索系统；④对某一课题进行深入的研究，并在此基础上提出创新的观点，可选相关学科的权威的文摘题录型数据库和全文数据库。

2) 充分利用系统的检索提示

大多数计算机检索系统、网站都提供一些介绍文件，如 About us(关于我们)、Help(帮助)和 FAQ(经常提问的问题)、Search Tip(检索提示)等。仔细阅读这些文件，对于了解系统的设计、数据库覆盖的范围、检索的具体要求都非常重要。切莫因为追求检索速度而忽视这些环节。

3) 充分利用各种检索条件

检索系统一般都具有完善的检索功能，在使用时应充分应用布尔逻辑检索方法，选择利用各种检索入口，设计合理、完善的检索式。有些信息检索系统，常常提供检索的表达条件或检索限制，使用时只需从给定的条件中选择需要的项目即可，如查找的年代、资料的类型、是否需要全文等。正确选择各项内容，让计算机较好地理解检索意图，是十分必要的。通过这些选项，计算机会把检索结果更加精确地呈现出来。

4) 尝试进行多次试检

由于网络数据库的多样性，各个检索系统所包含的范围、检索提问式不尽相同。因此，当一次检索失败后，不要轻易放弃。可以对检索词进行新的排列组合，添加或删除检索词，添加或改变检索逻辑符，或用同义词、近义词代替，再次进行查找，一般会得到较好的检索结果。另外，还可以尝试更换不同的数据库，运用不同的搜索引擎。

提示：不能期望每一次检索，一次检索就成功，因为检索是一个逐渐逼近的过程；不能期望在一个数据库里检索到所需的全部信息，因为数据资源无法完全整合；也不能指望一次检索就可一劳永逸，因为新的信息还在不断公布。信息检索是一个渐进的过程，期望一个检索式的一次检索就能得到十分全面而确切的结果是不现实的。正确的方法是先用较少但最反映主题概念的词进行检索，并尽量少用限制条件，通过对检索结果进行分析逐步修改检索词与增加限制条件达到检索目标。

5) 有效地把检索目标、检索策略与检索结果分析结合起来

在检索中要有效地把检索目标、检索策略与检索结果分析结合起来，有效结合就能快速达到检索目标，因为它们三者本来就是“三位一体”的。例如，要检索某人发表的最新文章，在检索中选择“作者”字段，在检索结果中采用时间排序，就能立刻找到所需答案；再如，要查询某一课题的主要研究人物与研究机构并进行跟踪，可采用课题的关键词在“题名”或“关键词”字段检索，先在检索结果中利用聚类分析模块查看排在最前面的作者和作者机构，再采用个性化服务中的定制功能就能快速达到上述要求。

5. 数据库与搜索引擎的检索特点比较

数据库与搜索引擎作为当前主流的检索工具，在网络信息检索中起着不可替代的作用。从搜索方式上看，搜索引擎使用起来简单、易用，只需要输入关键词就可搜索，而且大多搜索引擎是免费的，人人皆可使用，而专业数据库则恰好相反。但从搜索结果来看，搜索引擎能够搜索到的文章量大，但相关性和权威性较差；专业数据库的相关性、权威性则明显高于搜索引擎。二者在检索方面也都有着各自的特点，如表 4-5 所示。

表 4-5　数据库与搜索引擎的检索特点比较

功能类型	数据库特点	搜索引擎特点
信息处理	搜集、加工、组织、存储，记录往往经过标准化处理	分类、建立索引
检索功能	检索功能强大，有自己的检索语言和字段标示，可以指定在文献的特定字段检索	默认为在全文中查找，查准率弱，采用受控词检索，检索功能相对较弱
检索字段	供检索字段比较多，除题目、作者、文摘、关键词和主题外，还有受控词、文献类型、时间等检索字段	可以指定在网页的特殊位置如题目、正文、链接(外表特征)查找
检索结果的处理	多种排序方式(如相关度、时间、重要性等)，而且可以保存、导出、加入文献管理软件	无法调整排序方式，检索结果一般无法导出和管理，只能直接下载或者复制
个性化服务	大部分提供个性化定制和推送服务	极少提供个性化定制和推送服务
适用范围	数据库的内容大多数是印刷资料的电子版，具有严谨性、规范性和连续性。可以满足特定检索需要，达到准确定位的目标	搜索引擎使用简单、直接、方便，尤其适合大众化信息、隐形资源包括预印本、个人博客、技术报告、白皮书(White Paper)
内容质量	检索出的内容大都经过同行评审，质量较高	检索出内容绝大部分没有经过同行评审，需要进一步信息甄别

特别提示：检索常见问题如下。

(1)如果检索到 PDF 全文，但又不能正常显示 PDF 全文，有可能因为 Acrobat Reader 版本太低，建议安装高版本阅读器。

(2)一般全文数据库都可以免费检索，但下载需要付费或者只能在单位订购部分中下载，所以有的全文不能下载可能是因为图书馆虽然订购了该数据库，但可能没有订购需要的专集。例如，西南交通大学订购了中国期刊全文数据库，但没有订购其中的农学部分。

(3)在检索中操作过于频繁，或者下载数量过大，被数据库提供商认为非法或者恶意下载，将会终止该 IP 地址的使用权，使其无法下载。

(4)图书馆电子资源的免费使用是建立在图书馆统一付费的基础上的，而电子资源订购的费用主要是根据校园网内用户在该电子资源前一年度的浏览、下载总量来决定的，所以为了节省费用，不要无谓下载和使用信息推送。

4.3.3　电子资源个性化服务

个性化服务是指在特定的检索系统中，根据用户的需求和检索目标设定需求内容、表达形式，从而选取特定的系统服务。大多数检索系统都具有个性化定制功能。个性化功能都是在注册账户的基础上使用的。

1. 创建个人账户

在一个检索平台首页右上角，一般都有登录(Login)与注册(Register)提示。单击“注册”按钮，填写表单，就可以创建个人账户。在注册表单的末尾都有“已经阅读××即用户服务协议”、I have read and understood the Registered User Agreement 等条件，必须勾选后才能注册。创建该账户时需要提供用户名、密码、名字、姓氏和电邮地址。所有字段都必须填写。个人账户的优点在于可以通过它保存、标记、组织以及与他人共享检索结果。每次显示登录画面时，都会同时提供一个用于创建账户的链接。创建个人账户后，每次使用此账户的收藏夹资源时，都可使用该账户的用户名和密码登录。

2. 个性化服务的主要功能

1) 定制服务

定制服务，是指用户可以根据自己的爱好、关注的学科领域、研究主题对数据库的资源、界面等进行定制。定制服务是提高数据库提供的信息与每个用户之间相关性的重要途径。定制服务分为界面定制和资源定制两种形式。界面定制是指用户根据自己的想法对数据库的个性化服务界面进行定制，即定制用户个性化的首页、个性化显示风格等。资源定制是指用户根据自己的需求选择所关注的学科领域及研究主题，不用将数据库提供的全部资源进行显示，使用户能够快速获取所需信息。资源定制是数据库个性化定制服务的主要内容。用户可以定制并随时修改个性化定制要求。

2) 推送服务

推送服务，是指数据库根据用户预先的定制，在一定的时间内自动并持续地把符合用户要求的信息按用户定制要求的方式推送给用户，使用户能及时地获取所需的最新信息。

推送服务包括邮件推送和 RSS 订阅推送两种方式。邮件推送是数据库以邮件的方式定期向用户发送按用户要求定制的最新信息；RSS 订阅推送是指用户通过 RSS 阅读器随时随地查看在数据库中定制的相应信息。推送服务体现了个性化服务主动性的基本原则，是数据库信息被用户及时获知的有效途径。

3) 存储服务

存储服务，是指用户可以在数据库服务器上开辟个人的存储空间，为存储、检索信息提供方便，并能对其进行管理。存储服务的内容包括检索策略存储、检索结果存储和常用资源存储。存储服务提供暂时保存和永久保存两种存储形式。

4.3.4　主要电子资源使用举例

1. 中国知网使用举例

CNKI 提供了多种检索与导航(浏览)方式。不同检索方式的功能与实现方式见表 4-6。快速检索类似于搜索引擎的检索方式，操作简单，用户只需输入检索词，单击“检索”按钮就能查找到相关文献。

表 4-6　CNKI 检索平台功能

功　能	实现方式
以文献的内容特征为检索对象	快速检索、高级检索、专业检索
以文献的外表特征为检索线索	引文检索、作者检索和科研基金检索
提供知识信息的事实检索	句子检索、知识元搜索
科研追踪、评价	被引频次、下载频次、引文检索；细览页面的知识元链接
结果分析	聚类分析、排序分析、链接分析

高级检索提供了多个检索框，用户可以方便地构造检索式，控制多个检索项和检索词，还可同时通过“发表时间”“文献来源”缩小检索范围。单击检索项前的“+”按钮，可添加另一个文献内容特征作为检索项。高级检索页面如图 4-22 所示。

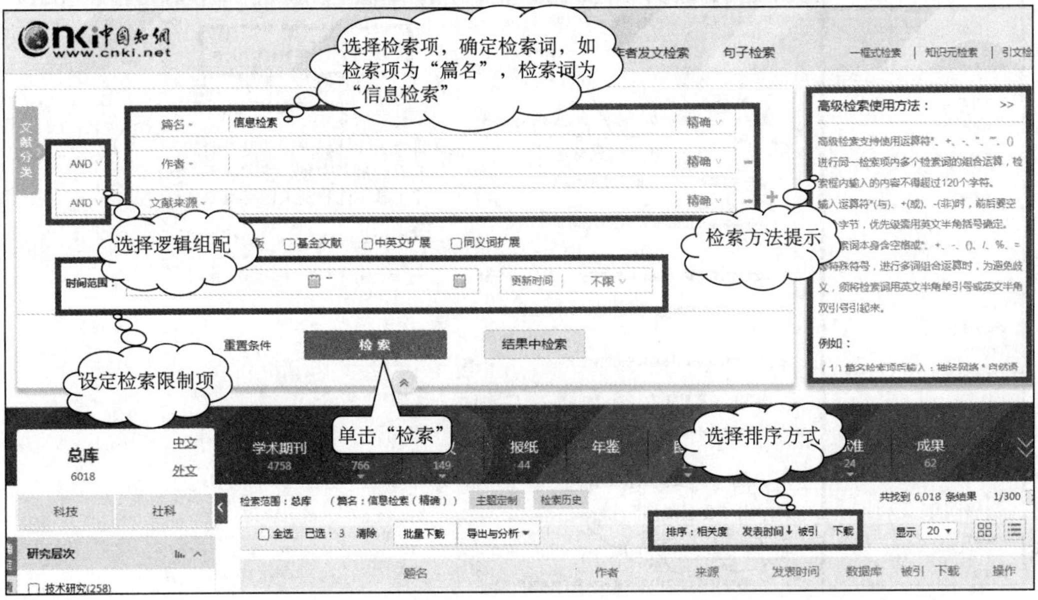

图 4-22　CNKI 高级检索页面

在检索结果页面(图 4-23)，可通过不同的分组方法进行精确分析和挖掘，还可通过 4 种不同的排序方式进行排序。单击检索出来的文献题名，即可进入下载知网节页面，查看该文献的参考文献及引证文献；直接单击相关文献题名，如单击参考文献中的一篇文章，则可直接链接到该文章，而不需要进行重新检索。知网节的浏览功能作为扩展检索，降低了检索的复杂度，节省了时间(表 4-7)。选择检索结果中的多篇文献，单击“查看引证文献”按钮，可同时获取多篇文献的引证文献。

其检索结果题录信息输出功能提供了引文、知网研学、自定义、RefWorks、EndNote、NoteExpress、查新等多种输出格式。

CAJ 阅读器(图 4-24)可以帮助用户方便快捷地进行文字、图像的编辑、打印与部分文字及图表公式的保存，也可以直接阅读和编辑 CAJ 格式文件，如单击浏览器工具栏中的按钮，选中所需要的文章内容，可直接复制、粘贴到文本编辑器(如 Word 等)。

特别提示：①中国知网平台采用 IP 地址+账号密码控制全文访问权限，最好通过图书馆主页上的链接登录；②如果检索出的文献全文下载按钮为灰色，说明该库最大用户数已满，或者未订购该专题部分；③有的读者还可通过邮件推送方式获取部分“原文禁止上网”的期刊文献；④中国知网的指数和学术趋势搜索能够快速确定一个主题的相关文章；⑤在检索结果详细页面上，不同文献类型显示的相关文献不同，例如，专利文献的相关文献就显示申请机构/个人其他专利、发明人发表文献、申请机构(个人)发表文献、本专利研制背景、本专利应用动态、所涉核心技术研究动态等内容。

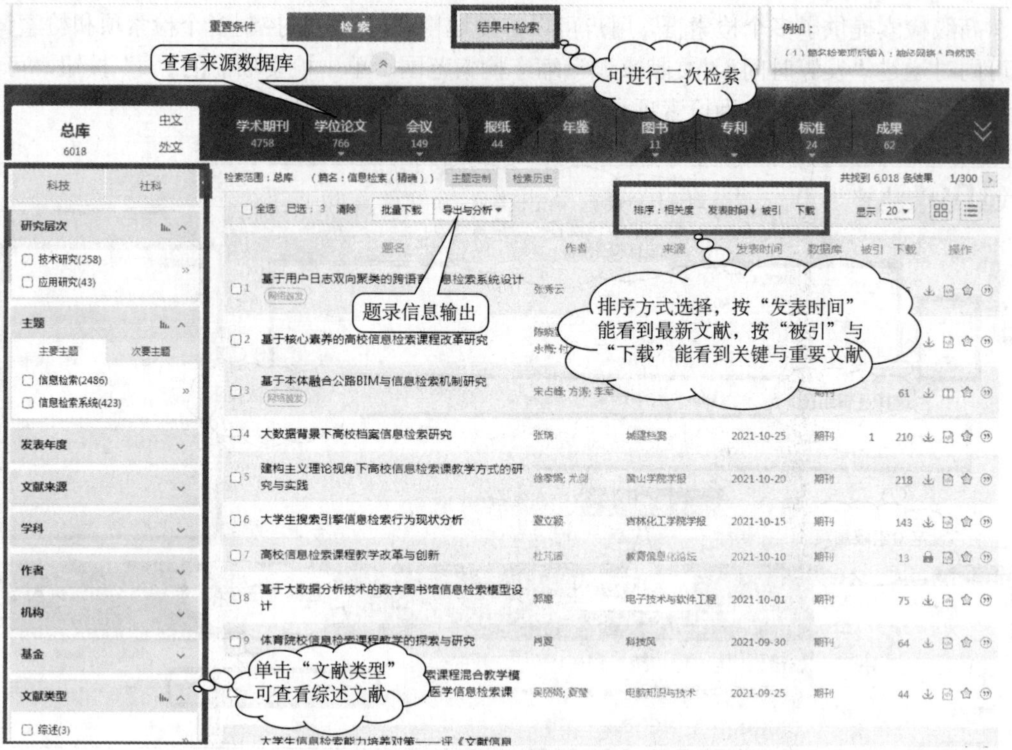

图 4-23　CNKI 检索结果页面

表 4-7　知网节的链接内容与作用

链接方式	链接内容	作　用
参考文献	本文参考引用的文献	反映本文研究工作的背景和依据
引证文献	引用本文的文献	本文研究工作的继续、应用、发展或评价
共引文献	与本文有相同参考文献的文献	与本文有共同研究背景或依据，帮助用户找到具有共同研究历史和传承关系的论文
同被引文献	与本文同时作为参考文献被引用的文献	与本文共同作为进一步研究的基础，即谁与本文共同支持着未来的研究，共同被后继研究者参考引用
二级参考文献	本文参考文献的参考文献	进一步反映本文研究工作的背景和依据
二级引证文献	本文引证文献的引证文献	更进一步反映本文研究工作的继续、发展或评价
读者推荐文献	与本文同时被下载的文献	帮助用户找到具有相同研究内容，共同被用户使用的文献
相似文献	通过特殊算法计算出来的文献	帮助用户找到自己没有意识到但却极为重要的文献
知识元	文献中的名词概念、方法、事实、数据等	链接到知识元的解释和出处文献

思考与训练：如何快速了解导师和就业企业

(1) 了解导师的研究领域和指导方向。一是选择期刊，在作者字段中选择第一作者，输入导师姓名，在作者单位字段，输入导师所在学校，匹配选择模糊；二是选择博硕士，在作者字段中选择导师，输入导师姓名，在作者单位字段，输入导师所在学校，匹配选择模糊。可以对检索结果进行分析和查看。

(2)了解想去的就业企业关于自己专业的研究。选择文献，在作者单位中输入公司名称，如果不了解公司全称，就选择模糊，进行检索。一是在分组浏览中查看“主题”分类；二是点击中文文献，查看左边栏目“学科分类”，查找该公司与自己专业相关的研究或者感兴趣的研究。

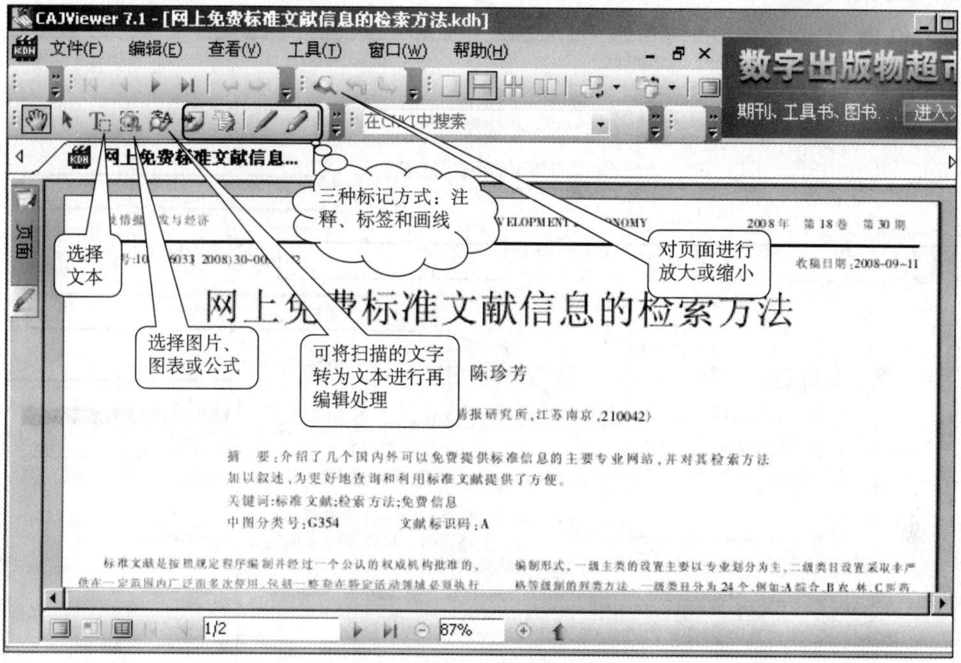

图 4-24　CAJ 阅读器打开网上免费标准文献信息的检索方法.kdh 文件界面

2. ProQuest 平台检索举例

ProQuest 平台(https://www.proquest.com)提供 60 多个数据库，包含文摘题录信息和部分全文。可使用资源只包含图书馆订购的数据库，一般图书馆都会订购 PQDT 和 ARL。检索方式分为基本检索和高级检索，并提供学科分类检索功能和论文分类浏览功能。基本检索可以先选择检索字段、输入检索词、选择布尔逻辑组配、选择检索年份，然后进行检索；高级检索可以在文本框里直接输入布尔检索表达式，利用组合输入框构建布尔检索式；在学科分类检索功能中，选择某学科，可显示该学科下的记录，然后可进行二次检索；论文分类浏览功能提供分类浏览的导航树，共分三级，可逐级打开，或进行二次检索。

检索结果处理见图 4-25，检索结果浏览除提供结果索引浏览格式外，还提供索引+文摘格式和 PDF 格式的全文浏览功能。对检索结果页面可使用“文件”菜单进行保存、打印、E-mail 发送等操作。

3. 常用出版社出版数据库检索举例——ScienceDirect

ScienceDirect(简称 SD 或 SDOS)是 Elsevier 的核心数字产品，数据库检索平台(图 4-26)包括期刊、电子图书、参考工具书以及手册等，用户可以在线访问 24 个学科 2000 多种期刊，可查看全文文献 900 多万篇。SD 数据库可以免费检索，大部分论文需要订购或者采购才能下载浏览全文，Open Access 论文可以免费下载。

高级检索(图 4-27)的检索框中可输入多组检索词，可以选择特定检索字段输入。

在检索结果显示页面(图 4-28)中，单击 Abstract 超链接可预览感兴趣记录的文摘和全文。全文有 HTML 和 PDF 两种格式，HTML 格式的全文下载速度较快，而 PDF 格式则可显示期刊论文的原貌。用户可对结果进行结果分析、标记、保存、打印等操作。

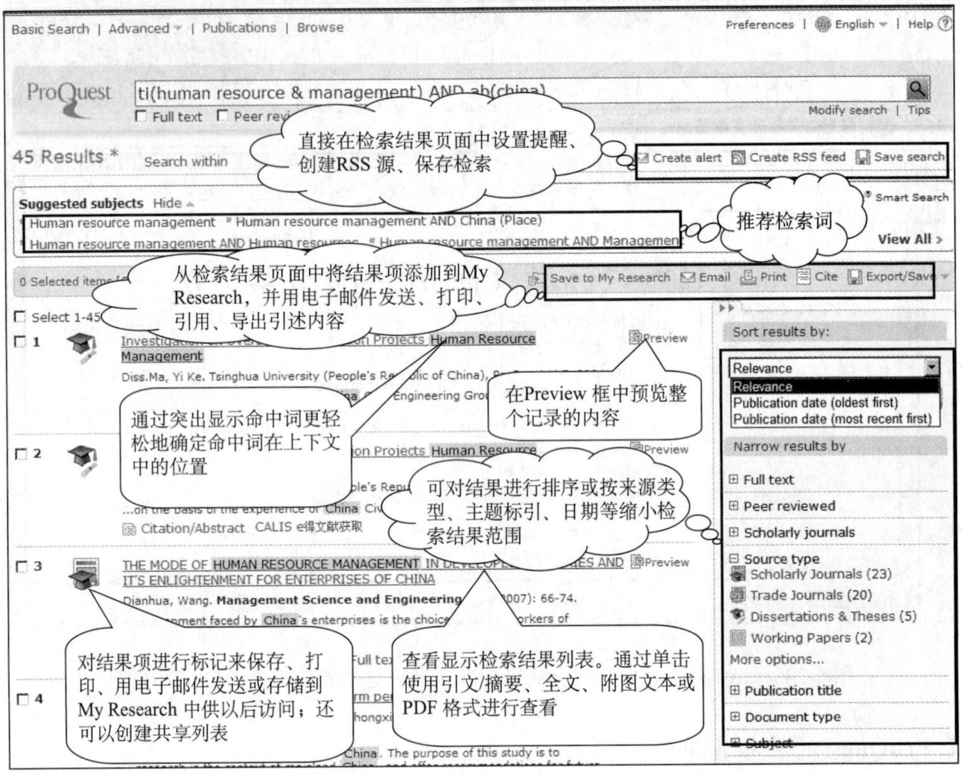

图 4-25　PQDT 检索结果页面

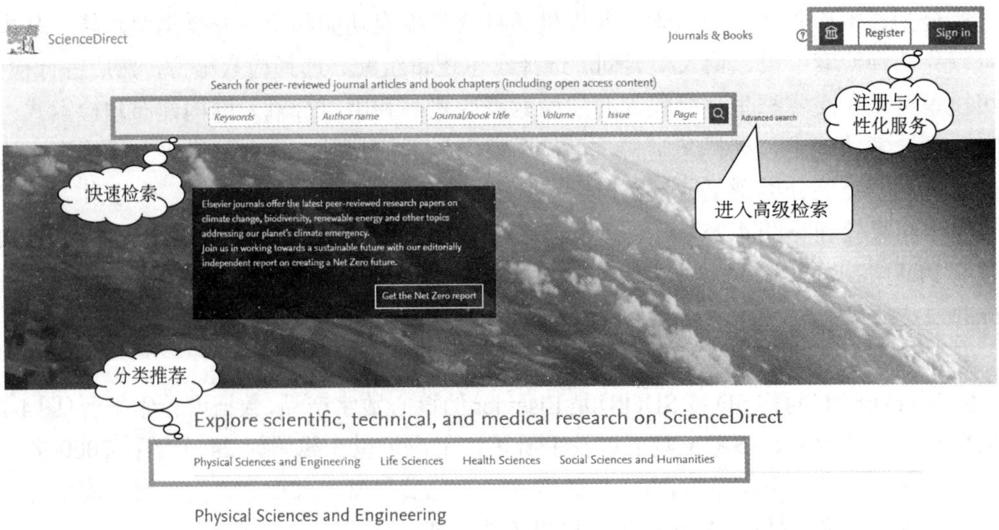

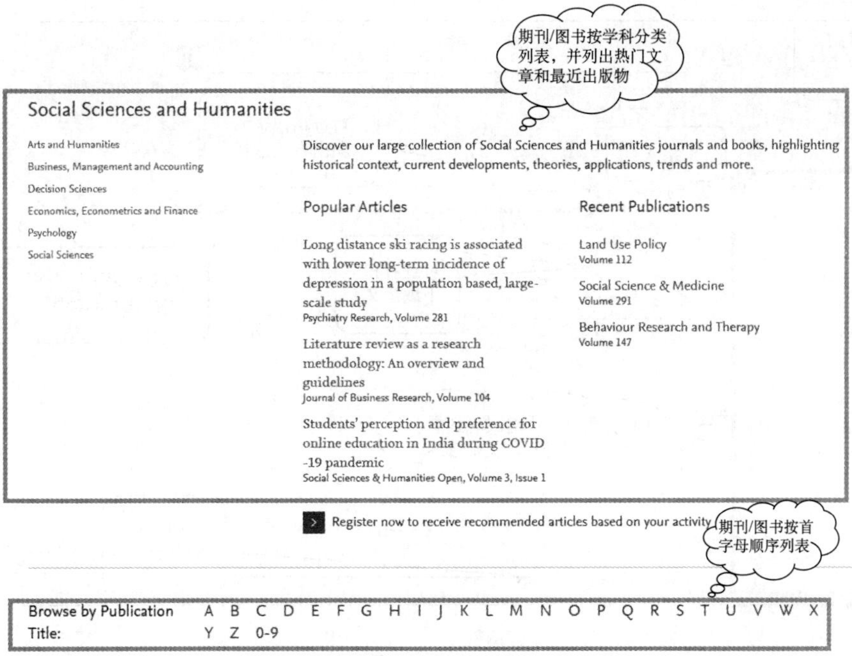

图 4-26　ScienceDirect 首页界面

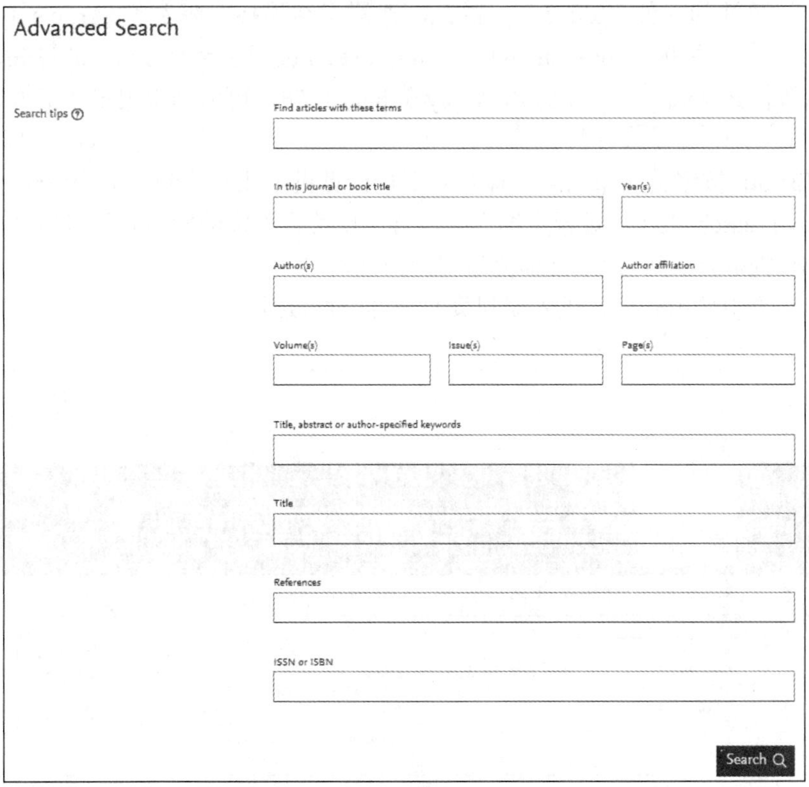

图 4-27　ScienceDirect 高级检索界面

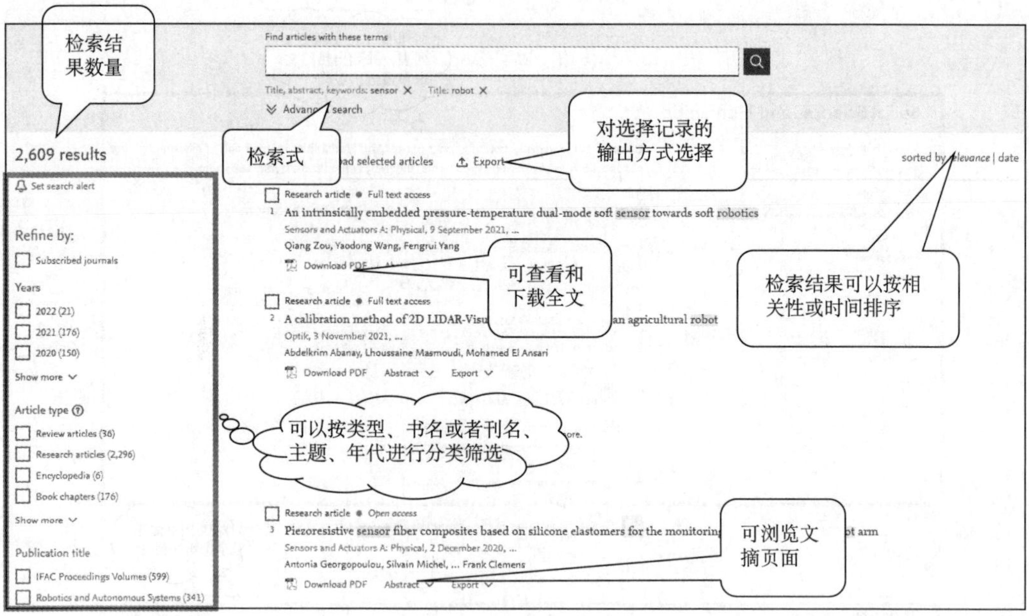

图 4-28　ScienceDirect 检索结果界面

检索结果页面的左侧 Refine by 栏目，把检索结果按文献类型(Article type)、刊名(Publication title)、主题(Subject areas)、出版年(Year)进行了聚类分析。通过该功能，用户可进一步精炼检索结果。单击下方的 Apply Filters 按钮，可将结果限定在下方选择的范围之内。

单击 Export 按钮将文章的题录保存到用户计算机上或下载到文献管理软件 Refworks 中。单击 save search alert 可设置定期提醒，若出现符合设定的检索式的最新文献，系统将自动发送邮件提醒(注意：此功能需先进行用户注册)。

在检索结果中单击刊名，进入期刊页面，可以直接进行投稿，见图 4-29。

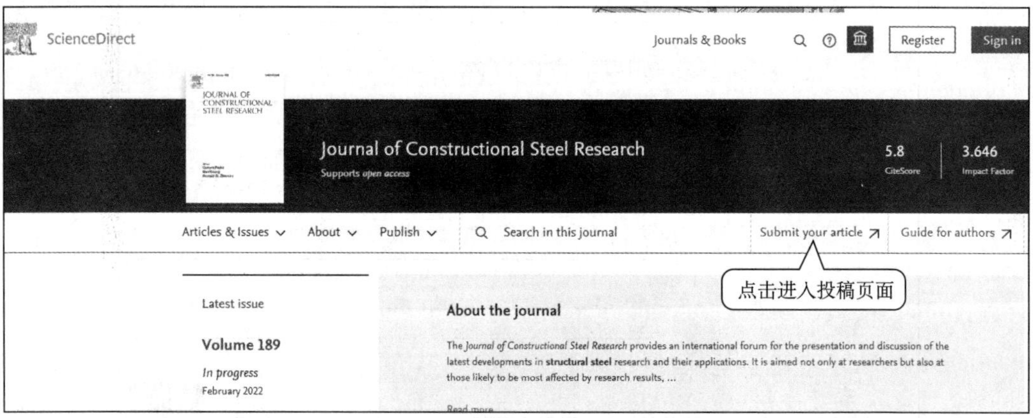

图 4-29　ScienceDirect 期刊界面

4. 电子图书的使用举例——超星电子图书

国内几个重要的大型中文电子图书服务系统是超星数字图书馆、方正 Apabi、书生之家和中国数字图书馆有限公司网上图书馆。

超星数字图书馆(http://www.sslibrary.com)简单检索页面(图 4-30)提供按书名、作者、目录、全文检索，检索结果提供按出版日期、书名两种排序方式。图书资源提供超星阅读器阅读、网页阅读、PDF 阅读三种在线阅读方式，可供用户自由选择。

图 4-30　超星数字图书馆检索页面

超星数字图书馆阅读器的使用如下。

(1) 阅读前请先进行客户端下载。

(2) 链入超星主页后，单击右侧“登录”按钮即可进入检索阅读。

(3) 全文下载：用超星阅读器阅读图书时，在“图书”菜单中选择“下载”菜单项，进行全文下载。

特别提示： 因受知识产权保护的原因，超星电子图书下载之后，不能直接异机阅览。如果要在其他设备上打开在校园网内下载的超星电子图书全文，需要在校园网打开超星阅读器，注册一个超星阅读器账号，注册成功后，单击“用户登录”按钮，开始下载图书；在另一台计算机打开超星阅读器，选择“注册”→“用户登录”菜单项，用在学校注册的同一账号登录成功，即可阅读下载的图书。

4.4　图书馆发现系统

图书馆发现系统(Library Discovery System)又称统一资源发现系统、资源发现系统、发现系统等，是近年来出现的一种整合数字文献信息资源的新方式，在跨库检索、信息导航系统、基于 OPAC 的信息整合等系统的发展的基础上演变而来。这一类系统代表着未来数字信息资源整合的发展方向。

4.4.1 发现系统概述

发现系统是一种跨平台、跨数据库、跨内容的新型数字资源体系，有统一的服务入口，界面更简单，易于使用，获取授权全文更便捷。系统集成了检索系统，可实现分面搜索与聚类搜索，便于用户精确查找，以及关联数据信息。系统还具有灵活性，可以支持本馆拥有或购买的资源提供商的系统平台，与传统的图书馆系统相比更加开放。尤其是系统数据相对完整，可做学术分析，便于科研信息的发现。

发现系统还打破了之前的粮仓模式。作为资源传导载体，图书馆自身也可根据本馆和读者的特点和需要定制服务项目。这既是读者进行科研信息获取的需求，也是图书馆工作者的目标。

目前的发现系统有Primo、Summon、EDS、超星发现、中国学术搜索(万方数据)、 智立方(维普资讯)等。

4.4.2 发现系统的特点

1. 发现系统的优点

(1) 资源整合，将图书馆各种资源整合到统一检索平台，从而为用户提供快速方便检索服务的一种跨数据库跨平台的检索系统，具有内容聚合、整合检索、结果集展示、一站式获取等特点。

(2) 多维分面聚类，依托高厚度的元数据资源，通过采用分面分析法，可将搜索结果按各类文献的时间维度、文献类型维度、主题维度、学科维度、作者维度、机构维度、权威工具收录维度以及全文来源维度等进行任意维度的聚类。

(3) 立体引文分析，系统可实现图书与图书之间、期刊与期刊之间、图书与期刊之间以及其他各类文献之间的相互参考、相互引证关系分析。

(4) 展示知识关联，系统集知识挖掘、知识关联分析于一体，能够将发现数据及分析结果以表格、图形等方式直观展示出来。

(5) 揭示学术趋势，系统具备对搜索结果进行年代分布规律分析的功能，可揭示出任意主题学术研究的时序变化趋势图，进而帮助研究者在大时间尺度和全面数据分析的高度洞察该领域研究的起点、成长、起伏与兴衰，从整体把握事物发展的完整过程和走向。

(6) 能将开放获取资源和其他馆外资源有机地融入系统中，对于本校图书馆没有购买的资源提供文献传递获取途径。

2. 发现系统的缺点

(1) 由于系统整合多种资源，可以共用的检索字段比较少，一般只有“题名”、“主题”、“文摘”和“文献来源”字段，很难做到精确检索。

(2) 资源发现揭示的深度不够，实际用途不大。

(3) 其缺乏大多数检索平台的个性化服务，包括信息跟踪、定制和推送服务。

发现系统是基于图书馆的馆藏资源建设的，所以图书馆的馆藏资源不同，发现系统也不一样，也就是每个图书馆都有自己的发现系统。发现系统适合于初步了解和快速检索。

4.4.3 常用中文资源发现系统

1. 超星发现

超星发现以数亿各类文献及网络学术资源海量元数据为基础，充分利用数据仓储、资源整合、知识关联、文献统计模型等相关技术，通过引文分析、分面筛选、可视化图谱等手段，为读者从整体上掌握学术发展趋势，洞察知识之间错综复杂的交叉、支撑关系，发现高价值学术文献，提供便捷、高效而权威的学习、研究工具。

超星发现系统(图 4-31)除了具有一般搜索引擎的信息检索功能外，其最大的功能是提供了深达知识内在关系的强大知识挖掘和情报分析功能，实现了对学术宏观走向、跨学科知识交叉及影响和知识再生方向的判断，可对任何特定年代，或特定领域，或特定人及机构的学术成果态势进行大尺度、多维度的对比性分析和研究。

图 4-31　超星发现系统检索结果页面

2. 智立方知识资源服务平台

智立方知识资源服务平台(http://zlf.cqvip.com)是维普资讯提供的一个知识资源的大数据整合及服务平台(简称维普智立方)。它聚集了中外文期刊、学位论文、会议论文、专利、专著、标准、科技成果、产品样本、科技报告、政策法规等多种文献类型，提供一站式检索和全文保障服务，提供分面聚类、相关排序等多种检索结果寻优途径，为高校图书馆、科研单位和个人用户提供基于云平台架构的知识发现一体化解决方案。

维普智立方可以实现一站式的知识检索，对维普自有期刊可以直接下载或文献传递，其他资源图书馆有购买的可以直接链接到其下载页面。

4.4.4 常用外文资源发现系统

1. Primo

Primo 是 ExLibfis 公司推出的新一代资源发现与传递系统，可以帮助图书馆为读者提供统一资源的发现与获取服务，内容包括图书馆自身的物理、数字馆藏，以及图书馆订购的各类远程数据库、电子资源。

在统一资源发现的基础上，Primo 为各类记录提供了完善的获取手段。对于本馆数字资源，Primo 会根据来源数据库的不同，分别提供不同的在线查看链接。对于远程电子资源，Primo 对所有记录提供 SFX 菜单，可正确引导读者进入全文下载或其他服务页面。

Primo 提供完整的 Web 2.0 功能(图 4-32)：包括检索词提示、标签、评论以及 Wiki、网络摘要、著者简介、网络目次等各种资源和服务的混搭(Mashup)。

读者可以在简明显示页面直接提供各种服务请求：包括直接全文获取、馆际互借、文献传递、推荐服务等。它提供检索结果的 RSS 订阅服务接口，可以为不同的院系、用户设计多个不同的界面，限定不同的检索范围。

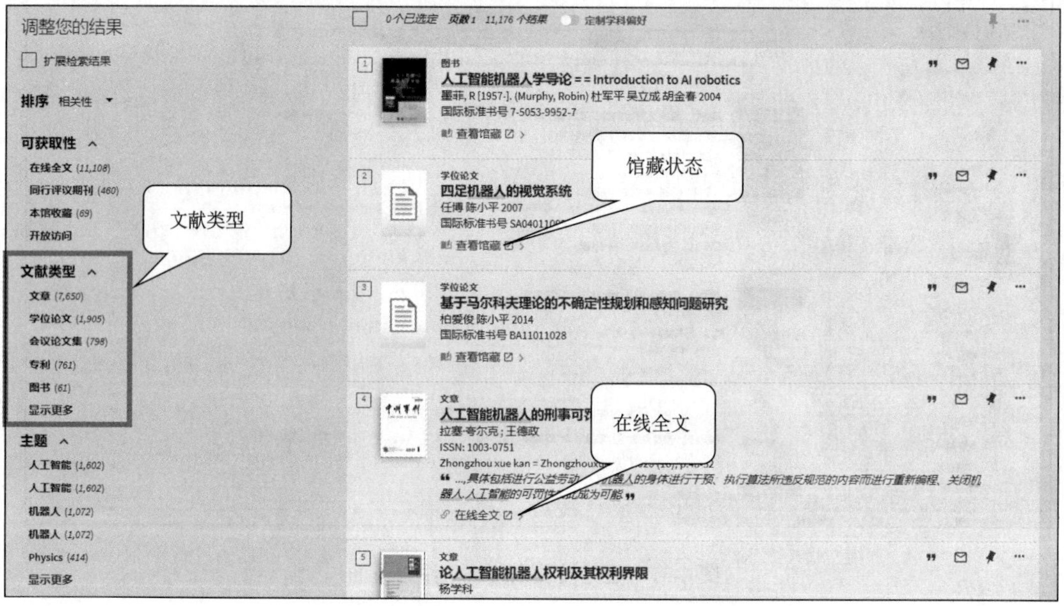

图 4-32 Primo 发现系统检索结果页面

2. EDS

EDS 学术发现系统由美国 EBSCO 公司研发，通过元数据和联邦检索结合的混合检索技术，可以一站式发现全球海量学术资源信息，并获取有版权的全文资源。

EDS 学术发现系统已经被全球 1 万余所高校及机构用户采用，包括众多全球一流高校，如美国麻省理工学院、美国芝加哥大学、美国斯坦福大学、加州理工学院、英国爱丁堡大学、利物浦大学等全球知名学府；同时也被 Microsoft 美国微软公司采用作为内部知识搜索服务唯一提供商和微软数字图书馆的知识服务提供商。国内也有中山大学、哈尔滨工业大学、南京大学、中国人民大学、北京航空航天大学、西安交通大学等双一流高校用户以及其他近 90 家高校用户。

EDS 学术发现系统可以为图书馆用户提供高质量、低成本的学术资源发现和共享服务。针对读者给予一个简单易用、功能强大且容易定制化的整合平台，通过一个统一的检索界面，去帮助读者迅速获取所需的文献。所有不同类型和来源的数据和检索结果将统一且完全整合在检索结果清单中。更重要的是，通过独特的相关性排序，将这些海量数据汇编成序，方便读者用最短的时间找到所需的研究文献。

EDS 学术发现系统将为读者提供统一的检索界面和统一的检索语言，使读者能对图书馆所拥有的各种资源数据库：电子期刊、电子图书、馆藏书目、机构典藏、开放存取数据库等资源进行一站式整合检索。发现服务作为读者的单一检索入口，可实现简单检索、高级检索、原文/文摘获取等多种服务。基于云计算原理，数据库无须在本地安装部署服务器，不需要馆员维护。

图 4-33 为 EDS 学术发现系统检索结果页面。

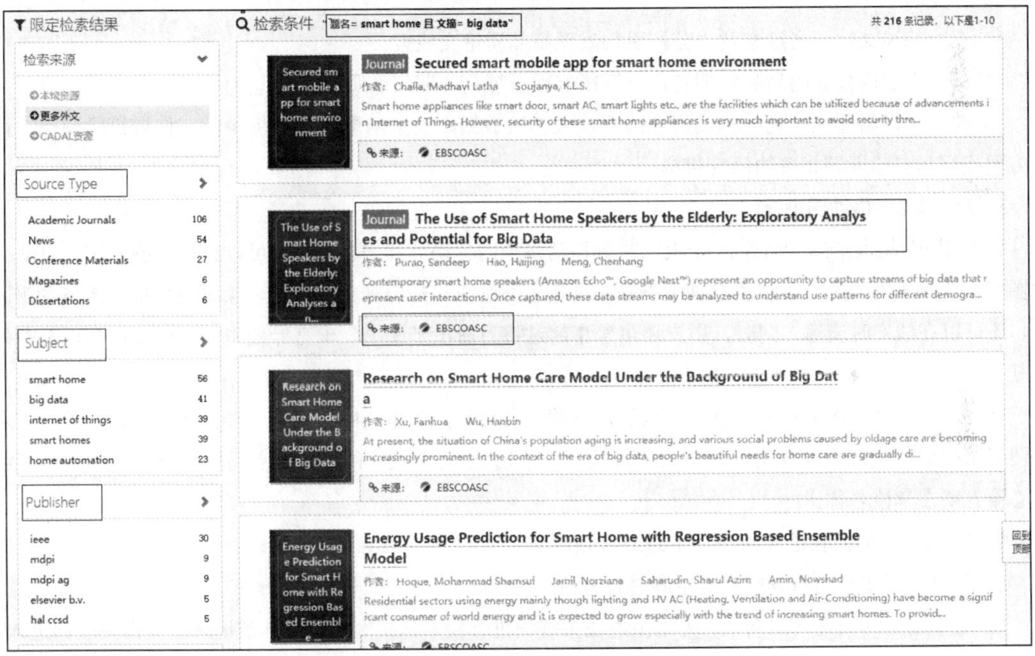

图 4-33　EDS 学术发现系统检索结果页面

3. SUMMON

SUMMON 是基于美国 ProQuest 公司的子公司 Exlibris 研发海量元数据仓储的新一代学术资源发现与获取系统，致力于为读者提供更便捷的一站式检索，它有一个与 Google 类似的简单界面，可轻松搜索图书馆所有学术资源。

SUMMON 可以整合以下内容：

(1) 图书馆订购的电子资源，包括图书、期刊、电子书、学术期刊文章、学位论文、书评、多媒体资源、报纸文章等多种类型；

(2) 图书馆馆藏系统;

(3) 自建库以及免费开放获取资源;

(4) 其他 SUMMON 订购用户授权使用的特藏资源的整合检索平台；

(5) 对于本校图书馆没购买的资源可提供文献传递获取途径。

利用 SUMMON，读者只需使用单一检索框，即可在几秒之内检索到图书馆的各种纸本、电子馆藏及免费学术资源。

SUMMON 覆盖来自 10000 多个内容供应商的 36 亿多笔元数据、16 亿条单一记录，100 多种内容类型，是目前中外文发现服务系统中数据量最大、收录最全面的发现服务平台。

扩展阅读 1：如何找到关键文献

(1) 查找被引次数、下载次数高的文章。被引频次、下载频次可以反映文章的关键程度，一般被引次数、下载次数越多，文章价值越大，目前部分数据库提供了通过对检索结果的排序功能来达到此目标。

(2) 查找领域专家的文献。

(3) 查找综述文献，通过文章里分析引用发现高品质论文线索。

(4) 阅览专业内公认的高品质期刊，一般影响因子越高，期刊品质越高。

(5) 关注本学科著名研究机构的研究成果，大多数数据库检索结果聚类分析中都有作者机构聚类，可以方便找出与自己课题相关的研究机构。

扩展阅读 2：移动图书馆

移动图书馆是面向智能手机、平板电脑等移动终端的移动阅读平台。用户可以在移动图书馆上自助完成图书馆藏书借阅查询、数字资源搜索下载，浏览名师讲座和热门视频，观看名家讲座直播，参与主题讨论，还可以在线实时交流。同时，用户还可坐享超过百万册电子图书、丰富专题资源、海量报刊以及中外文献元数据。

移动图书馆需要图书馆购买使用，购买后下载安装移动图书馆 APP，用户需要注册登录，为了享有本校图书馆提供的全部服务和资源，建议通过校园一卡通(学号/工号)和图书馆密码登录。“单位”栏目中务必输入所在学校名称。

扩展阅读 3：如何快速了解一个主题或者领域

(1) 通过中国知网的指数检索对主题进行分析。

(2) 用中国知网关键词知网节，先用主题做关键词进行检索，在检索结果单条记录上点击关键词进入。

(3) 用万方数据平台的关键词知识脉络，先用主题做关键词检索，在结果单条记录上点击关键词进入。

(4) 用研究主题加综述、进展、前景、趋势等关键词进行组合检索，查看最近几年的结果。

(5) 直接查看检索结果的综述或者 review 类论文。

研讨与训练 4-1　检索字段的选择

太原理工大学党委书记郑强教授被称为“网红书记”，请检索他发表的学术论文。思考：此检索题的检索字段是什么？如何使用作者机构字段？如何使用研究主题字段？外文姓名如何翻译？请尝试用中国知网或者 Web of Science 或者 SDOS 进行检索。

提示：(1) 郑强教授英文名称可以是 zheng q, or zheng qiang, or qiang zheng。

(2) 郑强教授先后在浙江大学、贵州大学、太原理工大学任教，可分别结合时间段检索。

(3) 郑强教授主要研究方向为聚合物流变学、多组分聚合物材料结构与性能、高分子复合材料、功能高分子材料，所以可以将聚合物、高分子增加为“主题”字段。

研讨与训练 4-2　行业热点学术资源追踪

找一个与专业相关并且自己感兴趣的热门课题，确定中外文关键词，通过检索，确定以下内容。

(1) 图书馆里面有哪些相关的纸质书？藏在何处？(馆藏目录检索)

(2) 图书馆里面有哪些相关的电子书？如何使用？(超星、读秀、方正、京东读书)

(3) 学校教务网选课系统里面开设了多少相关课程？(学校教务网选课系统)

(4) 有哪些相关的核心期刊？图书馆有没有相应纸本？(通过中国知网、SCI、SDOS、IEL 等数据库检索后文献来源分类)

(5) 有哪些主要研究机构？有没有未来想读研究生的学校？如果有，找到该学校相关院系的主页查看。(通过中国知网、SCI、SDOS、IEL 等数据库检索后机构分类)

(6) 主要研究人物，找一个感兴趣人物，在其机构主页上找到关于其的介绍。(通过中国知网、SCI、SDOS、IEL 等数据库检索后作者分类)

(7) 分别找到高被引频次、热点、最新的研究论文，查看论文的文本结构和逻辑结构、数据来源、分析方法，如果要做同类研究，这些论文能够给你提供哪些基础与启示？

第5章　数据和事实检索

数据和事实检索是信息检索的重要组成部分，数据和事实检索渗透到学习、科研、工作、生活的各个层面。数据和事实检索都是确定性检索，与文献检索关注检索结果的完整性与全面性相比，数据和事实检索更关注结果本身的准确性，对的结果一条就够了，不对的结果再多也没用，因此，检索工具的权威性就显得格外重要。

5.1　数据检索

在这个用数据说话的时代，能够打动人的往往是用数据说话的理性分析，无论工作总结、市场调查还是学术研究，能够找到合适的数据源是非常重要的。数据也成为检验科学研究价值的“试金石”，一方面，许多学科领域的科学发现以数据为基础，以新的数据发现为目标，数据经常与重要发现相伴而生；另一方面，数据成为重复科学试验、确保研究成果真实可靠的检验基础。数据是论点的支撑，数据是科学分析的原材料。甚至可以说，因为有了良好的数据支撑，研究本身就已经成功了一半。

在互联网高度发达的今天，数据资源异常丰富和庞大，各种数据的收集渠道不尽相同，如何高效地获取数据成为一种重要的能力，只有尽量多地去探索和实践才会发现更多有价值的数据资源。下面简要介绍几类数据的检索方法。

5.1.1　数据线索检索

对于刚介入科研工作的人来说，对数据收集和处理的手段都比较陌生，此时可以按照研究需要找到已经发表论文中出现的类似或者相关的数据线索。科技论文都会交代清楚数据的来源、数据的内涵以及数据“加工”方法。一篇高质量的论文都会标注或者说明其数据来源，在高质量论文中研究者会清楚地介绍数据来源以及是如何对原始数据进行“加工”的，论文中的这一部分通常称为“材料”部分。好的“材料”起到两个主要目的：一是尽可能详细地描述研究过程，提供足够多的细节，以便同行能还原研究过程；二是为读者提供足够的信息，以便判断论文的研究方法是否合理、研究结果是否有效以及是否存在理论和现实意义。所以查询与阅读研究主题相关的高质量论文(包括高被引、核心期刊、高影响因子期刊论文)可以快速找到相关数据来源。

【案例5-1】卢昆等在2021年发表《中美贸易摩擦对中国水产品国际贸易水平的影响测度》论文中专门有数据来源说明，文中所用水产品贸易数据均来自联合国UN Comtrade数据库(已更新至2019年)，中国人均GDP和其他国家(除中国之外)的人均GDP数据均采用World Bank公布的官方数据。

5.1.2　科学数据检索

科学数据主要包括在自然科学、工程技术科学等领域，通过基础研究、应用研究、试验开发等产生的数据，以及通过观测监测、考察调查、检验检测等方式取得并用于科学研究活动的原始数据及其衍生数据。科学数据是国家科技创新和发展的基础性战略资源，增强数据资源利用至关重要。科学数据的开放获取日益成为科学交流的新趋势，下面分享一些科学数据开放获取的途径。

1. 面向科学数据的检索工具

数据检索工具可用于直接检索特定的科学数据资源，用户只需输入相应的检索词即可得到准确的检索结果，是最为快捷、方便的科学数据开放获取途径。具有代表性的如 DataCite（https://datacite.org/search.html）和 Crossref（https://www.crossref.org）。DataCite 和 Crossref 分别隶属全球最大的两家非营利性 DOI（数字对象标识符）注册、发布机构 DataCite 与 Crossref，可分别检索在这两个机构注册的数据集，它们共同的功能是在不同的出版商网站之间实现参考文献引文链接及数据的跨数据库共享。

Crossref 是全球第一家也是最大一家 DIO 代理注册机构，是由出版商国际联合会（Publishers International Linking Association，PILA）于 2000 年创建的使用 DOI 技术的跨出版商参考文献链接注册查询系统，建立了在论文的参考文献列表和引文全文之间的跨数据库链接，使读者能够便捷地获取文献全文。

DataCite 由多家机构于 2009 年联合发起，包括英国大英图书馆（The British Library）、丹麦技术知识中心/图书馆（Technical Knowledge Center and Library of Denmark）、荷兰代尔夫特理工大学图书馆（TU Delft Library）、加拿大国家研究理事会科学技术信息研究所、美国加利福尼亚数字图书馆（California Digital Library）、美国普渡大学（Purdue University）、德国国家科学技术图书馆（German National Library of Science and Technology）等。DataCite 的服务目的包括：为科学数据创建元数据（Metadata）集；为用户分配 DOI，增强数据检索能力；与会员共同建立共享数据库和高效引用机制。

2. 相关组织或机构建立的开放数据站点

开放数据站点是各种开放数据资源存储平台的统称，开放科学数据是该类站点存储的主要资源之一。依据不同的建设者或管理者，开放数据站点主要有以下几种。

1）国际组织的开放数据站点

国际组织特别是大型的国际组织一般都建立了相应的开放数据站点，有些组织为了方便用户查找本组织各成员单位的开放数据，还会建立统一的开放数据门户，实现各类开放数据的一站式获取，以省去用户逐个查找各个成员单位数据仓储的麻烦，这些站点收录的数据不仅涵盖地域面广，涉及学科领域多，而且也具有权威性，为用户开放获取各类科学数据，特别是涉及多个国家和地区的科学数据提供了便利。表 5-1 列举了世界上几个重要国际组织的开放数据站点。

2）政府的数据开放站点

政府开放数据站点的数据主要来源于政府各个机构的调查、统计、观测及研究等活动，数据全面、可靠且容易获取，是查找一个国家或地区政府开放科学数据的理想途径。这类站点主要可分为两类：一类是政府数据统一开放门户；另一类是具体政府部门建立的开放数据站点。

表 5-1　国际组织的开放数据站点

站点名称	网址	所属机构	资源数量	资源简介
ICSU WDS Data Portal 和 ICSU-WDS China	http://wdc.org.ua/en/data；http://www.wds-china.org	国际科学理事会（International Council for Science，ICSU）	国际科学理事会世界数据系统（ICSU-WDS）的 93 个成员单位的数据	涵盖空间科学、地球科学、计算机科学、农业科学、海洋科学、生命科学、气象科学、数学、物理、化学、测绘学、经济学等许多领域
World Bank Open Data	https://data.worldbank.org	世界银行（World Bank）	213 个数据集，收录了世界银行数据库的 7000 多个指标	涵盖农业与农村发展、气候变化、教育、环境、健康、科学技术、贸易、能源与矿产、贫困、基础设施、社会发展等 20 个专题的数据；提供中文版界面
OECD Data	https://data.oecd.org	经济合作与发展组织（Organization for Economic Co-operation and Development，OECD）	617 个数据库	涵盖农业、发展、经济、教育、能源、环境、金融、政府、健康、创新与技术、就业、社会 12 个主题的数据
OpenAIRE	https://www.openaire.eu	欧洲联盟（European Union）		各种学科的研究数据

注：表中统计数据截至 2021 年 9 月 24 日。

(1)政府数据统一开放门户。

国家政府数据统一开放门户，如美国的 Data.gov、英国的 Data.gov.uk、法国的 Data.gouv.fr 等，表 5-2 列举了相关国家的国家政府数据统一开放门户。

表 5-2　相关国家的国家政府数据统一开放门户

国家	网址	国家	网址
美国	https://www.data.gov	澳大利亚	https://data.gov.au
英国	https://data.gov.uk	加拿大	https://open.canada.ca/en
法国	https://www.data.gouv.fr/fr	巴西	https://dados.gov.br
德国	https://www.govdata.de	荷兰	https://opendatanederland.org
日本	http://www.stat.go.jp	挪威	https://data.norge.no
韩国	https://www.data.go.kr	新西兰	https://data.govt.nz

(2)具体政府部门建立的开放数据站点。

这些政府部门包括国家的统计、教育、科技、文化、卫生等部门。访问这些政府部门建立的开放数据站点可以获取该部门相关的科学数据。例如，美国国家航空航天局(NASA)建立的 NASA Open Data Portal(https://data.nasa.gov)；美国疾病控制与预防中心(Centers for Disease Control and Prevention)建立的 Data.CDC.gov(https://data.cdc.gov)；澳大利亚研究数据共享中心(Australian Research Data Commons，ARDC)建立的 Research Data Australia(RDA)(https://researchdata.edu.au)等。

我国政府部门建立的开放科学数据站点，最具代表性的如科技部下属的国家科技基础条件平台中心主办的中国科技资源共享网(https://escience.org.cn)，该平台汇集了 37 个国家部委和 560 余个国家重点实验室、国家工程技术研究中心、国家大型科学仪器和野外科学观测站点，以及 4 个省/市(北京、上海、重庆、广东)超过 1500TB 的科技资源信息，主页见图 5-1。

图 5-1　中国科技资源共享网主页

其中，国家科学数据中心平台整合了我国已经建立的 20 个科学数据中心(图 5-2)，数据来源权威可靠，免费使用，有完整的数据实体、元数据、说明文档，有规范的引用方法。

3) 高校和科研机构建立的开放数据站点

如果说访问政府的开放科学数据站点是获取政府科学数据的主要途径，那么访问高校和科研机构的开放数据站点就是获取研究数据的主要途径，因为高校和科研机构是主要的研究数据生产者，很多研究数据都是通过各国高校和科研机构的开放数据站点来存储和发布的，这些机构包括各国高校、科学院、社科院、研究所，以及研究协会等。每个国家都拥有众多的高校和科研机构，且大多建立了开放数据站点，比较具有代表性的如下。

图 5-2　中国科技资源共享网已建立的 20 个国家科学数据中心

(1) 康奈尔大学建立的 CISER DATA & REPRODUCTION ARCHIVE (https://socialsciences.cornell.edu/ciser-data-and-reproduction-archive)。

(2) 澳大利亚最大的国家级科研机构，澳大利亚联邦科学与工业研究组织 (Commonwealth Scientific and Industrial Research Organization，CSIRO) 建立的 CSIRO 数据获取门户 (CSIRO Data Access Portal) (https://www.csiro.au)。

(3) 美国四大学术机构之一的国家科学基金会 (National Science Foundation) 资助建立的 DataONE (https://www.dataone.org)。

(4) 哈佛大学定量社会科学研究所 (Harvard Institute for Quantitative Social Science，IQSS)、哈佛大学图书馆 (Harvard Library) 和哈佛大学信息技术中心 (Harvard University Information Technology，HUIT) 合作开发的研究数据管理系统 Harvard Dataverse (https://dataverse.harvard.edu)。该系统的开发始于 2006 年，最初主要聚焦于社会科学数据管理，后引入了天文学、天体物理、生物医学等学科数据，目前已经支持人文与社会科学、地理空间、天文与天体物理、生命科学、政治学等多种元数据方案。

(5) 英国研究理事会重要成员之一的英国科学和技术设施理事会 (Science and Technology Facilities Council) 建立的 CEDA (环境数据分析中心) (https://www.ceda.ac.uk)。

(6) 中国最高的学术和研究机构中国科学院建立的科学数据中心 (http://www.csdb.cn) 和国家基础学科公共科学数据中心 (又称为国家基础学科数据云) (http://www.nbsdc.cn)。科学数据中心的科学数据库内容涵盖了化学、生物、天文、材料、腐蚀、光学机械、自然资源、能源、生态环境、湖泊、湿地、冰川、大气、古气候、动物、水生生物、遥感等多种学科，由中国科学院各学科领域几十个研究所的科研人员参加建设。国家基础学科公共科学数据中心覆盖了物理、化学、天文与空间、材料、生物、地学、资源、环境、能源、海洋等众多学科领域，数据库种类包括数值库、事实库和多媒体库。

(7) 中国工程院联合 37 家单位，历经 8 年打造的国内最大工程科技领域的知识发现平台中国工程科技知识中心(http://www.ckcest.cn/home)，汇聚农业、林业、医药、化工、能源、海洋、地理、交通、环境等几十个领域的特色数值型、工具事实型数据资源。工程科技领域一级学科覆盖率达到 100%，二级学科覆盖率达到 90%以上。其中，特色资源数据集达 1375 个。

(8) 以北京科技大学为中心建立的国家材料科学数据共享网(http://www.materdata.cn)，汇集了全国 30 余家科研单位的数据，整合了超过 60 万条各类材料科学数据。

(9) 中国科学院计算机网络信息中心自主研发的科学数据存储库科学数据银行(Science Data Bank，ScienceDB)(https://www.scidb.cn)，主要面向科研人员、科研项目/团队、科研期刊、科研机构及高校等利益相关者，提供科学数据汇交、长期保存、出版、共享和获取等服务。

(10)由北京大学图书馆、国家自然科学基金-北京大学管理科学数据中心、北京大学科研部、北京大学社科部联合主办和推出的北京大学开放研究数据平台(https://opendata.pku.edu.cn)，截至 2022 年 4 月底可以搜索 93 个数据空间和 342 个数据集。

提示：以上网站多数情况下，用户只需登录某个机构的官方网站便可找到相关开放数据站点的链接。

4)其他组织或机构建立的开放数据站点

除了以上所列机构外，还有很多由非营利性会员组织、出版社、基金会等其他类型的组织或机构建设管理的开放数据站点。表 5-3 列出了其中一些收录科学数据比较多的站点。

3. 其他途径

除了上面提到的从相关机构或组织获取外，其他获取科学数据的途径如下。

(1)通过开放数据仓储注册系统或目录获取。一是通过专门的开放数据仓储注册系统或目录获取，如 re3data.org(https://www.re3data.org)、DataPortals.org(http://dataportals.org)和 datalib(https://github.com/datalib)；二是通过综合性的开放存取仓储注册系统或目录获取，这些系统也会收录大量的开放科学数据仓储，如开放存取仓储目录(Directory of Open Access Repositories，OpenDOAR)(https://v2.sherpa.ac.uk/opendoar)、开放存取目录(Open Access Directory，OAD)(http://oad.simmons.edu/oadwiki/Main_Page)、开放存取仓储注册(Registry of Open Access Repositories，ROAR)(http://roar.eprints.org)等。

(2)通过查阅开放数据期刊获取。其中包括一些专门的科学数据期刊，如《科学数据》(Scientific Data)(https://www.nature.com/sdata)、《中国科学数据》(China Scientific Data)(http://www.csdata.org)，也包括某些特定学科领域的数据期刊，如《地球科学数据》(Earth Science Data)(https://science.nasa.gov/earth-science/earth-science-data)、《地球系统科

学数据》(Earth System Science Data) (https://www.earth-system-science-data.net)、《生物医学数据杂志》(Biomedical Data Journal) (https://www.biomed-data.eu) 等。我们可以通过 DOAJ、Open J-Gate 等大型的开放存取期刊目录来查找相关的开放数据期刊。

表 5-3　其他组织或机构建立的开放数据站点

站点名称	网址	建设或管理机构	概况
UK Data Service	https://ukdataservice.ac.uk/cookie-policy	由英国经济与社会研究理事会(Economic and Social Research Council, ESRC)资助建设	数据主要包括英国政府资助的调查、跨国调查、纵向研究、英国人口普查数据、国际聚合数据、商业数据、定性数据
DRYAD	https://datadryad.org/stash	由美国国家科学基金会资助建立	是一个储存医学、生物学、生态学数据的开放数据知识库
Figshare	https://figshare.com	由英国 Macmillan 出版公司建设	是一个基于云计算技术的在线数据知识库，科研人员可以保存和分享他们的研究成果，包括数据、数据集、图像、视频、海报和代码，从而使得他们的研究，甚至包括初步研究，曝光并获得认可
Open Science Framework (OSF)	https://osf.io	是美国的一家非营利性科技公司 Center for Open Science 构建的用于开放科学的平台，受美国国防部高级研究计划局、美国国家自然科学基金会、 美国国立卫生研究院等机构的资助	是一个免费、开放的平台，可以支持研究并实现协作

(3) 利用搜索引擎获取。在搜索引擎中很难检索到存储在各个具体开放数据站点中的科学数据，那么可以换一个思路，先利用一些检索技巧(表 5-4) 检索这些数据的存储站点、数据仓储注册系统或目录等，然后登录具体的站点或仓储间接查找和获取科学数据。

表 5-4　利用搜索引擎检索开放科学数据的技巧

检索需求	检索词
检索开放科学数据	open research data、open scientific data、open scientific dataset、open data、open dataset、data collections 等
检索开放科学数据站点	open research data repository、open data repository、open research data、open research data portal、open research data center、open data archive、open data platform 等
检索开放科学数据注册系统或目录	open research data catalogue、open data directory、registry of data repositories、data registry 等
检索开放存取仓储注册系统或目录	open access directory、registry of open access repository、directory of open access repository、open access catalogue 等

提示：也可以在以上检索词中加某一具体学科领域的词，来检索该学科领域的科学数据或数据站点、数据目录和开放存取仓储等。

(4)访问学科库和知识库。许多学科库和知识库也会收录一些科学数据，如国内外各高校的机构知识库。

(5)还有一些辅助途径，如利用一些科学数据网站的友情链接、相关链接等，通过一个网站获得大量的相关网站；通过科研社交网站，比较热门的如德国的 ResearchGate (http://www.researchgate.com)、美国的 Academia(https://www.academia.edu)和英国的 Mendeley(https://www.mendeley.com/?interaction_required=true)等获取；通过加入微信、微博、知乎、QQ 等社交平台的小型学术社群也可以辅助获取科学数据或者向群里的“牛人”学习到获取数据的途径和方法。

提示：以上所列科学数据开放获取的途径各具优势和不足。例如，利用数据检索工具比较快捷、方便，但获取的数据不够全面；访问开放数据站点针对性强，但需要逐个站点去查找；查阅开放存取注册站点或目录可获取的数据比较全面，但由于是间接查找科学数据，过程会比较烦琐。所以使用时需要根据自己的使用习惯和需求选择合适的获取途径，同时要注意辨别数据来源和质量，选择权威、真实和可靠的科学数据来为自己的科研服务。

5.1.3　调查数据检索

调查数据一般是指通过调查汇集的具有内在连贯性的、以数字形式反映调查内容的符号系统。在社会调查和舆论测量中，数据的多少和正确与否都直接决定着调查结论的价值和精度。调查分为抽样调查和问卷调查。抽样调查是一种非全面调查，它是从全部调查研究对象中，抽选一部分单位进行调查，并据此对全部调查研究对象做出估计和推断的一种调查方法。显然，抽样调查虽然是非全面调查，但它的目的却在于取得反映总体情况的信息资料，因而，也可起到全面调查的作用。问卷调查是指通过制定详细周密的问卷，要求被调查者据此进行回答以收集资料的方法。问卷是一组与研究目标有关的问题，或者说是一份为进行调查而编制的问题表格，又称调查表。它是人们在社会调查研究活动中用来收集资料的一种常用工具。调研人员借助这一工具对社会活动过程进行准确、具体的测定，并应用社会学统计方法进行量的描述和分析，获取所需要的调查资料。

1. 调查数据主要检索内容

调查数据的检索，主要是检索现有文献中已有的同类量表、量表的效度和信度，以及对量表修改的依据。量表的设计需要有较好的参考文献，而且一个维度对应的量表要来自于同一个参考出处。自行设计的量表很难直接使用，设计时应多参考文献，同时考虑几个问题：每个题目是否真属于应测量的领域、设计的题目是否覆盖了测量领域的各个方面、题目的构成比是否恰当。

因此，在实际调研中，最好采用权威的量表。对于已经确定的研究问题，要首先判断是否存在权威的量表。如果存在权威的量表，就直接使用权威量表，一定不要自己另起炉灶，新设计调研指标体系。

在开展各类调查或者评价性研究时，大多数情况下可能找不到适用的、权威的量表，这就需要根据自己的研究问题，自行设计调研指标体系，或者在已有的量表基础上，补充某些指标项，以构造完全符合当前研究问题的调研指标体系。对于自行设计和开发的指标体系，为了保证指标体系的科学性和完备性，通常需要邀请行业专家对该指标体系进行评价，借助行业专家的经验，提升指标体系的信度和效度。

【案例 5-2】沈琦等在 2021 年发表《上海市闵行区家庭医生工作压力与职业倦怠状况研究》论文中列出数据来源，包括调查对象、调查方法、统计学方法。问卷采用成熟问卷，包括一般资料调查问卷、心理身体紧张松弛测试问卷、职业倦怠问卷。

【案例 5-3】何武等在 2021 年发表《中国全科医生工作压力现状及其影响因素研究》论文中采用分层随机抽样方法，在我国东、中、西部随机抽取 3244 名全科医生，使用自行编制的“全科医生职业吸引力调查表”对全科医生进行微信问卷调查，运用 χ^2 检验比较不同特征全科医生工作压力状况和来源的分布，采用多元有序多分类 Logistic 回归分析全科医生工作压力的主要影响因素。

2. 查找调查数据的途径

公共调查数据主要来自于行业协会、咨询公司和研究机构，以下列出一些查找调查数据的常用途径。

(1) 中国食品工业协会数据 (http://www.cnfia.cn/archives/category/hangyetongji)，提供食品行业的月度和年度统计数据、产业经济数据、调查数据和数据分析等。

(2) 中国互联网协会 (https://www.isc.org.cn/zxzx/sjbg)，提供互联网行业各方面的及时数据报告。

(3) 中国汽车工业协会统计信息网 (http://auto-stats.org.cn)，提供汽车行业的信息快递、工作动态和数据解读。

(4) 同花顺数据中心 (http://data.10jqka.com.cn)，可以查询上市公司财经数据。

(5) 房天下产业网 (https://fdc.fang.com/index)，可以查询各城市房地产价格指数。

(6) 高德地图 (https://report.amap.com/diagnosis/index.do)，可以查询中国主要城市交通时实数据。

(7) 中研网数据 (https://www.chinairn.com/data)，提供医疗、房产、制造业、服务业、零售消费、车辆等全行业数据。

(8) 中国互联网络信息中心 (CNNIC) (http://www.cnnic.net.cn)，可查询互联网相关的调查报告，如网民数量、分领域用户规模、细分互联网领域调查报告等，是互联网从业者必看网站之一。

(9) Roland Berger 罗兰贝格管理咨询 (https://www.rolandberger.com)，是全球顶级的战略管理咨询公司之一，为跨国企业、非营利性组织和公共机构提供全面的管理解决方案和咨询服务，涵盖战略管理所有领域话题。

(10) Nielsen 尼尔森公司 (http://www.nielsen.com)，是全球著名市场监测和数据分析公司，服务对象包括消费产品和服务行业，以及政府和社会机构。

(11) Ipsos 益普索集团 (http://ipsos.com/knowledge/overview)，是全球第三大市场研究集团，涉及营销研究、广告和品牌研究、客户忠诚度研究等各主要研究活动领域。

(12) Gartner 高德纳咨询公司 (http://www.gartner.com)，是全球最知名的 IT 研究与顾问

咨询公司，其研究范围覆盖全部 IT 产业，就 IT 的研究、发展、评估、应用、市场等领域，为客户提供客观、公正的论证报告及市场调研报告，协助客户进行市场分析、技术选择、项目论证、投资决策。

(13) IHS Markit (https://ihsmarkit.com/index.html)，是一家整合了数据库、数据分析、咨询、专业观点、出版的咨询公司/信息服务提供商。

(14) KEARNEY 科尔尼管理咨询公司 (https://www.kearney.com)，是一家全球领先的管理咨询公司，提供全方位的管理咨询服务，包括战略、组织、运营、商业技术解决方案和企业服务转型。

(15) BCG 波士顿咨询公司 (https://www.bcg.com/en-cn)，是一家著名的全球性企业管理咨询公司，提供全方位企业策略的顾问机构，重点关注金融服务、快速消费品、工业、医疗保健、电信和能源业。

5.1.4　统计数据检索

统计数据是表示某一地理区域自然经济要素特征、规模、结构、水平等指标的数据，是定性、定位和定量统计分析的基础数据，是对现象进行测量的结果。例如，对经济活动总量的测量可以得到国内生产总值 (GDP) 数据；对股票价格变动水平的测量可以得到股票价格指数的数据；对人口性别的测量可以得到男女比例这样的数据。从统计工作过程来看，统计数据质量是“符合标准”，要准确地反映客观现实。统计数据表达形式有统计表格和统计地图两种。

统计资料是统计工作活动过程中所取得的反映国民经济和社会现象的数字资料以及与之相联系的其他资料的总称，包括刚刚调查取得的原始资料和经过一定程度整理、加工的次级资料，其形式有统计表、统计图、统计手册、统计年鉴、统计资料汇编、统计公报、统计报告和其他有关统计信息的载体。通常说的检索统计数据，指的是通过统计资料进行检索。

1. 统计数据的来源和使用要求

统计数据的来源主要是两个方面：一是来源于国际组织、国家、地区、行业、机构、个人等专门组织的统计调查；二是来源于科学实验。专门调查是取得社会经济数据的重要手段，科学实验是取得自然科学数据的主要手段。

统计数据多数是二手数据，使用统计数据要满足以下的要求。

(1) 要评估二手统计数据的可用价值。有些历史资料尽管保存完好，但现实已发生变化，可能无法用来说明新的现实问题。无法找到原始的调查背景资料，或数据保存不完全，数据缺失过多，都会降低二手统计数据的使用价值。

(2) 要注意指标的含义、口径、计算方法是否具有可比性，避免误用和滥用。随着社会经济的发展，统计制度会发生相应的改变，统计指标的名称可能未变，但含义、口径、计算方法却发生了变化。在使用不同时期的统计数据时，要考虑进行必要的调整，保证可比性。

(3) 注意弥补缺失数据和进行质量检查。不完整的历史数据，要根据需要和可能设法进行适当的补充；存在问题的数据，要及时剔除或纠正。

(4)引用统计数据时，一定要注明数据来源，既方便他人查找核对，也是尊重他人劳动成果和知识产权的要求。

2. 查找统计资料的常用途径

查找公开的统计资料途径：一是可以查阅纸质版的统计类公开出版物(如统计年鉴、统计公报、研究报告、皮书等)获取；二是通过统计类的网站和数据库获取。以下分享一些获取统计资料的常用途径。

1)通过统计数据发布机构获取

国家统计局数据查询

我国实行统计资料分级管理与发布，国家统计局提供最主要和权威的全国统计数据，一般只发布全国和分省的宏观统计数据。获取省级及以下城市及区县的详细统计资料，需要通过各级统计机构。另外，特定领域的管辖机构，如教育部、科学技术部、农业农村部、商务部、文化和旅游部、国家发展和改革委员会、工业和信息化部、中国人民银行、国家卫生健康委员会、国家药品监督管理局、中国银行保险监督管理委员会、上海证券交易所、海关总署等也会发布相关的统计数据。还有一些成熟行业的行业协会，如中国保险行业协会、中国银行业协会等，也会定期发布相关报告。因此，需要通过相关统计部门的官方网站或者出版的统计类出版物搜索和查询所需要的信息。

相应地，世界各国及国际组织也会通过其官方统计网站或者特定领域的管辖机构发布相关统计数据，如联合国系统的联合国统计机构(UNSD)(https://unstats.un.org/home)、世界贸易组织(WTO)(https://www.wto.org/index.htm)、联合国粮食及农业组织(FAO)(http://www.fao.org/home/en)、国际货币基金组织(IMF)(https://www.imf.org/zh/home)、经济合作与发展组织(OECD)(http://www.oecdchina.org)、欧洲联盟下属的欧洲统计局(EUROSTAT)(https://ec.europa.eu/eurostat/portal/page/portal/eurostat/home)等网站都可以查询相应领域的权威统计数据。

在国家统计局官网首页底部的“网站链接”栏目专门提供了“地方统计网站”、“地方政府网站”、“国外统计网站”和“国际组织网站”的链接列表(图 5-3)，可以直接单击链接访问这些网站。

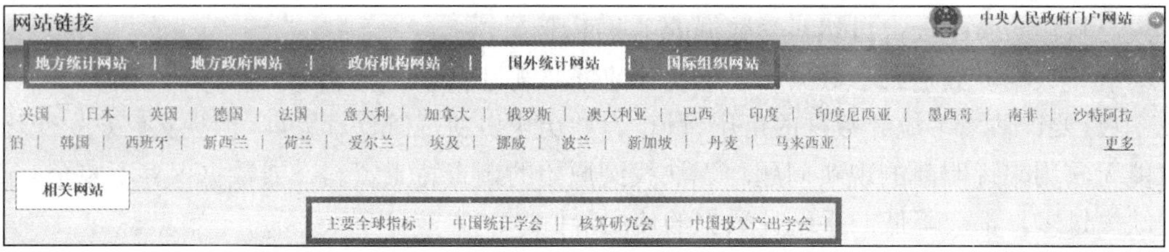

图 5-3　国家统计局官网的“网站链接”栏目

2)通过经济/金融/统计类数据库获取

为了便于统计数据的查询和利用，国内外数据库商建立了各种经济/金融/统计类数据库。以下列出一些数据库供大家参考。

(1) CCER 经济金融数据库，是色诺芬公司联合北京大学中国经济研究中心推出的研究型数据库。数据来源为各大权威机构及网站，数据库覆盖中国宏观、微观市场经济金融数据。

(2) CEIC 经济数据库，提供覆盖全球近 200 个国家的宏观、行业经济数据，当前收录 600 多万条的时间序列数据以及涵盖各主要证券交易所的上市资讯财务数据，包括全球经济数据库、世界经济趋势数据库、中国经济数据库、巴西经济数据库、俄罗斯经济数据库、印度经济数据库、OECD 数据库等子库。

(3) RESSET 金融研究数据库，包括股票、债券、基金、研究报告、融资融券、宏观、行业、金融统计、外汇、期货、黄金等，包含近百个数据库，囊括了经济、金融、会计实证与投资研究所需的绝大部分数据。

(4) 国务院发展研究中心信息网(国研网)，是由国务院发展研究中心主办的中国著名大型经济类专业网站，主要内容包括《国研报告》、《宏观经济》、《金融中国》、《行业经济》、《区域经济》、《世经评论》、《国研数据》和《高校管理决策参考》等十大数据库。

(5) CNKI 中国经济社会大数据研究平台，是中国知网建立的一个集统计数据资源整合、多维度统计指标快捷检索、数据深度挖掘分析及决策支持研究等功能于一体的汇集中国国民经济与社会发展统计数据的大型统计资料数据库。

(6) 中宏数据库，中宏经济研究与应用平台由国家发展和改革委员会所属的中国宏观经济学会、中国宏观经济信息网等权威机构联合研制，汇集我国经济学家思想学术成果、课题研究成果及各类经济信息的最大整合平台。内容涵盖了 20 世纪 90 年代以来宏观经济、区域经济、产业经济、财政税收、金融保险、投资消费、世界经济、政策法规、统计数据、课题成果等方面的详尽内容，成为国内目前门类最全、分类最细、容量最大的经济数据库。

(7) EPS 全球统计数据/分析平台，是集丰富的数值型数据资源和强大的经济计量系统为一体的数据服务平台，收录国内外的经济、贸易、行业、科技领域的统计数据；利用内嵌的数据分析预测软件可完成对数据的分析和预测。平台拥有 10 个数据库集群，86 个数据库。数据库集群包括宏观经济、金融市场、贸易外经、产业运行、人文社科、资源环境、区域经济、国际数据和普查数据。

(8) 搜数 SOSHOO，是由北京精讯云顿数据软件有限公司推出的一个面向统计和调查数据的数据库，主要收集与统计和市场调查有关的数据。数据来源于国家及各省市地方统计局的统计年鉴及海关统计、经济统计快报、中国人民银行统计季报等月、季度统计资料以及国际统计资料、经济普查资料、行业统计资料、调查统计资料和港澳台统计资料。

(9) 海关数据查询系统，又名“竹牛云创”外贸分析系统，是集中国海关进出口数据和全球海关数据于一体的综合统计分析系统。

(10) 中国资讯行-中国统计数据库，收录国家及各省市地方统计机构的统计年鉴、海关统计、经济统计快报等月度及季度统计，其统计数据可追溯到 1949 年，也包括海外地区统计数据。

(11) 中经网统计数据库，是一个经过专业化处理、组织而形成的综合经济数据库群，包括全国宏观月度库、全国宏观年度库、分省宏观月度库、分省宏观年度库、海关月度库、城市年度库、县域年度库、OECD 月度库和 OECD 年度库等 9 个子库。内容涵盖宏观经济、行业经济、区域经济、世界经济等多个领域。

(12) Bureau van Dijk (BvD)，是欧洲著名的全球金融与企业资信分析数据库电子提供商。BvD 为各国政府金融监管部门、银行与金融机构、证券投资公司等提供国际金融与各国宏观经济走势分析等专业数据。提供的专业分库如下：OSIRIS——全球上市公司分析库、ZEPHYR——全球并购交易分析库、Countrydata——各国宏观经济指标宝典、QIN——中国企业财务信息分析库、BankScope ——全球银行与金融机构分析库等。

(13) IMF E-Library 统计数据库，提供国际货币基金组织(IMF)的各种统计数据库的查询，包括国际收支统计(Balance of Payment Statistics，BOPS)、国际金融统计(International Financial Statistics，IFS)、贸易方向统计(Direction of Trade Statistics，DOTS)、政府财政统计(Government Finance Statistics，GFS)等。

(14) 世界银行公开数据(World Bank Open Data) (https://data.worldbank.org)，收录了世界银行数据库的 7000 多个指标，用户可以按国家、指标、专题和数据目录进行数据浏览，其中数百个数据可上溯 50 年。用户可以在该数据库中免费获取世界各国的发展数据。

(15) UN Comtrade 联合国商品贸易统计数据库，由联合国统计机构于 1960 年创建，该数据库的特点是年代覆盖长，国家收录多。目前，UN Comtrade 数据库提供来自 200 多个报告国家或地区的 33 亿条商品贸易记录，涵盖 6000 多种不同的产品和全球 99%的商品交易；数据持续更新。

(16) Wind 资讯金融终端，提供最齐全的中国金融市场数据与信息，内容覆盖股票、债券、基金、指数、权证、商品期货、外汇、宏观行业等多项品种，将行情报价、数据提取、分析工具、组合管理、财经信息等多种功能应用融为一体。Wind (万得) (http://www.wind.com.cn)被誉为中国的 Bloomberg，在金融业有着全面的数据覆盖，金融数据的类目更新非常快，据说很受国内的商业分析者和投资人的青睐。

(17) 彭博(Bloomberg)终端，提供来自全球 800 多个机构的 1200000 多个经济指数，其中包含来自中国的 60000 多个经济序列数据；实时更新重大经济数据、经济事件及经济日历。

提示：以上数据库大多为商业数据库，是否具有使用权限，取决于用户所在机构是否购买。

3) 通过政府开放数据站点获取

世界各国和国际组织的政府开放数据站点，也会发布相关统计数据，具体可参见表 5-1 和表 5-2。

4) 其他获取途径

(1) 巨潮资讯网(http://www.cninfo.com.cn/new/index)，是中国证券监督管理委员会指定的上市公司信息披露网站，创建于 1995 年，是国内最早的证券信息专业网站，同时也是国内首家全面披露深沪 2500 多家上市公司公告信息和市场数据的大型证券专业网站。

(2) 年鉴汪(https://www.nianjianwang.com)，是全国城市统计数据搜索引擎，浏览免费，下载收费。

(3) 第一财经商业数据中心(CBNData) (https://www.cbndata.com/home)，隶属上海文化广播影视集团有限公司(SMG)，是国内领先的消费研究机构及数字化增长服务商，致力于洞察消费行业前沿动态，提升企业品牌的运营及决策效率。

(4) 阿里研究院(http://www.aliresearch.com)，是依托阿里巴巴集团海量数据、深耕小企业前沿案例、集结全球商业智慧，以开放、合作、共建、共创的方式打造具影响力的新商业知识平台。

3. 统计网站检索举例

下面以国家统计局网站为例，对如何获取相关统计数据进行说明。

国家统计局的统计数据作为国家最权威数据供我们普通用户使用和挖掘。国家统计局(图 5-4)的主要职责是承担组织领导和协调全国统计工作，确保统计数据真实、准确、及时，制定统计政策、规划、全国基本统计制度和国家统计标准，起草统计法律法规草案，制定部门规章，指导全国统计工作等。

图 5-4　国家统计局主页

国家统计局的功能主要体现在以下两个方面：一是提供国家数据(包括 GDP、CPI、人口、行业总值、社会消费品总额、分区域数据、分时间数据、国家统计公报)、行业数据、省市数据、国际数据的集成查询平台，平台集成了一定的分析功能，提供多种文件输出、制表、绘图、指标解释、表格转置、可视化图表、数据地理信息系统等多种功能，是获取统计数据尤其是国内统计数据的首选渠道；二是一个统计资源导航与链接平台，提供了国内外常用统计资源的链接(图 5-3)。

查询国家统计局的数据首先要进入“统计数据”栏目下“数据查询”模块，平台提供分专题浏览搜索和输入关键词搜索两种形式。

【案例 5-4】查询四川省 2020 年分行业的平均工资。方式一，直接在国家数据平台输入“四川 城镇单位就业人员平均工资”查询；方式二，通过地区数据，选取四川-分省年度数据-就业人员与工资-按行业分城镇单位就业人员平均工资，选取行业-图表形式，结果见图 5-5。

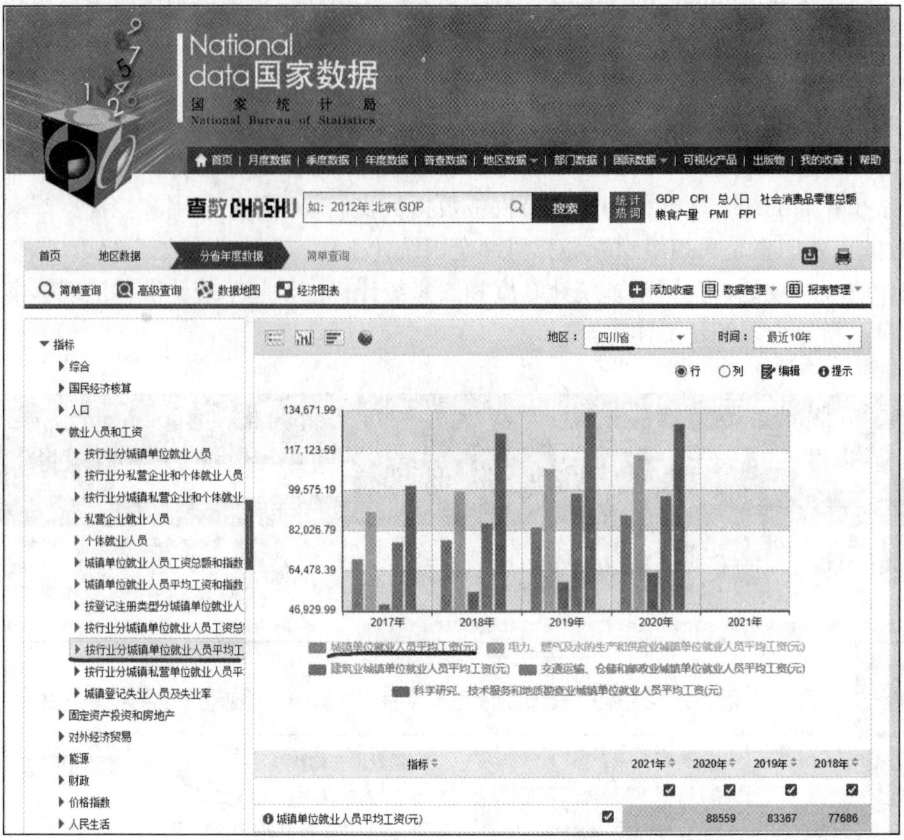

图 5-5　国家统计局网站数据查询页面

思考与训练：就业时大家比较关心工资水平，一般来说，大学毕业生跟当地所在行业城镇单位就业人员平均工资差别不大，所以在考虑就业区域选择时，可以查询所在地区省、市的城镇单位就业人员平均工资。

5.1.5　网络大数据检索

网络大数据是指“人、机、物”三元世界在网络空间中交互、融合所产生并在互联网上可获得的大数据。网络大数据的规模和复杂度的增长给现有的IT架构以及机器处理和计算能力带来了极大挑战，同时，也为人们深度挖掘和充分利用网络大数据的大价值带来了巨大机遇。网络大数据给用户个体提供选择依据和参考，同时也给行业从业者与管理者市场调查、用户画像、舆情跟踪、社会调查提供参考。网络大数据可以分为以下几类。

网络数据查询

1. 网站与APP使用统计与分析

（1）中国互联网络信息中心（http://www.cnnic.net.cn/hlwfzyj），是经国家主管部门批准组建的管理和服务机构，经常发布一些有价值的互联网信息报告。

（2）中国信通院（http://www.caict.ac.cn/kxyj/qwfb/bps），针对互联网多个行业的发展趋

势，发布白皮书，角度较为宏观。

(3) 清博智能(http://www.gsdata.cn)，提供微信、微博、头条榜单数据，各种研究报告、数据报告、舆情报告及行业热点。

(4) 5118(https://www.5118.com)，支持查询网站排名及发展趋势、百度收录情况等信息。

(5) 百度指数(https://index.baidu.com)，是百度旗下/以百度网民行为数据为基础的数据分享平台，支持查询需求图谱。

(6) 微信指数，微信旗下/基于微信大数据分析的移动端指数，打开微信，搜索“微信指数”即可。

(7) 阿里数据(http://dt.alibaba.com/alizs.htm)，是阿里旗下/反映淘宝平台市场动向的数据分析平台。

(8) 360 趋势(https://trends.so.com)，是基于 360 搜索的大数据分享平台。

(9) 移动观象台(http://mi.talkingdata.com)，基于移动设备用户的操作行为，提供应用、公众号排行等，以及大量数据报告。

(10) 新榜有数(https://data.newrank.cn)，支持查看公众号排行、公众号人群画像等功能。

(11) 百度统计(https://tongji.baidu.com)，是百度推出的一款免费的专业网站流量分析工具。

【案例 5-5】邓发云与郭娟良在 2021 年 6 月发表的《公共图书馆、档案馆与博物馆重大灾害下的社会应急响应机制研究》论文中，从微博、微信和抖音平台逐一搜索四川省图书馆、四川博物院与四川省档案馆发布的信息，并统计其发布的信息内容、阅读量和关注量，调研时间范围为 2020 年 1 月 19 日～2020 年 6 月 30 日，通过统计数据对三家单位疫情期间的社会响应程度进行分析。

2. 网络与 APP 使用研究报告

(1) 艾瑞网(http://report.iresearch.cn)，主要用户为互联网从业者；支持查看较新的数据报告，主研究网络媒体、电子商务、网络游戏等新经济领域。

(2) 艾媒网(https://www.iimedia.cn)，主要用户为移动互联网行业从业者，艾媒网发布的研究报告多偏向移动互联网方向。

(3) CBNData(https://www.cbndata.com/report)，主要用户为电商行业人士，以阿里巴巴的商业数据库为基础，输出产业经济分析报告。

(4) 阿里研究院(http://www.aliresearch.com/cn/index)，主要用户为电商行业从业者；阿里旗下/发布研究电商等方向趋势的数据报告，内容多与阿里相关。

(5) 艺恩(https://www.endata.com.cn)，主要用户为影视从业人员、爱好者；CBO 中国票房数据的提供方，提供一些行业数据报告，如动漫 IP 价值研究报告。

(6) 爱奇艺指数(http://index.iqiyi.com)，主要用户为爱奇艺用户/视频行业研究人员；基于爱奇艺播放数据，展现视频播放趋势、视频受众画像等信息。

(7) 高德地图(https://report.amap.com)，主要用户为交通情况关注者；支持实时查看国内交通情况，此外高德周期性提供一系列数据报告。

(8) 房天下产业网(https://fdc.fang.com)，主要用户为房地产从业者及相关人士；网站数据来源于中国指数(简称中指)研究院和 CREIS 中指数据，展示国内房地产数据情况。

3. 社交平台与舆情数据

(1) 新浪微博：评论、舆情数据，社交关系数据。

(2) Twitter：舆情数据，社交关系数据。

(3) 知乎：优质问答、用户数据。

(4) 微信公众号：公众号运营数据。

(5) 百度贴吧：舆情数据。

(6) 抖音：关注、播放数据。

(7) B 站：播放数据。

4. 餐饮食品与推广数据

(1) 美团外卖：区域商家、销量、评论数据。

(2) 百度外卖：区域商家、销量、评论数据。

(3) 饿了么：区域商家、销量、评论数据。

(4) 大众点评：点评、舆情数据。

5. 交通旅游选择数据

(1) 12306：铁路运行数据。

(2) 携程：景点、路线、机票、酒店等数据。

(3) 去哪儿：景点、路线、机票、酒店等数据。

(4) 途牛：景点、路线、机票、酒店等数据。

【案例 5-6】例如，要在 B 站找一个学习视频，可以在搜索结果中按最多点击量排名(图 5-6)，协助选择。

图 5-6　B 站搜索结果页面

6. 大数据导航网站

(1) 大数据导航 (http://hao.199it.com),以大数据产业为主，大数据工具为辅，给用户提供一个更加快速找到大数据相关的工具平台。

(2) 数据分析网 (http://www.afenxi.com/hao)。

(3) 大数据导航|大数据从业者的网址大全 (http://hao.bigdata.ren)。

5.1.6　其他数据资源

(1) 全球科研项目数据库 (ProjectGate) (http://project.llas.ac.cn)，汇聚了全球主要国家重要基金组织 2006 年以来的科研项目数据 180 多万条，涵盖中、美、英、德、加、法、日、澳、欧盟等 10 多个重点国家和组织，收录 23 个重要基金组织如 NSFC、NSSFC、NSF、NIH、NASA、EPA、DOE、DFG、RCUK、InnovateUK、Wellcome Trust、ANR、JSPS 等近 10 年资助的项目数据，提供项目、项目主持机构、项目主持人、项目成果的关联检索与浏览，支持检索或浏览结果的批量下载、科研项目信息的订阅等服务，提供科研项目数据一站式检索与发现、项目导航、机构导航、人员导航、多维度统计分析等功能，具有收录范围广，使用便捷，项目、机构、人员、出版物关联集成等优势和特点。

(2) 城市数据派 (https://www.udparty.com/index.php/lists/data?page=0)，汇聚了全国乃至全球顶尖城市数据创新的人才、技术、研究与应用成果、相关高校及科研机构、规划设计机构、数据科技企业等各行业知名企业的数据。

(3) GitHub 公共数据集 (https://github.com/awesomedata/awesome-public-datasets)，这是一个按“主题”组织的数据集，主要包含农业、生物、计算机、天气、经济学、博物馆、机器学习、交通等多个领域。

(4) Machine learning datasets 机器学习数据集列表 (https://www.datasetlist.com)，全网最大的机器学习数据集列表，这个列表集合了互联网上各大知名数据集。

(5) 中国大数据产业观察 (http://www.cbdio.com)，是一个大数据新闻门户网站，专注大数据、大数据分析和大数据应用，同时涉及移动互联网、征信、云计算等领域，为读者提供专业的大数据信息交流平台。

5.2　事 实 检 索

事实检索主要依靠众多的参考工具书来进行。参考工具书是指根据人们的需要，把某一范围的知识或资料加以分析、综合和浓缩，并按一定的排检方法编排，以备查阅、参考，用以解决有关事实和数据方面的图书(表 5-5)，主要包括词典、百科全书、年鉴、手册、名录、表谱、图录等，按出版方式分为印刷型与电子型。

表 5-5　不同检索需求应选用的参考工具书类型

检索需求	所用参考工具书类型
查询字词	字典、词典
查询各类知识	百科全书、类书

续表

检索需求	所用参考工具书类型
了解人物生平	传记、年谱
查询地理资讯	地图、方志、旅游集
发现古今事实	年鉴、年表、大事记
查询人物与组织	名录、机构
查询数据	统计、年鉴
查机构资料、人名、地名	辞海、名录、黄页、百页、百科全书
查询历代典章制度	政书
查询法令规章	法规

5.2.1　参考工具书与传统检索工具比较

参考工具书与传统检索工具的相同点在于：两者都是高度浓缩前人知识；正文和辅助部分的组织都遵循选定的编排规则；编排的目的都是为人们遇到的疑难问题提供参考和检索而非系统阅读。

参考工具书与传统检索工具的不同点如表 5-6 所示。参考工具书最主要的缺陷是不能查找某些正在发展中的最新数据和事实。

表 5-6　参考工具书与传统检索工具的不同点

比较内容	传统检索工具	参考工具书
文献类型	二次文献	三次文献
出版形式	期刊	图书
正文编排方式	以分类为主	以字顺为主
结果	文献的线索	具体答案
检索途径	多	相对较少
反映新信息	快	慢

5.2.2　字典、词典

字典(Dictionary)是汇集单字，主要解释字的形体、读音、含义及其用法，并按照一定方法编排以便查阅的工具书。

词典(Lexicon)是汇集词语，解释概念、词义和用法，并按一定方式编排供人检查参考的工具书。

字典、词典的分类如表 5-7 所示。

(1) 在线汉语字典(http://xh.5156edu.com)，该字典是最大、最全的在线汉语字典，包括汉语字典、汉语词典、成语词典等，收录超过 2 万个汉字、52 万个词语，可以找到相应汉字的拼音、部首、笔画、注解、出处及详细解释。

表 5-7　字典、词典的分类

字(词)典			概　念	举　例
按所收内容分	语文性字(词)典	综合性字(词)典	对字的音、形、义和词汇的意义、用法加以全面解释	《新华字典》《汉语大字典》《辞源》
		专门性字(词)典	汇集某一时代或某一著作的字(词)典，方言字(词)典等	《宋代语言词典》《诗经词典》《四川方言词典》
	知识性字(词)典	百科字(词)典	汇集各学科重要的术语和概念加以解释，提供最基本的知识	《辞海》《中国百科大辞典》
		专科字(词)典	收录某学科或专门领域的术语、概念加以解释，反映专业知识的概要	《哲学大辞典》《中国艺术家辞典》《中国古今地名大辞典》
按语种分	单语字(词)典		只有一种语种的字(词)典	《汉语成语大词典》《中华大字典》
	多语字(词)典		两种及以上语种间的对译字(词)典	《英汉大词典》《汉英科技大词典》

(2) OneLook Dictionary Search(在线语义词典)(http://www.onelook.com)，可查词语的英文解释，搜集了世界各地各种语言，包括英语、法语、德语、意大利语等语言的 900 多本词典的在线词典，可以免费检索与使用。

选择 Find definitions 选项，可得到含有该词定义的在线通用词典及专业词典列表；选择 Find translations 选项，可得到含有该词译文(其他语言)的在线通用词典及专业词典列表；选择 Search all dictionaries 选项，可得到含有该词定义的所有在线通用词典及专业词典列表。支持通配符*和?。

(3) Dictionary.com(http://dictionary.reference.com)，被誉为“最佳在线综合性语文词典”。每条款目中提供的内容包括读音、释义、词形、例证、词源、变化形式、用法、同义词、反义词等。

(4) Webster(韦氏大学词典)(http://www.merriam-webster.com)，该词典是美国最具权威的英语词典，网络版韦氏在线词典提供 47 万余个词条的详细解释及单词的在线发音。

(5) 金山词霸(http://www.iciba.com)，见图 5-7。金山公司开发的网站，提供在线词典、在线翻译、在线测试、金山词霸下载等服务，有英语句库、情景会话、英语学习资料等资源，爱词霸英语含有 150 余本词典，数百万词条，覆盖几十个专业领域。

(6) 海词(http://dict.cn)，为外语学习者提供在线英语、韩语、日语词典，英语、韩语、日语在线翻译和权威学习资料，是新时代的学习型在线词典。

(7) 有道词典和翻译(http://www.youdao.com)，网易旗下的有道翻译提供即时免费的中、英、日、韩、法、俄、西班牙文全文翻译和网页翻译服务。有道词典独创的“网络释义”功能，为用户提供较佳的翻译结果。有道词典 Android 版可为手机用户提供服务。

(8) FOLDOC 在线计算机词典(http://foldoc.org)，免费在线计算机词典，由英国帝国理工学院计算机系制作，可查计算机方面的名词术语等。

(9) TermOnline 术语在线(https://www.termonline.cn)，涵盖全国科学技术名词审定委员会公布的规范名词、科技新词、海峡两岸对照名词，又融入了中共中央编译局、中国外文出版发行事业局、国务院新闻办公室等机构发布的规范词，覆盖基础科学、工程与技术科学、农业、医学、人文社会科学、军事科学等各个领域的 100 余个学科，总数据量近百万条，是全球中文术语资源最全、数据质量最高的一站式知识服务平台。

图 5-7　以 goodness 为查询词的检索结果页面

(10) 中国特色话语对外翻译标准化术语库(http://210.72.20.108)，由中国外文出版发行事业局、中国翻译研究院主持建设的首个国家级多语种权威专业术语库，以习近平新时代中国特色社会主义思想术语和中国特色文化术语为主要内容。目前，平台发布了中国最新政治话语、马克思主义中国化成果、改革开放以来党政文献、敦煌文化等多语种专业术语库的 5 万余条专业术语，提供中文与英、法、俄、德、意、日、韩、西、阿等多种语言的术语对译查询服务。

(11) 美国当代英语语料库(COCA)(https://www.english-corpora.org/coca)，包含超过 10 亿个单词，且每年以 2000 万单词的数量持续更新，有极高的时效性。COCA 功能强大，除了可以查词频、查词组搭配、查单复数和时态变形，还可以查特定前缀和后缀的单词、查询同义词并进行比较、查常用语境等。

5.2.3　百科全书

百科全书(Encyclopedia)是荟萃人类一切门类知识或某一学科知识的完备的工具书，内容包括各学科或某学科的基本知识和重要研究成果，对每一学科提供定义、原理、方法、历史和现状、统计、书目等多方面的资料，被誉为“工具书之王”。百科全书能够不同程度地回答“何物”(What)、“何人”(Who)、“何时”(When)、“何地”(Where)、“为何”(Why)和“如何”(How)等问题，所以可以作为事实检索的起点。

(1)《中国大百科全书》第三版网络版(https://www.zgbk.com)，注册后可进行概念、术语、人物的网上查询。

(2) Encyclopedia Britannica Online(https://www.britannica.com)，是著名的《不列颠百科

全书》的电子版，需付费使用，但任何读者都可以申请 30 天免费试用。

(3) Encyclopedia.com，网上优秀的百科全书网站之一，以美国《简明哥伦比亚百科全书》为基础的免费电子百科全书检索网站。

(4) Bartleby (http://www.bartleby.com)，网上优秀的免费参考工具，包括《简明哥伦比亚百科全书》第六版。

(5) World Factbook (https://www.ciaworldfactbook.us)，CIA 提供世界上 267 个国家或地区的经济、地理、政治等背景知识，可下载当年及往年的版本。

(6) 维基百科，是来自世界各地的人民用不同的语言共同创建的百科全书。它基于 wiki 技术，强调自由、免费、内容开放，任何人都可以编辑百科全书中的任何条目。其宗旨是为全人类提供一个动态的、可自由访问和编辑的全球知识体。

(7) 百度百科 (https://baike.baidu.com)，是百度公司推出的一部内容开放、自由的网络百科全书。百度百科已经收录了超过 2100 万个词条，参与词条编辑的网友超过 717 万人，几乎涵盖了所有已知的知识领域。

提示：(6) 和 (7) 是开放的百科全书，其观点的准确性、权威性并未得到认证，在正式研究或者报告中一般不引用来自自由开放编辑的百科全书的内容作为证据。

5.2.4　年鉴

年鉴 (Almanac，Annual，Yearbook) 是系统汇集一年内的主要时事文献、学科进展情况、研究成果及有关统计资料，提供详尽事实、数据和统计数字，反映近期政治、经济发展动向及科学文化进步的年度出版物，主要依据为当年的政府公报和文件，以及国家重要报刊的报道和统计资料。年鉴选材严格、可靠，内容具有一定权威性，其分类和特点见表 5-8。

表 5-8　年鉴的类型

类　型	概　念	举　例
综合性年鉴	汇集世界、某地区、各国的概况、人物、事件、活动、统计资料，反映其政治、经济、文化、科技发展动态和成果的一种年鉴	《中国百科年鉴》《中国年鉴》《世界知识年鉴》《世界年鉴》《惠特克年鉴》《欧罗巴年鉴》
专科性年鉴	反映某一专业范围年度性的基本信息和文献的一种年鉴	《中国经济年鉴》《中国工业年鉴》《中国农业年鉴》《中国乡镇企业年鉴》
统计性年鉴	专门汇集统计资料的年鉴	《中国统计年鉴》《联合国统计年鉴》
地方性年鉴	反映特定区域范围内的全面或某一方面年度信息的年鉴	《广东年鉴》《中国经济特区年鉴》《广州经济年鉴》

(1) 年鉴网 (http://www.yearbook.cn)，该网站是由中国出版协会年鉴工作委员会主办的年鉴门户网站，主要用于国内年鉴行业的信息发布，罗列了全国各地各种年鉴的网址链接，可作为查找国内年鉴信息的起点。

(2) 中国年鉴网络出版总库 (http://nianjian.cnki.net)，这是目前中国最大的连续更新的动态年鉴资源全文数据库，内容覆盖基本国情、地理历史、政治军事外交、法律、经济、科学技术、教育、文化体育事业、医疗卫生、社会生活、人物、统计资料、文件标准与法律法规等各个领域，共 5300 多种、44000 多本、3900 多万篇。

(3) InfoPlease (http://www.infoplease.com)，该网站主要提供年鉴、传记数据库、百科知识、韦氏大学词典、地图集等。

5.2.5 手册

手册 (Handbook、Manual) 是汇集某一方面经常需要参考的文献、数据资料或专业知识的工具书。手册的名称很多，如指南、便览、一览、大全等。收录内容多为分式、数据、规格、条例、图表。手册的类型见表 5-9。

表 5-9 手册的类型

类 型	概 念	举 例
综合性手册	汇集所有学科或多个学科的专业知识、常用文献、基本数据、定义公式等利用频率较高的资料，供人们随时查检	《各国概况》《吉尼斯世界纪录大全》《中华人民共和国资料手册》
专门性手册	反映内容仅涉及某一专门领域知识的手册	《外贸知识手册》《学校教务工作实用手册》《经济工作手册》《工程手册》
常识性手册	以介绍人类日常生活实用知识为主要内容的手册	《家庭日用大全》《育儿手册》

相对于专业性的百科全书来说，手册、指南更实用，它们更偏向于回答“如何做”的问题。很多手册在相关政府部门或组织机构的网站上都可以找到。

各国概况 (http://www.fmprc.gov.cn/web/gjhdq_676201)。

外贸指南 (http://www.100trade.com/trade_index/index.asp?classid=4)。

吉尼斯世界纪录 (http://www.guinnessworldrecords.cn)。

5.2.6 名录

名录 (Directory) 是一种简要介绍人物、团体、物品或地域情况等事实材料的工具书，提供机构名称、地址、概况 (职能、组织、人士、活动、财力、产品、服务、出版物)，根据报道对象分为人名录、地名录、机构名录，如表 5-10 所示。

(1) CNKI 工具书库 (https://gongjushu.cnki.net/RBook)，该平台收录有各类人物传记 390 余种。

(2) 万方机构数据库 (http://institution.wanfangdata.com.cn/Institution/Navigation)，包括中国企业、公司及产品数据库，国内企业信息，中国科研机构数据库，国内科研机构信息，中国科技信息机构数据库，国内高校信息等。

(3) 中国历代人物传记资料库 (CBDB) (http://db1.ihp.sinica.edu.tw/cbdbc/ttsweb?@0:0:1:cbdbkm@@0.47946741292253137)，收录从先秦到晚清约 41 万人的传记、著作资料 (约 4 亿字)，所收录的人物主要出自 7 世纪～19 世纪，其中以唐、宋、明、清的人物传记资料最为充实。

表 5-10　名录的类型

类型	概念	举例
人名录	汇集一定范围人物的姓名及简况的名录。主要收录某一地域、时代或专业有关人物的姓名、简历、专业方向、学术成就、社会职务、通信地址、电话号码等信息。在编排上多以人名为目、简介为文、字顺为序来组织内容	《世界名人录》《美国名人录》《中国当代名人录》《中国林业专家大辞典》
地名录	汇集一定范围地名及简况的名录。其特点是收录地名数量大，但只提供地理位置、所属国别、经纬度等简单资料	《世界地名录》《中国地名录》
机构名录	汇集一定范围的组织、机构、企业、单位的名称及简介类资料的名录，又称组织机构指南。内容一般包括机构全称(简称)、简况、业务类型及范围、人员情况、负责人、单位地址、电话号码、邮政编码等	《世界大学名录》《中国企事业名录大全》《中国工商名录》

(4) Biography.com(传记网)(https://www.biography.com)，收录从古到今的 25000 余位世界杰出人物传记，所有资源来自于《剑桥百科全书》数据库、《美国传记剑桥词典》等权威工具书，同时还有视频、图片、书籍等，让我们有机会全方面地了解世界知名人物的前世今生，可按姓名和关键词检索，也可按姓名字顺浏览查找。

(5) 全国行政区划信息查询平台(http://www.xzqh.org/html)，由民政部网站提供，在这个平台上可查到面积、人口、政府驻地等信息。

(6) 中国物流行业网(http://www.cn56.net.cn/diming)，网站包含全国各省、市、县区、乡镇的概况信息，包括所属地区的人口数量、区域面积、地理位置、概括地图、历史沿革等内容。

(7) 地方政府官方网站，是查询和了解一个地方基本信息最直接也是最权威的渠道，如成都市人民政府官网(http://www.chengdu.gov.cn)等。

(8) 全球大学名录(http://univ.cc)，这是根据联合国教科文组织 1997 年的全球高校名单开发出来的一个在线数据库，由国际高校协会提供，查询结果是世界各高校的网站。

(9) Peterson’s Guide(彼得森研究生指南)(http://www.petersons.com)，这是由彼得森公司出版的美国、加拿大的大学和研究生院名录。

5.2.7　表谱

表谱是以表格、谱系、编年等形式反映历史人物、事件、年代的工具书。它主要用于查考时间对照、人物、史实基本情况、地理等资料，将表列事件化繁为简，便于说明与事件的纵横相关的问题，使人能够一目了然。它是按事物类别或系统编制的反映时间和历史概念的表册工具书，是年表、历表和其他历史表谱的总称，如《中国历史朝代顺序表》《中国历史大事年表-现代》《中国古今地名对照表》。

5.2.8　类书

类书是摘录、汇集多种文献中的原文，按类目或按韵部编排而成的工具书。类书是采辑若干古籍中有关事物的记载，将其按类或韵编排组织，以备检索文章掌故事实，是我国特有的百科性工具书，如《北堂书钞》《艺文类聚》《册府元龟》《永乐大典》《古今图书集成》等。类书的功用：查考事物起源、查检史实典故渊源、查找诗词文句出处、检索参考资料、辑录散佚残缺古书佚文、校勘考证古籍等。

5.2.9 政书

政书是记述历代或某一朝代的典章制度的沿革及政治、经济、军事、文化制度等方面史料的工具书。其中最具代表性的是十通，它系统完整地记录了中国历代典章制度沿革发展，是《通典》《通志》《文献通考》《续通典》《续通志》《续文献通考》《清朝通典》《清朝通志》《清朝文献通考》《清朝续文献通考》这十部政书的总称。

《通典》http://www.guoxue123.com/shibu/0101/01tdf/index.htm。

《文献通考》http://www.wenxue100.com/book_LiShi/47.thtml。

5.2.10 图录

图录又称图谱，是用绘画、摄影等方式反映事物或人物形象的工具书。类型主要有历史图录、人物图录、艺术图录、文物图录、科技图录、地图。其功能主要是提供文字以外的形象和直观资料。

搜韵-诗词门户网站(https://www.sou-yun.cn)，里面有词谱、曲谱、人物。

历史地图(http://lishi.zhuixue.net/ditu)。

5.2.11 物化数据

物化数据可用于查找物质的物理化学特性及参数，如密度、黏度、热容、熔点、沸点、汽化热、生成热、导热系数等。

(1)化学元素特性(http://www.webelements.com)，提供化学元素周期表及各元素的物化特性数据。

(2)物理学参考数据(https://www.nist.gov/pml)，由美国国家标准与技术研究院提供，包括物质基本物理属性、原子和分子光谱数据、核物理属性、射线及放射属性、凝聚态物质属性等。

(3)医药药品信息(https://medlineplus.gov)，由美国国家医学图书馆提供，包括“药品信息”、“医学百科”、“医学专业字典和医疗人员”和“机构名录”等栏目。

研讨与训练 5-1 查询以下数据

(1)查询大学生恋爱影响因素，各个因素的占比(用中国知网查询大学生恋爱实证研究)。

(2)进入国家统计局(http://www.stats.gov.cn)，单击“统计数据”栏目，进入统计查询界面。

①查询全国你所在行业的平均工资(指标为：按行业分城镇单位就业人员平均工资)。

②查询你未来就业省市的行业的平均工资。

③查询你希望就业省市的行业的平均工资；并将结果进行对比。

第 6 章　特种文献检索

特种文献是指出版发行和获取途径都比较特殊的科技文献，特种文献一般包括专利文献、标准文献、学位论文、会议文献、科技报告、科技档案、政府出版物七大类。特种文献特色鲜明、内容广泛、数量庞大、参考价值高，是非常重要的信息源。

6.1　专　　利

党的二十大报告中 50 多次提到“创新”，强调“基础研究和原始创新不断加强，一些关键核心技术实现突破，战略性新兴产业发展壮大”，而长期实践证明，专利制度是激励创新发展的有效机制，专利促进创新，创新驱动发展，发展诱发专利。专利制度起源于欧洲，现代专利法最早由英国制定实施，中国专利制度于 1985 年 4 月正式实施。

世界知识产权组织(WIPO)报道：在各式专业期刊、杂志、百科全书等有关技术发展的资料中，唯一能够全盘公开技术核心的仅有专利文献；专利说明书中包含世界上 90%～95%的(大多具有商业价值)研究成果，而且其中 80%并未在其他期刊、杂志中刊登。可以说，专利文献几乎记载了人类取得的每一个新技术成果，是最具权威性的世界技术的百科全书。善用专利信息，可缩短 60%的研发时间，可节省 40%的研发经费。

6.1.1　专利知识概述

专利是受法律规范保护的发明创造，它是指一项发明创造向国家审批机关提出专利申请，经依法审查合格后向专利申请人授予的在规定的时间内对该项发明创造享有的专有权。

1. 专利类型

各个国家的专利类型不一样，我国的专利一般分为三种类型(表 6-1)：发明专利、实用新型专利和外观设计专利。发明专利是三种专利中最重要的一种。与发明专利相比，实用新型专利创造性低，但实用价值大。而美国专利法对发明、植物和外观设计均予以专利保护，未设置实用新型保护制度。

表 6-1　我国专利的类型及特点

类型	发明专利(20 年)	实用新型专利(10 年)	外观设计专利(15 年)
要求	对产品、方法及其改进提出的新的技术方案	对产品形状、构造及其结合提出的实用方案	对产品形状、图案、色彩或者其结合所做出的富有美感并适合于工业上应用的新设计
特点	具有突出的实质性特点和显著进步	具有实质性特点和进步	具有实质性特点和进步

2. 专利的性质

专利的性质及其定义如表 6-2 所示。

表 6-2 专利的性质及其定义

使用范围	性 质	定 义
在申请中的三性	新颖性	申请日以前没有同样的发明或者实用新型在国内外出版物上公开发表过、在国内公开使用过或者以其他方式为公众所知
	创造性	与申请日以前的技术相比，该发明或实用新型有突出的实质性特点和显著的进步
	实用性	该发明或者实用新型能够制造或者使用，并且能够产生积极效果
在使用中的三性	排他性	在一定区域范围内，其他任何人未经许可都不能对其进行制造、使用和销售等
	区域性	一种有区域范围限制的权利，它只有在法律管辖区域内有效
	时间性	专利权的法律保护受时间限制，只有在法律规定的保护期限内，权利人才享有独占权

【案例 6-1】专利新颖性是指该发明或实用新型不属于现有技术，也没有任何人就同样的发明在申请日前向国家知识产权局提出申请，并记载在申请日之后公布的专利申请文件或公告的专利文件中。例如，贝尔仅比格雷早 1 小时向美国专利局申请电话机的专利，便使贝尔成为“电话发明之父”。

3. 专利分类法

专利分类法是从分类角度管理和检索专利文献的工具。《国际专利分类表》(IPC 分类)(表 6-3)是根据 1971 年签订的《国际专利分类斯特拉斯堡协定》编制的，是目前国际通用的专利文献分类和检索工具，当前使用的是 2016 版。该分类法按照技术主题分类，采用等级结构，把整个技术领域按降序分为五个不同等级(图 6-1)，即部、大类、小类、大组和小组。

表 6-3 国际专利分类法的部和分部

部号	部	分 部
A	人类生活必需	农业、食品与烟草、个人与家用物品、保健娱乐
B	作业、运输	分离与混合、成型、印刷、交通运输
C	化学、冶金	化学、冶金
D	纺织、造纸	纺织和未列入其他类的柔性原料、造纸
E	固定建筑物	建筑、钻井和采矿
F	机械工程、照明、加热、武器、爆破	发动机与泵、一般工程、照明与加热、武器与爆破
G	物理	仪器、核子
H	电学	不设分部

4. 专利信息的表示与内涵

专利信息是指以专利文献作为主要内容或以专利文献为依据，经分解、加工、标引、统计、分析、整合和转化等信息化手段处理，并通过各种信息化方式传播而形成的与专利有关的各种信息的总称。

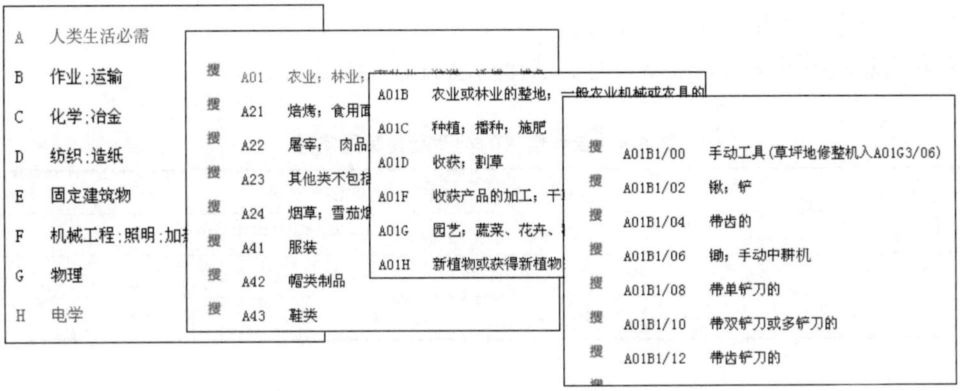

图 6-1　国际专利分类法举例

1) 表现专利信息的各字段

专利信息中的字段含义如表 6-4 所示。

表 6-4　专利信息中的字段含义

字　段	字段含义
标题	专利主题的简短描述，可以人工快速浏览与检索
摘要	简要描述专利的技术内容，最常用的检索字段，常与标题一起进行关键词检索
权利要求书	比标题和摘要更能确切地说明发明主题
说明书	是对发明或者实用新型的结构、技术要点、使用方法的介绍，包括技术领域、背景技术、发明内容、附图说明、具体实施方法
发明人	实际从事发明创造工作的人
代理人	经过专利培训与考核，并在国务院专利行政部门登记，专门从事专利代理业务的人员
申请人	对某项发明创造有资格向专利行政部门提出专利申请的公民、法人或者非法人单位，专利没授权前的申请人称为专利申请人，授权后称为专利权人
申请号	申请人在专利申报时，由国家知识产权局给申请人的受理号，即知识产权局受理专利时给专利提供的识别代码。三种专利申请号均由 12 位数字组成，按年编排
申请日	申请日是指国家知识产权局收到专利申请文件的日期
公开号	发明专利公布的编号
公开日	发明专利申请公开之日
专利号	三种专利授权以后的代号
主分类号	同一专利申请中，由于技术内容的复杂性，有时会涉及多个技术领域，会出现一个申请具有若干个分类号的情况。这时，其中第一个称为主分类号
优先权日	专利申请人就同一项发明在国际专利组织缔约国中的一个国家提出申请之后，在规定的期限内又向其他缔约国提出申请时，申请人有权要求以第一次申请日期作为后来提出申请的日期，这一申请的日期就是优先权日
法律状态	有效性、权利转移状况及授权
引证文献	包括某件专利所引证的在先技术和日后引证该案的专利，可用来研究技术的衍生变化、上下位关系、公司研发特点及不同申请人的技术关联

2) 专利信息的类型及其著录字段

专利信息是技术信息、经济信息、法律信息的综合体，见表 6-5。

表 6-5　专利信息的类型及其著录字段

反映信息类型	反映该类信息的字段
技术信息	分类号、摘要、说明书、权利要求书、附图、摘要及著录项目、原文
经济信息	专利目录、各种日期信息
法律信息	申请人、发明人、权利要求、法律状态

专利信息的 6 要素分别是 Who(申请人、发明人)、When[申请日、公开(公告)日、优先权日]、Where(地址、申请国、指定国)、What(分类号、名称、摘要)、Why(权利要求书、说明书)、How(法律状态)。

5. 中国专利权审批的一般过程

中国专利权审批的一般过程如图 6-2 所示。

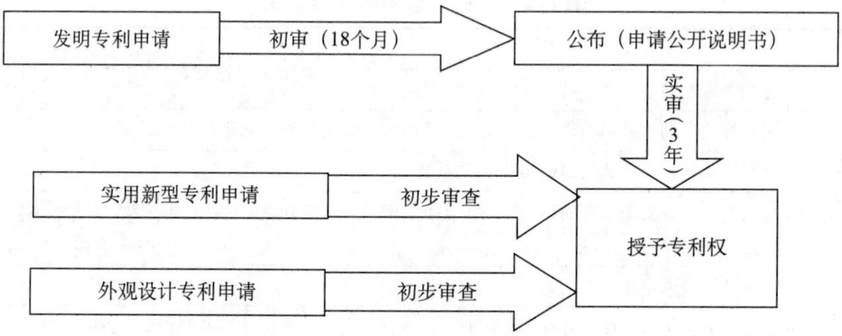

图 6-2　中国专利权审批的一般过程

依据专利法，发明专利申请的审批程序包括受理、初审、公布、实质审查以及授权五个阶段。实用新型或者外观设计专利申请，在审批中不进行早期公布和实质审查，只有受理、初审和授权三个阶段。

6. 专利族与优先权期限

专利族(Patent Family)即不同国家授予同一项技术发明的一组专利(具有不同的专利号)。同一专利族中的每件专利文献均为该专利族成员(Patent Family Members)，即同一专利族中每件专利文献互为同族专利。同一专利族中最早优先权(最先申请)的专利文献称为基本专利。同族专利的作用：提供有关该项发明的最新技术发展信息，在国际市场的发展状况、法律状态和经济情报(了解专利权人就该项技术在国际范围内的专利布局)，帮助阅读者克服语言障碍。按照《保护工业产权巴黎公约》规定优先权期限：发明和实用新型的优先权期限为 12 个月，外观设计的优先权期限为 6 个月。

6.1.2　专利检索

1. 专利检索内容

专利检索的内容不单单是指专利文献本身，还包括专利申请从申请递交到审批、授权、复审、无效等程序中的信息，以及权利转让、质押等相关信息的检索。

2. 专利检索界面形式

(1) 表格式检索界面。先将所要检索的内容填写在特定字段的表格中，然后开始检索。图 6-3 是国家知识产权局专利检索平台上检索重点产业专利信息服务平台界面。

图 6-3　国家知识产权局专利检索平台表格检索界面

(2) 逻辑检索界面。将所要检索的主题内容按照一定的逻辑组配关系组合成检索提问式填写在表格中，并开始检索。图 6-4 是美国专利商标局网站上的美国专利数据库高级检索界面。

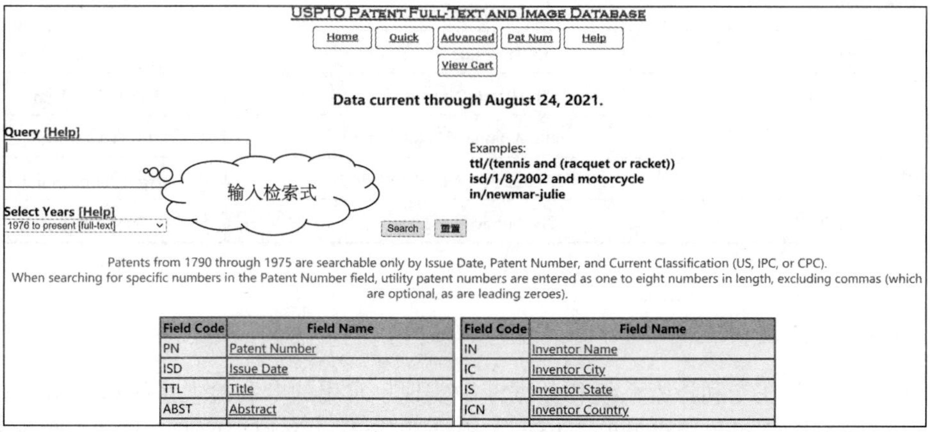

图 6-4　美国专利数据库高级检索界面

3. 专利检索途径

专利检索系统一般都根据专利信息的特征提供多个检索字段。用户可根据已知条件和用途从检索入口做出选择(表 6-6)，可以进行单字段检索或多字段限定检索。

表 6-6 专利检索途径

途 径	字 段	用 途
主题检索	名称、摘要(关键词检索)	最常用的检索途径。根据课题需要，主题检索与名称检索可进行组合
分类检索	分类号、主分类号	由于世界各国都采用统一的国际专利分类法，相同技术主题的文献都具有相同的分类号，所以通过分类检索专利文献，可以比其他途径达到更高的查全率，特别适合专利查新检索
人员和机构检索	发明人、专利申请人、专利权人、专利受让人、代理人、代理机构	主要通过发明人、专利权人名称查找特定专利。可以定期对某一领域的专家作为发明人进行检索，跟踪其技术开发的动态，并根据检索结果，从中寻找本公司或企业需求的专家、潜在雇员或可能的技术转让者。还可将同一领域的公司、企业或科研机构作为专利权人进行定期跟踪检索，随时掌握对方的技术开发动态
号码检索	申请 / 专利号、公开 / 公告号、优先权	可参考各国法律和各专利组织规范
日期途径	申请日、公开日、公告日	可进行技术发展时间的推算
地址途径	国籍、地址	申请人和/或发明人的国籍、地址，可显示地理及经营策略

4. 常用国内外专利检索系统检索字段对比说明

常用国内外专利检索系统检索字段名称对比如表 6-7 所示。

表 6-7 常用检索字段名称对比

国家知识产权局	美国专利商标局	欧洲专利局
名称	TTL(Title)	Title
摘要	ABST(Abstract)	Abstract
申请(专利权)人	AN(Assignee Name)	Applicant
发明(设计)人	IN(Inventor Name)	Inventor
公开(公告)号	PN(Patent Number)	Publication Number
分类号	ICL(International Classification)	IPC Classification
申请(专利)号	APN(Application Serial Number)	Application Number
公开(公告)日	PD(Publication Date)	Publication Date

6.1.3 专利检索工具

专利检索通常在专利检索系统和数据库中实现。常用的专利检索系统和数据库有：各国家或者地区知识产权局提供的网上检索平台(如国家知识产权局的专利检索与服务系统、欧洲专利局的 ESPACNET 数据库、美国专利商标局 PAIR 数据库等)，商业信息机构提供的商业数据库(如汤森路透的德温特世界专利创新索引 DⅡ数据库、中国知网专利数据库、万方专利数据库)，以及专利信息服务商提供的数据库。

1. 国家知识产权局专利检索及分析平台

国家知识产权局专利检索及分析平台(http://pss-system.cnipa.gov.cn)是集专利检索与专利分析于一身的综合性专利服务系统(图 6-5)。系统依托于丰富的数据资源，提供了简单、方便、快捷、丰富的专利检索及分析功能，丰富的接口服务和工具性功能也为检索及分析业务提供了强有力的支撑。

图 6-5　国家知识产权局专利检索及分析平台登录页面

检索功能：常规检索、高级检索、药物专题检索、检索历史、检索结果浏览、文献浏览、批量下载等。

分析功能：快速分析、定制分析、高级分析、生成分析报告等。

数据范围：专利检索及分析系统共收集了 105 个国家、地区和组织的专利数据，同时还收录了引文、同族、法律状态等数据信息。

数据更新：中国专利数据每周二、周五更新，滞后公开日 3 天；国外专利数据每周三更新；引文数据每月更新；同族数据每周二更新；法律状态数据每周二更新。

高级检索主要根据收录数据范围提供丰富的检索入口和智能辅助的检索功能。可以根据自身的检索需求，在相应的检索表格项中输入相关的检索要素，并确定这些检索项目之间的逻辑运算，进而组合成检索式进行检索。如果希望获取更加全面的专利信息，或者对技术关键词掌握得不够全面，可以利用系统提供的“智能扩展”功能辅助扩展检索要素信息。在单击“高级检索”按钮之后，系统显示高级检索页面，主要包含四个区域：检索历史、范围筛选、高级检索和检索式编辑区，如图 6-6 所示，通过将鼠标指针移动到检索表格项区域查看检索字段的应用说明信息。

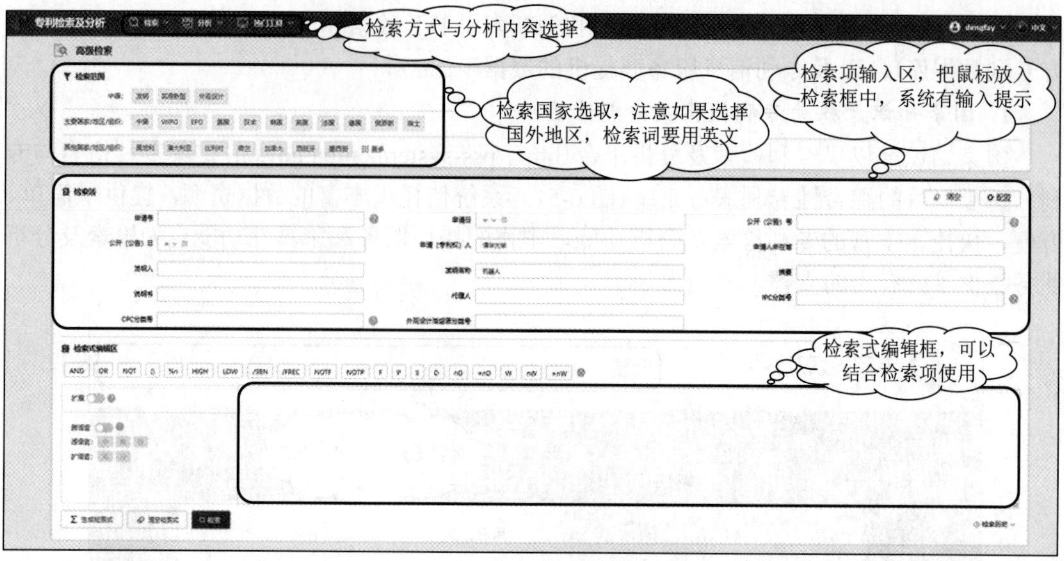

图 6-6　国家知识产权局专利高级检索页面

可以通过“跨语言”功能实现构建一种语言(中、英、日)检索式同时在中、英、日三种语言专利文献中进行检索。在高级检索中，为了便于通过构建简单的检索式获取最全面的专利文献信息，系统提供了“扩展检索”功能。通过该功能，系统自动根据输入的检索要素按照业务规则扩展含义相近的关键词等信息，并进行检索。

概要浏览是常规检索、表格检索等默认的检索结果展现方式。当通过某种检索方式检索之后，系统按照默认的配置以列表的方式展现检索结果信息。如图 6-7 所示，概览列表用于浏览文献的著录项目信息。图中主体部分为文献信息列表。

切换显示模式：可通过按钮 搜索式 列表式 多图式 切换显示模式，如搜索式、列表式、多图式。

排序功能：使用排序下拉列表框 申请日降序 进行检索结果排序，支持按照申请日降序、申请日升序、公开日降序、公开日升序进行排列。

过滤功能：使用“过滤”按钮 过滤 进行显示字段设置、文献类型过滤、日期筛选、显示语言过滤等操作。

详细浏览是一种全面浏览专利文献信息的浏览模式。通过该种浏览模式，可以全面掌握专利文献的技术实现原理。在详细浏览中可以查看到文献的著录项目、全文文本以及全文图像信息。确定浏览文献之后，进入详细浏览页面，如图 6-8 所示。

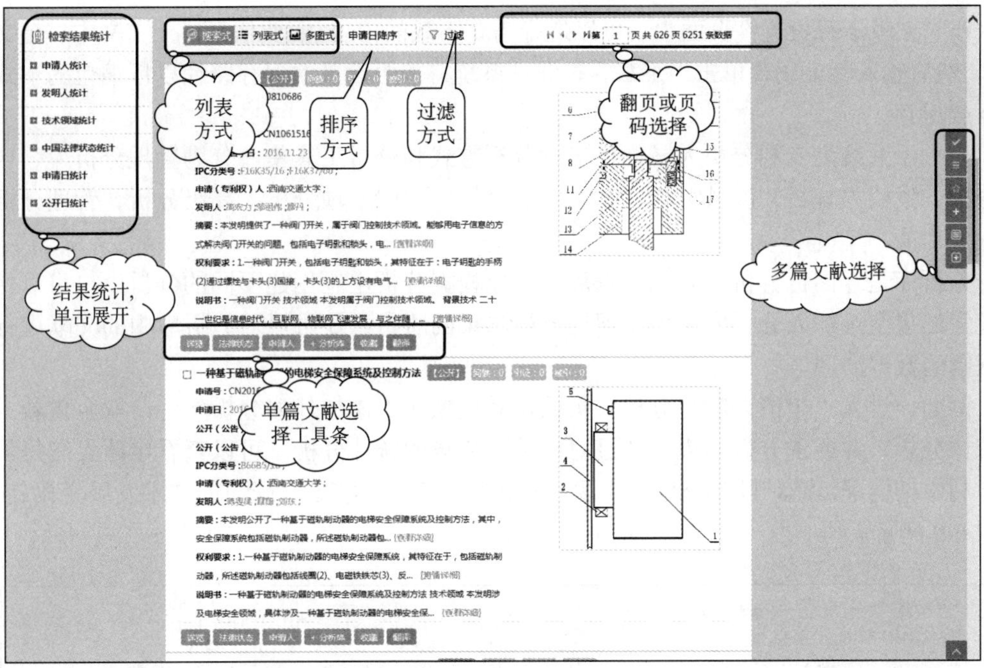

图 6-7　概要浏览页面

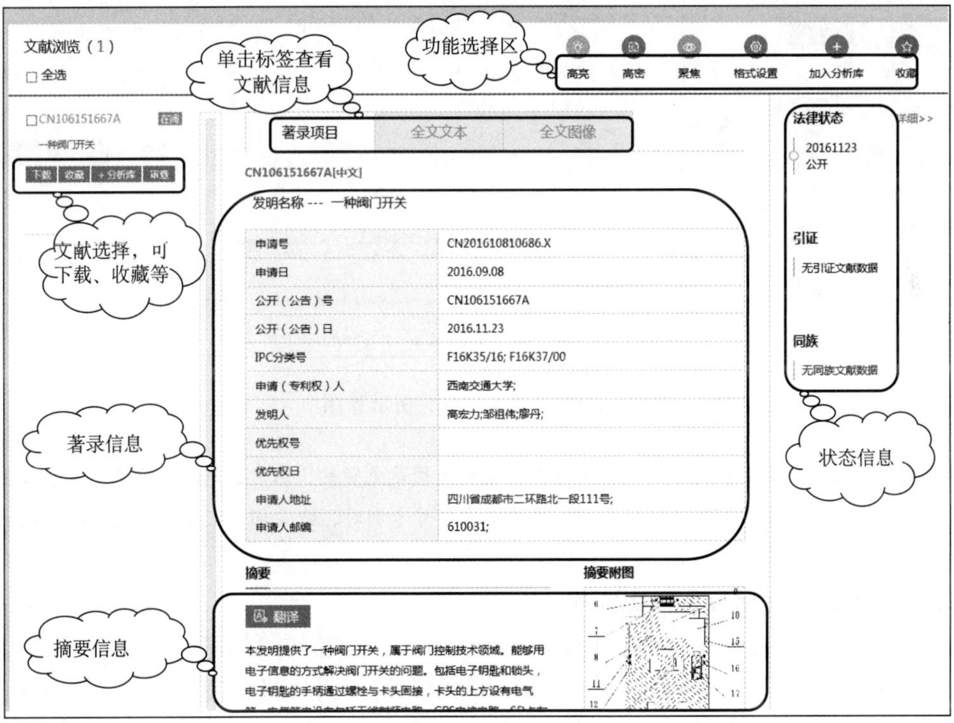

图 6-8　详细浏览页面

在“文献下载设置”页面中，可以选择需要下载的内容(摘要信息、全文文本、全文图像)，然后输入验证码，单击“下载”按钮，系统将按照设置的保存路径以压缩包的形式进行下载保存。

分析子系统为专利分析人员提供多种分析方式和分析工具集，分为管理分析库、申请人分析、发明人分析、区域分析、技术领域分析、中国专项分析、高级分析、管理分析结果八大功能。

分析库是存储待分析文献的数据库，可以根据分析主题创建不同的分析库。可以将一个检索结果全选加入分析库。为了保证分析结果的质量，还可以对分析库中的文献进行指定规则的数据清理。

例如，进入“申请人趋势分析”页面，系统默认不添加任何分析条件，取全量数据进行统计分析，并展现分析结果。通过对申请人趋势的统计分析，可以查看申请人在每年中的专利申请情况，针对目前分析的主题，了解各申请人在特定时间内的技术发展变化趋势，如图 6-9 所示。

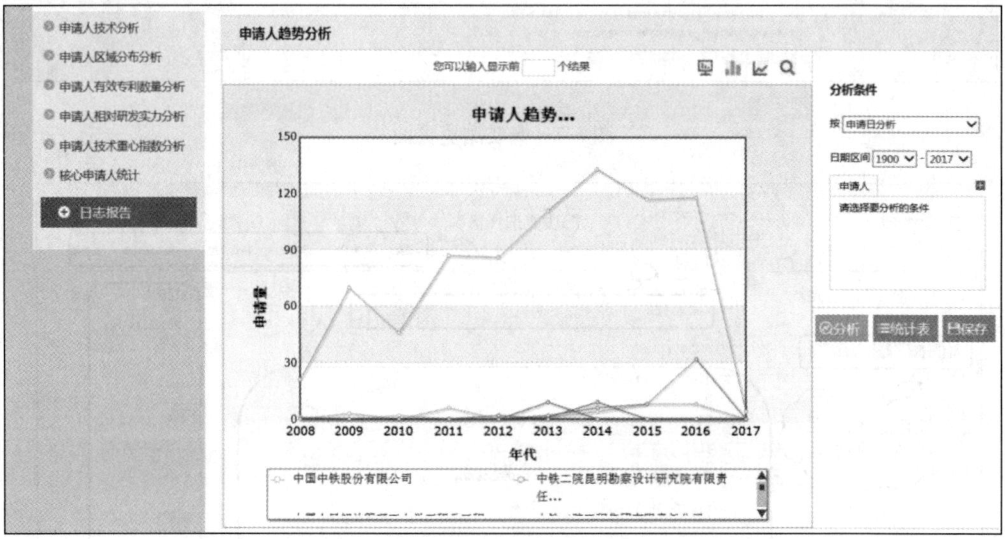

图 6-9　申请人趋势分析示意图

特别提示：国家知识产权局专利检索及分析系统的使用是免费的，但需要先注册登录。该系统也可以检索美国、欧洲、日本等国家和地区的专利，当要检索国外专利时，检索词一定要是英文，也可以通过高级检索页面选定特定国家。

2. 美国专利与商标局专利数据库

USPTO(United States Patent and Trademark Office)是美国专利与商标局的简称，其网址是 http://www.uspto.gov。该网站收录了 1790 年至今的美国全部授权专利，以及 2001 年 3 月 15 日之后的公开专利申请，每周更新一次。

在该网站首页把鼠标指针放置在 Patents 上，单击 Search for patents 栏目，进入专利检索界面，如图 6-10 所示；或者直接输入网址 http://patft.uspto.gov，也可以直接进入美国专利与商标局专利检索界面。网站提供多种专利资源检索途径：PatFT 可检索 1790 年至今的授权专利，其中 1790～1976 年的专利是扫描格式，1976 年以后的专利全文为文本格式；AppFT 可检索 2001 年 3 月 15 日以来专利申请公开说明书的全文扫描格式。系统提供快速检索、高级检索、专利号检索三种检索方式，下面以授权专利库为例介绍三种检索方式。

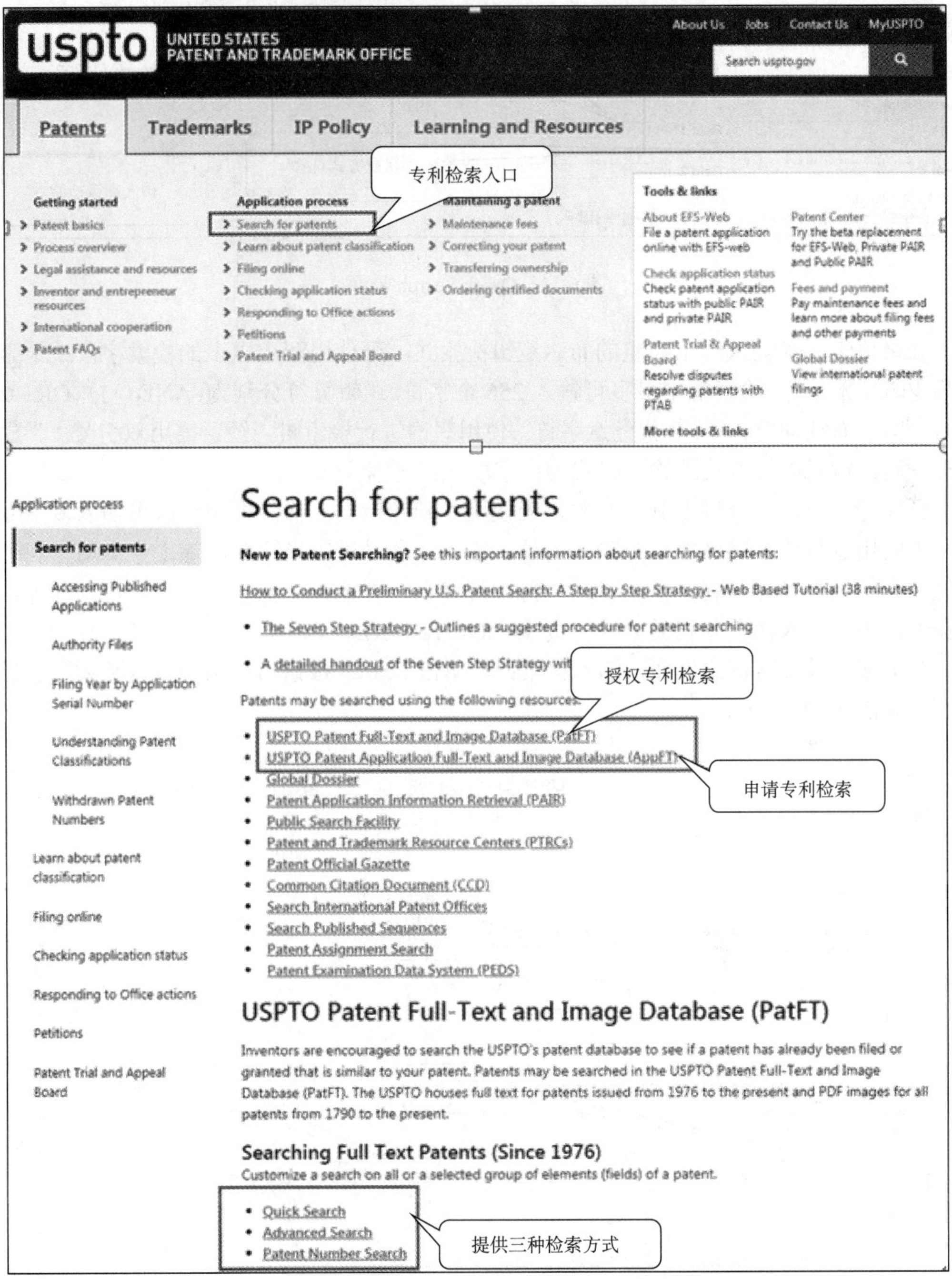

图 6-10　美国专利与商标局专利检索界面

在图 6-10 所示界面中，单击下面的 Quick Search 超链接，即可进入快速检索界面，如图 6-11 所示。快速检索提供了两个检索框进行逻辑组配检索，输入的检索词可以限定在 30 个检索入口以及全部字段，默认为全部字段。

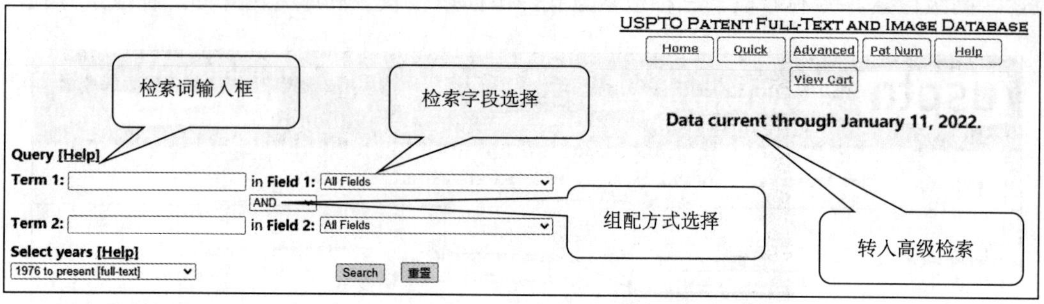

图 6-11　Quick Search 界面

高级检索要求输入一个完整的布尔逻辑检索式，可使用两个以上的检索字段或检索词进行逻辑组配运算。检索框中最多可输入 256 个字符。逻辑算符分别为：AND（与）、OR（或）、NOT（非）。右截词符$，可替代任意字符。使用短语进行检索时，短语需用双引号“”进行处理。高级检索中检索式的输入格式为：字段代码/检索词。

已知专利号，欲查找专利全文时，应使用专利号检索。检索框中一次可输入多个专利号，中间用逗号或者空格加以分隔。另外，输入专利号时应当注意，除工业实用专利外，其他专利如外观设计专利、植物专利、再公告专利、再审查专利、防卫性公告专利等，必须在号码之前输入代表专利类型的前缀（U、D、PP、RE、T、H）。

在上述各种检索模式界面，输入检索词，单击 Search 按钮后，出现检索结果列表显示界面，如图 6-12 所示。

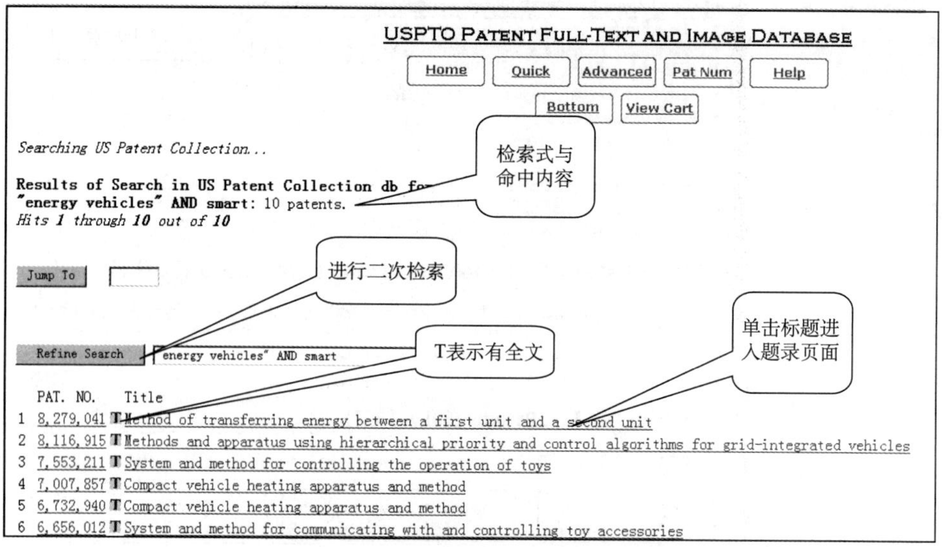

图 6-12　检索结果列表显示界面

检索结果列表页中仅显示每条记录的专利号及专利名称。每页最多列出 50 条记录，要想浏览更多的检索结果，单击当前页面中的 Next 50 Hits 按钮，若想进行跳跃式浏览，单击 Jump to 按钮并输入想要查看的记录号。

在检索结果的列表显示页面，单击专利名称或者专利号，可以看到该记录详细的全文信息，即专利说明书的文本形式，如图 6-13 所示。打开 IE 浏览器中的 File 菜单，选择 Save 或 Print 选项，可实现对记录全文的存盘或打印。

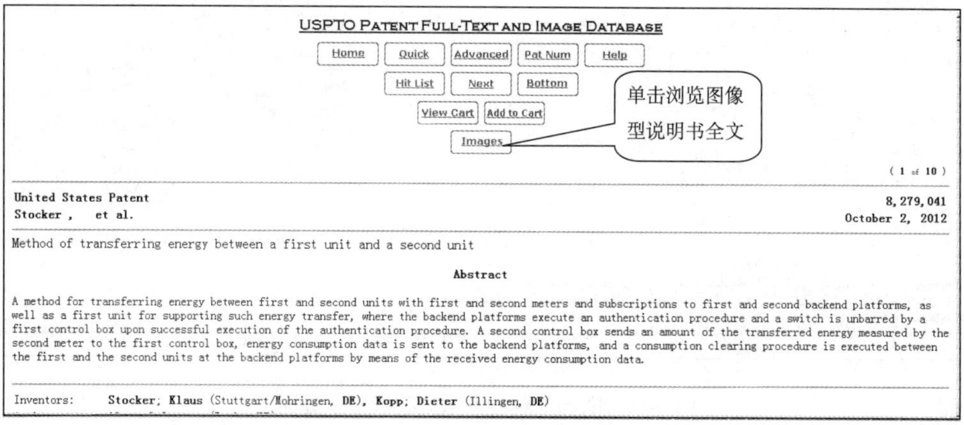

图 6-13　专利说明书全文文本界面

特别提示：美国专利与商标局的美国专利一般为全文本 HTML 格式，看不到其中的图形，如果需要查看专利说明书的图形文件，单击图 6-13 上的 Images 按钮即可。

3. 欧洲专利局专利检索系统

欧洲专利局(European Patent Office)的网站(http://www.epo.org)是一个提供专利文献免费检索及下载服务的网站。它涵盖的世界专利范围广，收藏量达 6000 多万件，收录了 90 多个国家的专利信息，包括欧洲专利(EP)，英、德、法、奥地利等国家的专利，以及世界知识产权组织的世界专利(WO)和日本专利，其中以美国、英国、法国、德国、EP、WO 的收藏最全。欧洲专利局网站可浏览 20 多个国家的专利全文说明书，其专利说明书都是以图形方式存储的，格式为 PDF。

在该网站首页 Searching for patents 栏目选择 Espacenet - patent search 选项，单击 Open classic Espacenet 链接进入专利检索系统的初级检索页面。通过页面的 Change country 菜单，可以将界面语言切换为自己熟悉的语言。该系统支持使用英语、德语、法语三种语言进行检索，如图 6-14 所示。该系统提供智能检索(Smart Search)、高级检索(Advanced Search)和分类检索(Classification Search)三种检索方式，检索时一般使用高级检索，高级检索界面如图 6-15 所示。

特别提示：通过欧洲专利局主页进入欧洲专利局数据库主页路径比较难找，最简单的方法就是先登录国家知识产权局网站，在专利检索页面有“其他国家局专利检索入口”选项，展开菜单，有“欧洲专利局”项，单击可以直接登录欧洲专利局数据库高级检索页面，登录其他国家专利检索也可以通过此链接方式。

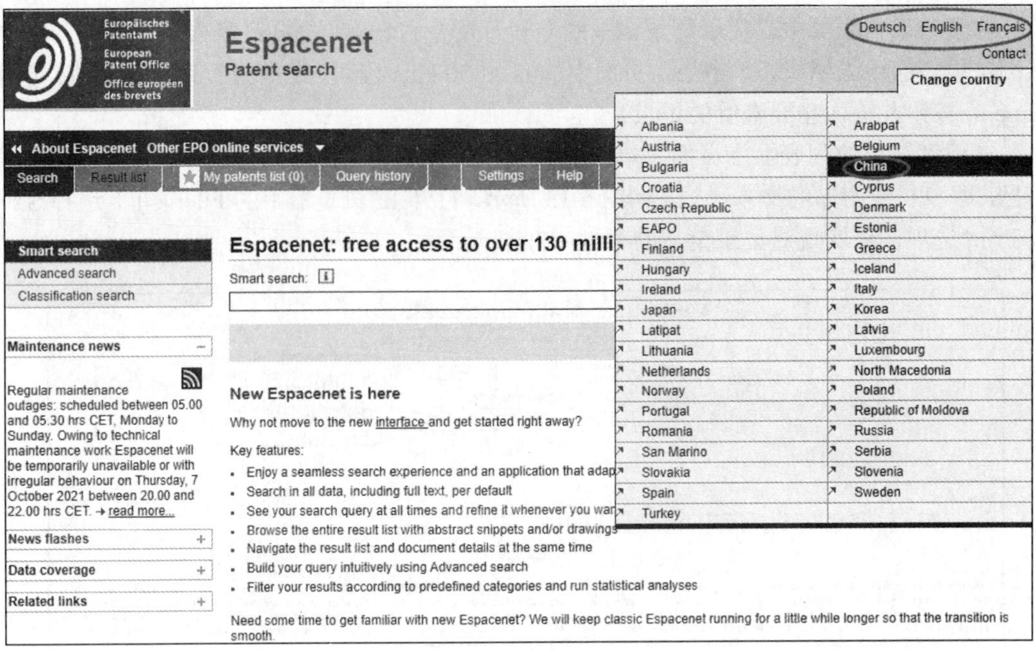

图 6-14 欧洲专利检索系统初级检索界面

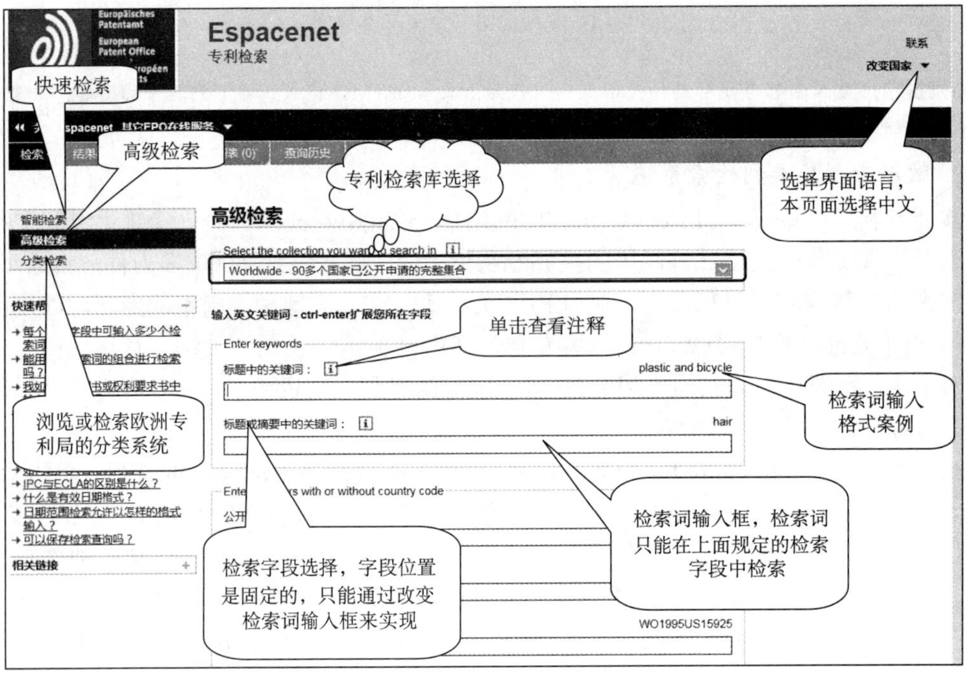

图 6-15 欧洲专利检索系统高级检索界面

高级检索可通过发明名称(从标题或摘要检索)、公开号、申请号、优先权号、公开日期、申请人、发明人、欧洲专利分类号、国际专利分类号等多种途径进行检索，各字段之间默认为逻辑与的关系。

分类检索可浏览国际专利分类表 A-H8 及 Y 大部的下位详细分类，单击对应的英文标题也能浏览下位详细分类。

一个检索框支持 1 个或多个关键词检索，支持布尔逻辑运算，默认词间关系为逻辑与，支持截词符(*表示无限截词；？表示 0～1 个字符；#表示 1 个字符)。

执行检索后，显示检索结果的题录(图 6-16)，单击专利名称将显示专利的文摘信息(图 6-17)，单击 Original document 标签链接，即可显示 PDF 格式的专利原文。

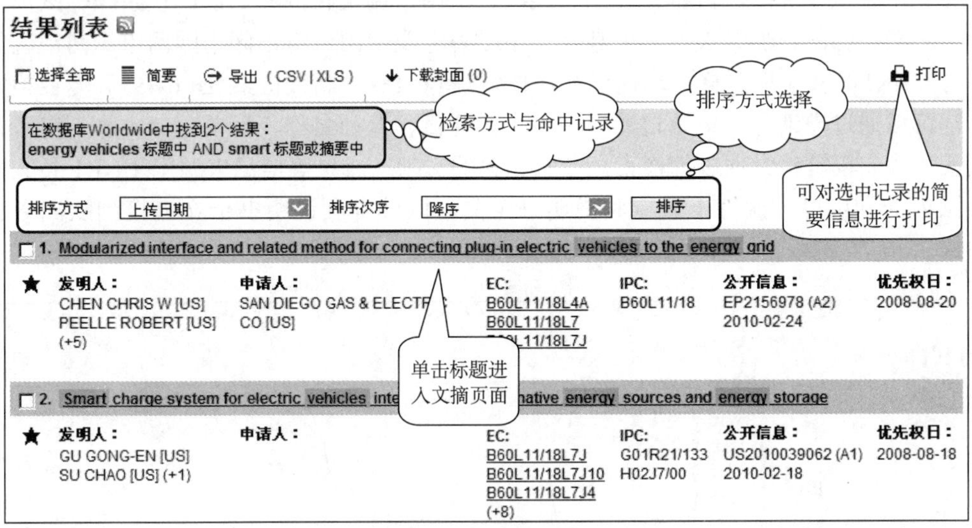

图 6-16　检索结果的列表页面

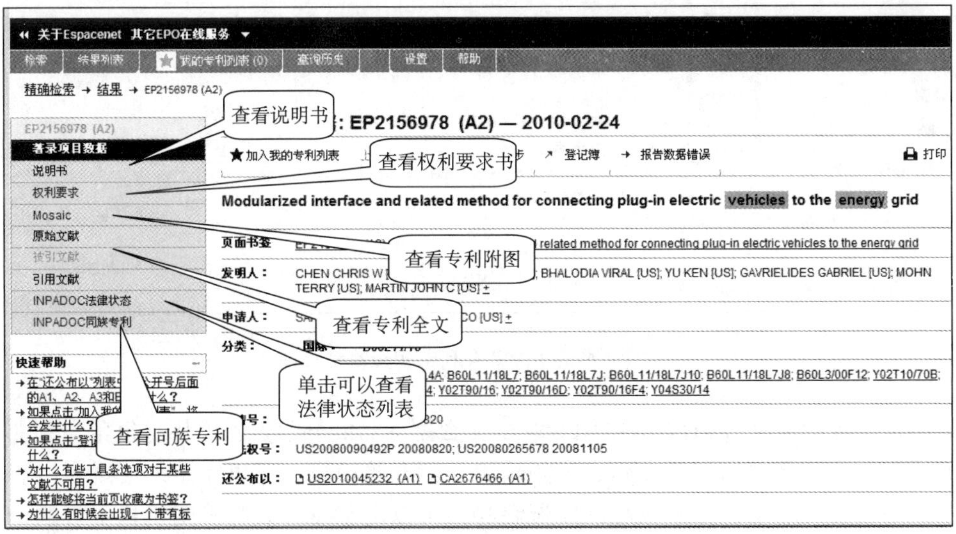

图 6-17　检索结果显示的文摘页面

4. 提供专利检索系统的数据库

提供专利检索的部分数据库包括：中文的中国知网、万方数据；外文的 EI、IEL。它们的最大优势就是可以和其他文献进行集成，进行数据挖掘和分析发现。下面以中国知网的专利检索数据库进行举例。

知网专利库包括中国专利和海外专利两部分，即《中国专利全文数据库(知网版)》和《海外专利摘要数据库(知网版)》。《中国专利全文数据库(知网版)》包含发明公开、发明授权、外观设计和实用新型四个子库，准确地反映中国最新的专利发明。《海外专利摘要数据库(知网版)》包含美国、日本、英国、德国、法国、瑞士、世界知识产权组织、欧洲专利局、俄罗斯、韩国、加拿大、澳大利亚、中国香港及中国台湾地区十国两组织两地区的专利。与 CNKI 其实子库一样，均提供初级检索(图 6-18)、高级检索(图 6-19)和专业检索功能，都可以通过申请号、申请日、公开号、公开日、专利名称、摘要、分类号、申请人、发明人、优先权等检索项进行检索，专利相关的文献、成果等信息来源于 CNKI 各大数据库；国内专利可以一次性下载专利说明书全文，国外专利说明书全文链接到欧洲专利局网站。

中国知网

图 6-18　CNKI 检索专利库初级检索页面

与通常的专利数据库相比，《中国专利全文数据库(知网版)》的优势是每条专利的知网节集成了与该专利相关的最新文献、科技成果、标准等信息，可以完整地展现该专利产生的背景、最新发展动态、相关领域的发展趋势，可以浏览发明人与发明机构更多的论述以及在各种出版物上发表的文献；《海外专利摘要数据库(知网版)》每项专利的知网节直观地展现了该项专利的基本信息及同族专利情况，还可以链接到专利全文，以及进行法律状态查询。

图 6-19　CNKI 检索专利库高级检索页面

5. 专利信息服务商的专利检索系统

一些专利服务商也开发有专利检索分析系统，如大为计算机软件开发有限公司的Innojoy专利搜索引擎系统、广州奥凯信息咨询有限公司的壹专利全球专利壹键智能情报分析平台、智慧芽学院的智慧芽全球专利检索分析与管理平台。这些专利服务系统最明显的特点是有多种分析模板(图 6-20)，可以一键生成分析报告(图 6-21)；可以图形化同族分析，直观展示全世界专利布局；能够对竞争对手动态实时监控与预警。

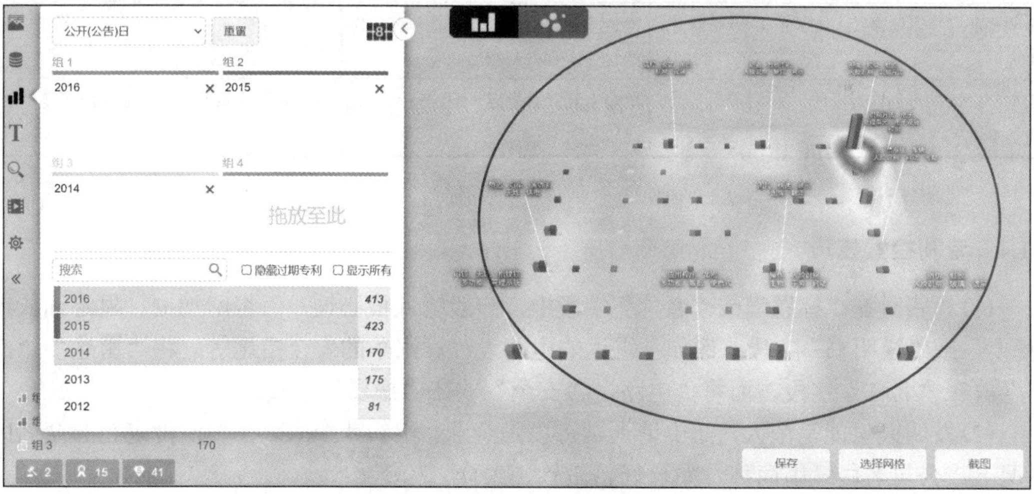

图 6-20　智慧芽专利地图分析页面

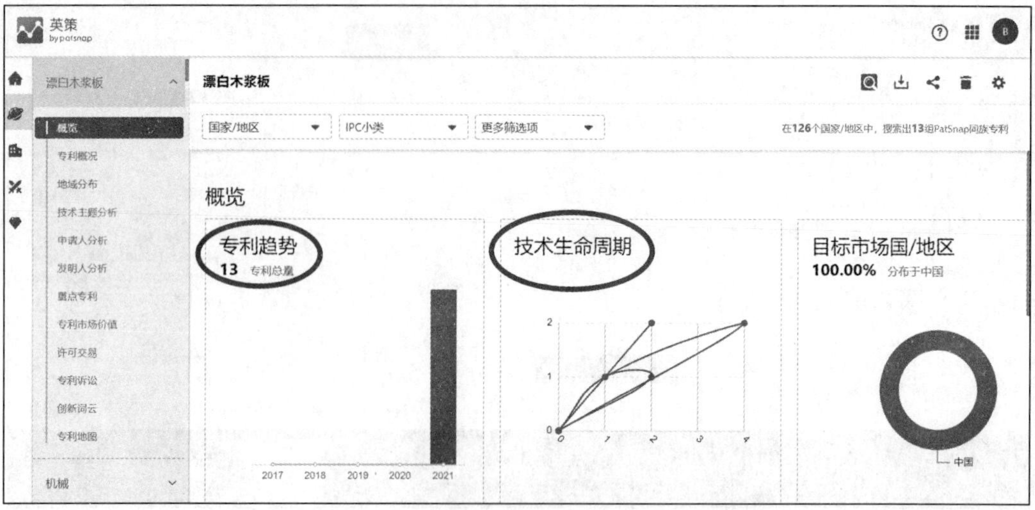

图 6-21 智慧芽英策自动生成分析报告页面

6. 几种专利检索系统对比

几种专利检索系统对比见表 6-8。

表 6-8 几种专利检索系统对比

专利检索系统	优点	缺点
专利主管部门提供的系统，如国家知识产权局、美国专利局、欧洲专利局	数据新颖、权威、第一手资料、可获取全文、免费使用	分析功能不全，缺乏单个专利分析、缺乏数据清洗、缺乏监控功能
专利服务商提供的系统，如 Innojoy、智慧芽、壹专利	检索、分析功能全面，整体分析功能较强，具有监控功能	需要付费，数据可能不全
数据库提供的专利检索系统，如中国知网、万方数据	单个专利背景挖掘全面，检索功能比较强大	整体分析功能不全，数据可能不全、更新不及时

6.1.4 专利检索技巧

(1) 检索时在“标题”或“名称”字段中，一般输入核心词，而将附加词、限定词放在“摘要”或“说明书”字段。例如，雷达的电路设计、汽车的安全措施等。将“雷达”“汽车”放在“名称”字段，而将“电路”“安全”放在“摘要”字段。

(2) 发明人只能是个人，而申请人则可以是企业、组织或个人。在不能确定企业全名的情况下，公司名尽量用简称，如长虹、微软、大众、松下。

(3) 对某一类特定产品进行监控或检索时，一般采用专利分类号进行检索。确定分类号时可以先按名称进行检索，找出与自己关注内容最相近的专利，将其分类号作为参照。

6.1.5 专利检索分析

一个国家、机构拥有的专利数量、专利布局，可以揭示其核心技术竞争力。随着产品开发速度的加快，技术人员借鉴、参考专利信息进行技术创新的需求越来越强烈，专利信息检索与分析是企业内部产品开发、科学研究的决策依据。

1. 启发思路，了解竞争态势，打造高价值专利和有效专利布局

及时了解最新技术的研究进展，能够启发思路，激发创新点。技术本身的发展具有继承性、系统性。有统计显示 70%的公司是在现有专利技术中发展新技术的。系统地了解已有的技术文献(背景技术中对现有技术的不足分析)，是推动技术创新的基础。可通过专利文献的引证关系揭示技术发展趋势，预测技术发展动向。专利分析的内容及目标如表 6-9 所示。

表 6-9 专利分析的内容及目标

分析内容	分析目标
发明人分析	发现本领域内的优秀研发人员，为人才引进和技术跟踪提供参考依据
申请人分析	发现竞争对手和合作伙伴，监控竞争对手，准确判断出竞争对手的研究与开发重点所在，以及竞争对手的技术政策和发展方向
技术领域分析	了解国家或企业对特定技术领域的投入和关注程度，辨别其研发创新方向和技术发展总体趋势，寻找突破领域
区域分析	了解一个国家或地区的技术研发实力、技术发展态势、重点发展技术领域、区域领先企业、国际上对该领域的关注程度、对该区域的专利圈地情况，为专利布局方向和范围提供参考依据
专利生命周期分析	了解专利技术所处的生命周期阶段，了解相关技术领域的现状，推测未来技术发展方向
专利转移分析	可以发现核心专利及专利价值，了解竞争对手投入状况

在产品研发之前，许多企业没有充分地进行专利检索和预警分析，了解本行业最前沿的研发动向，从而陷入“闭门造车”的状态，导致重复研发，不仅浪费了人力和资金，还无意中造成了侵权问题，使多年成果付诸东流。据统计，我国关于中药新药的研发有 90%都是重复研究。

专利的系统分析一般采取专利导航方式。专利导航服务围绕企业关键核心技术，对相关领域的专利技术发展趋势进行分析，结合产业发展现状，提出企业专利布局、专利运营、知识产权风险防控等方面建议，将专利分析和导航成果运用到企业发展决策和技术攻关实施中，促进提升企业核心竞争力。

【案例 6-2】2007 年北京市高级人民法院判决天津天士力制药股份有限公司诉东莞万成制药有限公司“养血清脑颗粒”专利权侵权案天士力胜诉，判决广东东莞万成制药有限公司立即停止生产销售侵权产品。天士力“养血清脑颗粒”是由天士力制药股份有限公司采用独家研制生产的现代中药，1996 年获国家三类新药证书，1999 年获国家发明专利(专利号：ZL93100050.5)。

【案例 6-3】广东知识产权分析评议中心与横琴国际知识产权交易中心有限公司开发了《广东省红外体温检测仪行业专利导航分析报告》，围绕产业宏观层面的规划决策，为企业专利运营提供方向指引和平台环境。

2. 通过专利监视竞争对手，保持市场竞争优势

通过洞悉竞争对手、同行拥有或布局的专利，来监视和分析竞争对手，以便对竞争对手采取不同的策略。竞争对手专利分析的内容及目标如表 6-10 所示。

【案例 6-4】2011 年 4 月苹果起诉三星数款电子产品侵犯其专利权，其中包括三项设计专利和两项实用专利。2012 年，陪审团裁定三星侵犯苹果多项专利。2018 年苹果最终获赔 5.386 亿美元。

【案例 6-5】2018 年 4 月 24 日，法院针对格力起诉奥克斯空调专利侵权系列三起案件做出一审判决，判令奥克斯停售 8 个型号侵权产品，并赔偿格力 4600 万元。

表 6-10　竞争对手专利分析的内容及目标

分析内容	分析目标
监视和分析竞争对手专利的法律数据	发现失效专利，可将竞争对手的专利技术为己所用
对竞争对手尚未授权的公开专利进行监视和分析	从中发现不具备专利性或不符合专利法要求所在，及时向专利审查部门提供证明，给该专利申请的最终授权设置障碍
分析利用竞争对手已授权的专利文献	分析竞争对手已授权专利的权利要求范围，找出其漏洞，突破其专利网防线，从而申请新的专利，进而占领市场
对竞争对手拥有的全部专利进行定期的统计分析	从中获得竞争对手技术研发策略方面的数据，逐步判断出竞争对手研究开发的重点、技术政策和发展方向，评估出竞争对手的实力
监视竞争对手的专利申请动向	目前世界上绝大多数国家都采用先申请制原则，根据这一法律规定，对于同样的发明，谁先申请，谁就有可能获得专利权，进而可能占领市场
分析竞争对手专利在各个时间段的申请量的变化情况	可以发现竞争对手的整体研发或在某个技术领域的发展态势

3. 正确评估专利价值， 有效进行专利交易。

通过专利分析，能够帮助相关人员正确对专利进行价值评估，发现专利技术交易中的陷阱。

【案例 6-6】某外商以 97 项专利技术，共折合 1600 万美元入股，与北京某汽车厂合资。专利分析显示 97 件专利技术中的 23 件专利是过期的，29 件专利已临近到期，13 件则刚刚递交申请，没有授权，真正有价值的专利只有 32 件，仅占总数的 33%。

【案例 6-7】产品的最新发展趋势检索。

随着科技的迅猛发展，产品尤其是电子产品的更新速度加快，企业的技术人员与管理人员要时刻关注产品的发展变化。关注产品发展趋势主要考虑两个方面：一是本身核心技术的突破，如空调的核心技术在于它的制冷，因此制冷技术的变化尤为关键；二是增加的附加功能，其中前一种对产品的影响尤其大，可能导致整个产品失去市场。以空调为例，检索过程如下。

(1) 专利具有一定的超前性，因而首先要检索空调主要生产厂家申请的专利和检索制冷技术方面的专利，从专利信息中深挖，因为专利说明书中会涉及有关核心技术的详细说明和附图。

(2) 可以到文献数据库检索制冷技术研究方面的前沿信息。

(3) 附加功能的增加可以通过搜索引擎搜索产品的广告来了解。

6.2 标　　准

标准文献是一种重要的科技出版物。一个国家的标准文献反映着该国的经济政策、技术政策、生产水平、加工工艺水平、标准化水平、自然条件、资源情况等内容，对于全面了解一个国家和机构的产业发展情况，有重要的参考作用。

6.2.1 标准知识

1. 标准与标准化的概念和特征

标准(Standard)是指为了在一定的范围内获得最佳秩序，经协商一致制定并由公认机构批准，共同使用和重复使用的一种规范性文件。

标准化(Standardization)是指为了在一定范围内获得最佳秩序，对现实问题或潜在问题制定共同使用和重复使用条款的活动。

标准和标准化的特征如表 6-11 所示。

表 6-11　标准和标准化的特征

选　项	目　标
标准的对象	重复性事物
标准的本质	在于统一
标准的表现形式	具有统一的格式的一种文件
标准化的目的	在一定范围内获得最佳秩序
标准化的本质	一项活动，一个过程
标准化的作用	现代化大生产的必要条件；科学管理的基础；调整产品结构和产业结构的需要；扩大市场的需要

2. 标准文献的类型

标准文献的类型如表 6-12 所示。

表 6-12　标准文献的类型

区分方式	类　型	定　义	案　例
按范围	国际标准	国际通用的标准	ISO、IEC
	区域标准	区域性标准组织通过的标准	欧洲计算机制造商协会(ECMA)标准
	国家标准	国家标准机构颁布的标准	我国国标(GB)，美国国标(ANSI)
	专业标准	某一专业团体发布的适用于该专业或相关专业的标准	美国材料与试验协会(ASTM)标准 美国石油学会标准(API)
	企业标准	一个企业或部门批准的	美国波音飞机公司(BAC)

续表

区分方式	类 型	定 义	案 例
按对象	技术标准	对标准化领域中需要协调统一的技术事项所制定的标准，包括基础标准、产品标准、工艺标准、检测试验方法标准及安全、卫生、环保标准	GB/T 38991—2020《军民通用资源 信息数据对接技术标准总体要求》
	管理标准	对标准化领域中需要协调统一的管理事项所制定的标准	《环境管理体系》(ISO 14001)
	工作标准	对工作的责任、权利、范围、质量要求、程序、效果、检查方法、考核办法所制定的标准	《麦当劳工作手册》
按约束力	强制性标准	在一定范围内，国家运用行政和法律的手段强制实施的标准	《二氧化碳激光治疗机》(GB 11748—2005)
	推荐性标准(/T)	提倡性、指导性、自愿性标准，但一经选定，则必须强制执行	GB/T 22629—2008《进出口食品添加剂阿力甜的分析方法》
	指导性技术文件(/Z)	为仍处于技术发展过程中的标准化工作提供指南或信息，供科研、设计、生产、使用和管理等有关人员参考使用而制定的标准文件	GB/Z 19579—2012《卓越绩效评价准则实施指南》

3. 标准号的构成

标准号一般由颁布机构代号(或称标准代号)、顺序号和颁布年组成，如表 6-13 所示。

表 6-13 标准号的构成

标准类型	构成方式	案 例
中国国家标准	GB+标准顺序号+制定或修改年份组成	GB 18111—2000
美国国家标准	ANSI+分类号+小数点+序号+年份	ANSI K61. 1－81
日本工业标准	JIS+字母类号+数字类号+标准序号+年份	JIS D 68 02－90
英国国家标准	BS+顺序号+分册号+年份	BS 6912 pt.2－93
德国国家标准	DIN+顺序号+年份	DIN 13208－85
法国国家标准	NF+字母类号+数字小类号+顺序号+年份	NF A 45313—1984
ISO 标准	标准代号+顺序号+年号	ISO 6989—1981
行业标准	行业代码+标准顺序号+年号	SN/T 2867—2011
地方标准	DB(地方标准代号)+省、市编号+专业类号(以字母表示)+顺序号+年份组成	DB/3204-G24—98
企业标准	Q/企业代号+标准序号+年号	Q/BYP004—1994

4. 标准的要素与标龄

标准的全部要素分为三类：概述要素(包括识别标准，介绍标准内容，说明标准背景、标准的制定以及与其他标准的关系等内容)、标准要素(规定了标准的要求和必须遵守的条文)、补充要素(提供有助于理解标准或使用标准的补充信息)。

自标准实施之日起，至标准复审重新确认、修订或废止的时间，称为标准的有效期，又称标龄。由于各国情况不同，标准有效期也不同。ISO 标准每 5 年复审一次，平均标龄为 4.92 年。我国在《国家标准管理办法》中规定国家标准实施 5 年内要进行复审，即国家标准有效期一般为 5 年。

6.2.2　纸本标准资源检索

一般工科院校的图书馆、院系的资料室都收藏大量的标准文献，供学生在学习“几何画法”“工程制图”“工程设计与测量”等课程及其毕业设计中使用。

目前，查找国内外标准文献的书本式检索工具很多，已经形成系列。进行检索时，首先要根据检索课题确定标准检索途径。国内外标准文献的检索途径主要有“分类”、“标准号”和“主题”三种途径。“分类”途径是按学科、专业体系查找的途径，常用的工具有“分类目录”“分类索引”等。“标准号”途径是根据标准的序号进行查找的途径，有现行标准号、作废标准号等。知道所需标准的标准号后，查找标准十分方便。“主题”途径是通过文献内容的主题来检索，首先确定主题词，然后通过主题索引查找标准号。

6.2.3　网络标准资源检索

标准文献网站大多数是收费的，只有国家强制性标准免费，利用政府网站免费的特点，可以从相关部委网站获取行业标准。网上标准数据库很多，有的是由学会与协会办的，有的是由各省市、各行业办的。这些数据库大部分需要先注册，后登录，免费检索。一般网络全文不能免费获取，检索结果可获得标准题目、标准号、起草日期、颁布日期等。若想获取全文，必须支付费用，如购买其数据库或购买阅读卡等方式或通过文献服务机构进行原文传递。

为进一步加快推进国家标准公开工作，满足社会各界便捷地查阅国家标准文本的迫切需求，国家标准全文公开系统于 2017 年 3 月 16 日国家标准化管理委员会官方网站正式上线运行(图 6-22)。该系统提供国家标准的题录信息和全文在线阅读，具有“分类检索”“热词搜索”等功能。任何企业和社会公众都可以通过国家标准化管理委员会官方网站国家标准全文公开系统，或通过微信公众号“中国标准信息服务网”查阅国家标准文本。

本系统公开了国家市场监督管理总局、国家标准化管理委员会 2017 年 1 月 1 日前已批准发布的所有强制性国家标准、推荐性国家标准(非采标)，对 2017 年 1 月 1 日后新发布的国家标准，将在《国家标准批准发布公告》发布后 20 个工作日内公开标准文本，其中涉及采标的推荐性国家标准的公开，将在遵守国际版权政策前提下进行。

网络检索提供的检索途径很多，有标准号、中文标题(关键词)、英文标题(关键词)、发布日期、发布单位、实施日期、采用关系、被替代标准等。

下面介绍一些可检索标准文献的网站。

(1) 中国国家标准化管理委员会查询平台(http://www.sac.gov.cn)，包括国家标准全文公开系统(http://www.gb688.cn/bzgk/gb/index)和全国标准信息公共服务平台(http://std.samr.gov.cn)。国家标准全文公开系统(图 6-22)提供标准化动态、标准目录、标准公告、国标修改通知等信息，可以免费在线阅读和下载大部分强制性国家标准原文， 输入标准名称，检索后列表显示命中标准，单击标准名称，进入图 6-23 所示页面。

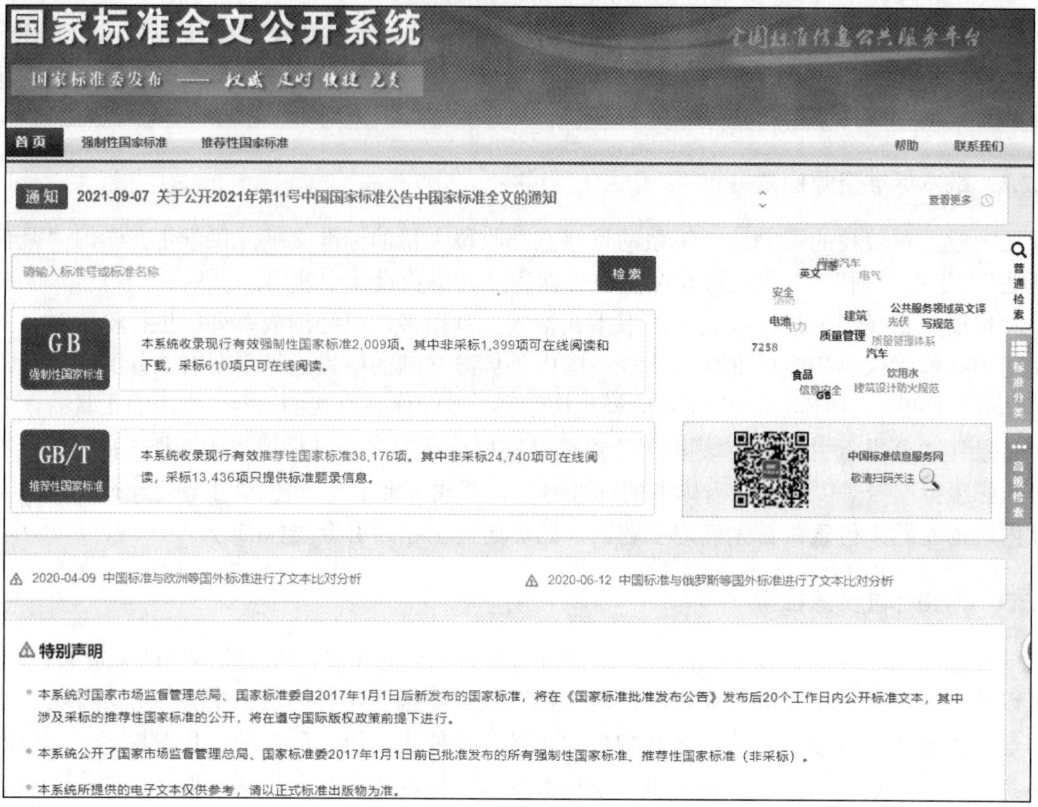

图 6-22　国家标准全文公开系统页面

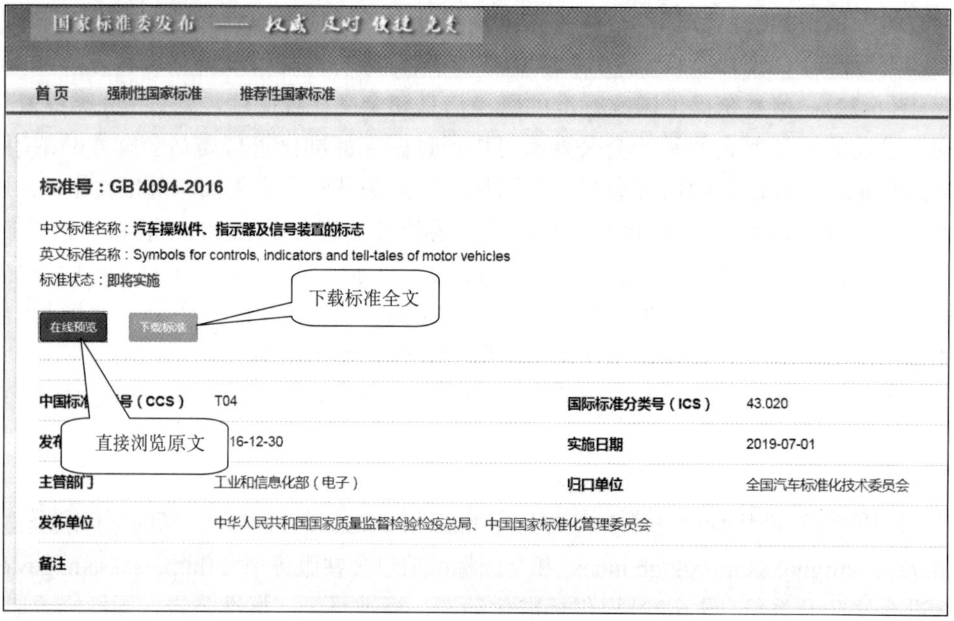

图 6-23　国家标准全文公开系统检索结果页面

(2) 中国标准服务网(http://www.cssn.net.cn)，目前，该网站收藏有 60 多个国家、70 多个国际和区域性标准化组织、450 多个专业协(学)会的标准，以及全部中国国家标准和行业标准，全文需付费获取。全面使用 CSSN 的各项服务功能，享受全面的标准信息服务，需注册成为网站会员。非网站的注册会员，将只能浏览部分信息和检索 ISO、GB 数据库。

(3) 国际标准化组织(ISO)(http://www.iso.org)，ISO(International Organization for Standardization)成立于 1947 年 2 月 23 日，总部设于瑞士日内瓦，现有 140 个成员国，包括欧洲共同体和欧洲联盟的所有成员国，美国、日本、中国、新加坡等，可以浏览或检索 ISO 标准，可以订购，但是无法获取文摘，只有分类号和关键词。

(4) Techstreet(http://www.techstreet.com)，Techstreet 是世界上最大的工业标准集之一，收集了世界上 350 个主要的标准制定机构所制定的工业标准及规范。

(5) 日本工业标准(Japanese Industrial Standards，JIS)(https://www.jisc.go.jp)，日本工业标准为国家标准，由日本工业标准调查会(JISC)制定，范围几乎包括日本所有工业领域的标准，还包括药品、化肥、农药、畜产品、水产品及农林产品的标准。标准的编号方法是 JIS-字母类号-数字类号-序号年代。

(6) 美国国家标准学会(ANSI)标准(http://www.ansi.org)，该学会是负责审定发布国家标准的机构，它一般极少制定国家标准，而是将各专业团体组织制定的专业标准进行审查，确认后定为国家标准(ANSI 标准)，因此，该学会实际上是协调性管理机构。

(7) 国际电工委员会(IEC)(https://www.iec.ch/homepage)。

(8) 国际电信联盟(ITU)(https://www.itu.int)。

【案例 6-8】如何查找公路桥涵设计标准与规范?

通常，标准查找要从信息源着手，即要发掘出此类信息是谁在发布？是哪些机构在管理？谁在使用这些信息？相关者有哪些？本案例中，公路桥涵设计规范在一般的专业标准相关的单位都有收藏：①在相关专业的院系资料室或校图书馆都收藏有此类规范；②在主管部门的网站，公路桥涵的建造归属国家住房和城乡建设部管辖，因此可以在其网站上查找；③利用相关专业网站进行检索，如中国工程建设标准化网、国家建筑标准设计网、中国建筑技术资料网等。

6.2.4　标准数据库检索

(1) 万方数据-标准。万方中外标准数据来源于国家质量监督局，收藏了 14 个国内外标准数据库：除了 NSTL 收藏的 7 个标准数据库，还有欧洲标准(EN)、国内行业标准(HB)、国外行业标准如美国计算机协会(ACM)、美国材料与试验协会(ASTM)、美国电气电子工程师学会(IEEE)、美国保险商试验所(UL)等制定的标准，收录 1964 年以来发布的全部中国国家标准。

(2) 中国知网-标准。它包括国家标准全文、行业标准全文、职业标准全文以及国内外标准题录数据库。其中国家标准全文数据库收录了由中国标准出版社出版的、国家标准化管理委员会发布的所有国家标准；行业标准全文数据库收录了现行、废止、被代替、即将实施的行业标准；职业标准全文数据库收录了由中国劳动社会保障出版社出版的国家职业标准汇编本；国内外标准题录数据库收录了中国以及世界上先进国家、标准化组织制定与发布的标准题录数据。

(3) IEL 标准数据库。IEL 提供 IEEE 和 IEE 2000 多种标准的全文信息。

6.2.5 标准获取的其他途径

除了上述途径，还有以下几种途径。

(1) 可从企业的主页上免费获取企业标准。例如，波音公司，它的产品很多外包，就可以直接查其外包产品标准。

(2) 可从行业主管部门网站上获取。例如，铁路方面的标准，可以从铁道部网站获取；建筑标准可以从住房和城乡建设部网站上获取；一些民众关注的领域的标准，如食品安全国家标准数据检索平台(https://sppt.cfsa.net.cn:8086/db)、住房和城乡建设部的标准规范(https://www.mohurd.gov.cn/gongkai/fdzdgknr/bzgf/index.html)、生态环境部生态环境标准(http://www.mee.gov.cn/ywgz/fgbz/bz)，可以免费查询下载标准的全文。生态环境部生态环境标准页面见图 6-24。

图 6-24 生态环境部生态环境标准页面

(3) 可从行业协会、学会、组织免费获取标准。例如，从中国食品工业协会(http://www.cnfia.cn)网站上就可获取很多食品标准的全文。

(4) 融融网(https://www.rongrong.cn)，提供标准全文有偿服务，可以一站式获取各类标准资源。

6.3 学位论文数据库

学位论文是大学生、研究生毕业时为申请学位而提交的供评审使用的学术论文。学位论文根据所申请的学位，又可分为学士论文、硕士论文、博士论文三种；按照研究方法，学位论文可分为理论型、实验型、描述型三类；按照研究领域，学位论文可分为人文科学学术论文、自然科学学术论文与工程技术学术论文三大类。学位论文的体系结构一般比较固定，在写学位论文前，特别应该检索同类论文参考。

学位论文的检索特点是除了检索入口，还有授予学位单位、导师，限制条件有学位级别：博士、硕士。学位论文一般在各个综合检索平台，如万方数据、中国知网等平台上均包含中国学位论文数据库；单个检索数据库除了每个学校自建学位论文数据库，还有ProQuest 学位论文全文数据。

6.3.1　PQDT Global 全球博士/硕士论文数据库

ProQuest 是美国国会图书馆指定的收藏全美国博士/硕士论文的机构(http://search.proquest.com)，PQDT Global 是目前世界上规模最大、使用最广泛的博士/硕士论文数据库，收录论文来自近 50 个国家/地区的 3100 多所高校、科研机构，截至目前提供 490 多万篇博士/硕士论文记录(超 257 万篇全文)。最早的论文记录可追溯到 1637 年的一篇荷兰论文，最早论文全文可追溯到 1743 年的一篇德国论文。学科主题涉及自然科学、工程学、经济与管理学、健康与医学、历史学、人文及社会科学等各个领域。数据库每周更新，年增 20 万篇论文记录，是学术研究中十分重要的参考信息源。

提示：该数据库可以免费检索，可以查看目录和文摘，非订购用户不能查看全文，非订购用户可以用查到的学位论文标题在必应搜索引擎中搜索，大部分可以查到并下载全文。

6.3.2　本校学位论文检索与获取

一般本校的学位论文都有纸版和电子版对本校学生免费开放，可以直接在馆藏目录或者专门的学位论文数据库中查询。例如，西南交通大学研究生学位论文库收藏了该校硕博研究生学位论文，其中包含 1981 年以来该校研究生学位论文的文摘信息和获得授权的论文全文。

6.3.3　国外学位论文全文数据库检索

国外学位论文中国集团全文检索平台(http://www.pqdtcn.com)是一个由 CALIS 中心组织采购的国内部分高校图书馆共建和共享的博士/硕士论文全文数据库。集团成员每年都根据本校需要从 PQDT 文摘数据库中挑选一定数量的 ProQuest 博士/硕士论文并购买其全文集中存放在国内的服务器上供所有集团成员通过互联网在线共同使用。系统提供分类浏览、快速检索与高级检索三种检索方式。其检索方法与 ProQuest 系统基本相同。下面以一个例子说明其检索过程。

【案例 6-9】想了解最近 50 年来哈佛大学研究中国文化的博士论文都涉及哪些内容。采用高级检索(图 6-25)，检索结果见图 6-26。

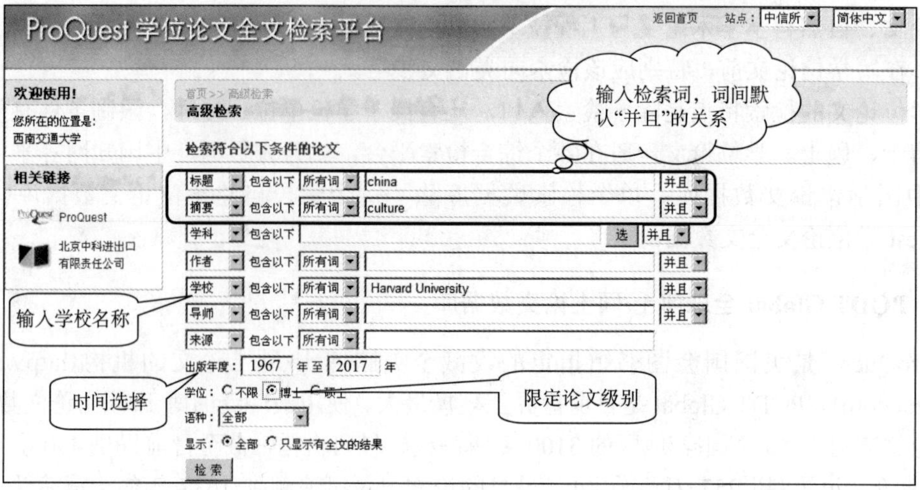

图 6-25　ProQuest 学位论文全文数据库高级检索页面

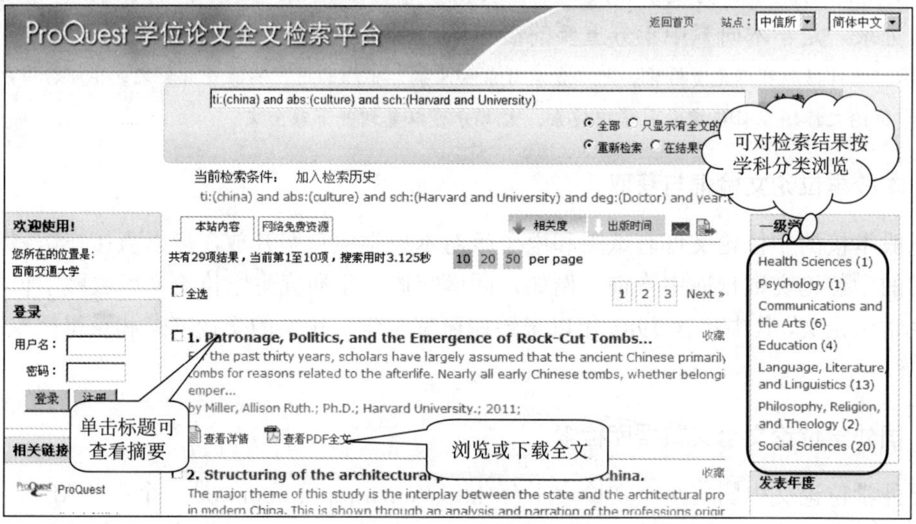

图 6-26　ProQuest 学位论文全文数据库高级检索结果页面

6.3.4　免费学位论文检索

(1) 中国国家图书馆(http://www.nlc.cn)馆藏博士论文与博士后研究报告数字化资源库，该库是以国家图书馆 20 多年来收藏的博士论文为基础建设的学位论文全文影像数据。目前博士论文全文影像资源库以书目数据、篇名数据、数字对象为内容，提供 25 万多篇博士论文全文前 24 页的展示浏览，注册登录可以阅读前 30 页。

(2) MIT 学位论文(http://dspace.mit.edu/handle/1721.1/7582)，可以看全文。

(3) NDLTD 学位论文数据库(http://search.ndltd.org)，是由美国国家自然科学基金支持的一个网上学位论文共建共享项目，为用户提供免费的学位论文文摘，还有部分可获取的免费学位论文全文。

特别提示：最近部分大学授予的学位论文可在网络免费获取全文，如果知道论文题目，可以将论文题目加双引号，格式限度为 PDF，用 Google 搜索；如果不知道论文题目，但想查某一大学的学位论文，尤其在某领域研究领先的大学，可先搜出该大学网址，登录该大学的图书馆主页，利用主页上提供的馆藏书目检索，查找学位论文信息，查到标题后，再用前面的方式搜索。

6.4　会议论文数据库

会议文献是了解各国科技水平动态、跟踪和预测科技发展趋势、进行信息分析和信息研究的重要参考资料，是传递科技信息、交流科技成果与经验的重要科技信息源之一。

会议文献的检索特点是除了常用检索入口，还有会议名称、会议举办地址、会议举办单位等。会议文献一般都集成在检索平台上或者一些综合数据库中。

会议文献检索一般分四种：①查找会议论文摘要/题录信息；②查找某本会议录；③查找单篇会议论文；④查找相关的会议日程信息。对用户来说，第②、③种需求有时是一致的。

会议文献获取可以通过图书馆图书印本馆藏、网络数据库检索、网络免费检索申请文献传递，或者向相关学会、会议主办方或作者直接索取。

会议文献几乎都集成在一些综合检索平台和学会检索平台上，如 ISTP(现在已经更名为 CPCI，可在 Web of Science 平台上进行检索)、万方数据、中国知网等平台上都包括会议论文；在 IEEE/IEE、ACM、SPIE、AIP 等学会的检索平台上也包括会议论文。

下面是会议通知或者会议信息查询。

中国学术会议在线(https://www.meeting.edu.cn)，为用户提供学术会议信息预报、会议分类搜索、会议在线报名、会议论文征集、会议资料发布、会议视频点播、会议同步直播等服务。

国外会议信息 All Conferences.com(http://www.allconferences.com)，提供各种会议信息的目录型网站。用户可以通过搜索目录来获得特定的会议信息。同时该网站提供在线注册、支付程序等服务。网站提供的会议范围包括人文与社会科学、商业、计算机和互联网、教育等学科领域的学术会议。

6.5　科技报告检索

科技报告是关于科研项目或科研活动的正式报告或情况记录，是研究、设计单位或个人以书面形式向提供经费和资助的部门或组织汇报其研究设计或项目进展情况的报告。它以积累、传播和交流为目的，由科技人员按照有关规定和格式撰写，真实而完整地反映科研人员所从事科技活动的内容和经验的特种文献。

6.5.1　科技报告检索特点

科技报告是一种很重要的信息资源，很多大型综合性检索系统都将科技报告作为重要的文献类型加以收录，如 EI、INSPEC 等。通过这些数据库都可以检索到部分科技报告。

与图书和期刊文献相比较，科技报告的篇幅可长可短，但其内容新颖广泛、专业性强、技术数据具体，因而是科研人员、工程技术人员的优先参考资料。它对于交流各种科研思路、推动发明创造、评估技术差距、改进技术方案、增加决策依据、避免科研工作中的重复与浪费、促进科研成果转化为生产力等方面起到了积极的作用。

6.5.2 科技报告检索途径

(1) 国家科技报告服务系统(http://www.nstrs.cn)，是国家层面的一个免费共享服务系统，定位于国内各种项目的科技报告，可以面向大众(严格注册)提供科技报告的服务，见图 6-27。

图 6-27　国家科技报告服务系统社会公众检索页面

(2) NTIS(https://ntrl.ntis.gov/NTRL)，美国国家技术信息服务机构(National Technical Information Service)提供的美国政府科技报告数据库，报道 PB 报告、非密或解密的 AD 报告(军事系统)、部分 NASA 报告(航空航天系统)和 DOE(能源系统)报告，题录型。

(3) 美国斯坦福大学计算机科学技术报告(http://hci.stanford.edu/cstr)，可浏览与全文下载。

(4) 世界银行(http://www.worldbank.org/en/research)，该网站提供世界银行组织的文件与报告库，可以免费查看全文。

(5) 国家科技成果平台(http://www.stdaily.com/cgzspt/index.shtml)，面向公众用户的科技成果信息查询、发布与交流平台。

(6) 国研报告(http://www.drcnet.com.cn)，是国务院发展研究中心发布的有关中国经济和社会诸多领域的调查研究报告，网络版每天在线更新，印刷版每月初出版。

(7) Science.gov(http://www.science.gov)，美国政府科学信息门户网站，提供全文。

(8) 国家科技图书文献中心(NSTL)(http://www.nstl.gov.cn)，在 NSTL 主页快速检索框

下方单击“科技报告(国外科技报告)”选项，即可进入科技报告的检索页面。其国外科技报告数据库主要收录 1978 年以来的美国政府四大科技报告，以及少量其他国家学术机构的研究报告、进展报告和年度报告等。学科范围涉及工程技术和自然科学各专业领域，每年增加报告 2 万余篇，每月更新。

(9) 中国科学院文献情报中心(http://www.las.ac.cn)，借助文献情报中心主页“资源集成发现”平台通过“学术搜索”可以查询科技报告，直接选择“题名”、“作者”和“文摘”等途径查询，进入检索结果页面后，在左侧资源类型导航栏中选择“科技报告”获得相应的文献检索结果。也可以在“学术搜索”检索框右侧单击进入高级检索，选择“科技报告”进行查询。检索结果的数据来源为国防科技信息系统和中国科学院机构知识库。

国内一些科研机构和高校收藏科技报告，这些科技报告也可以通过原文传递的方式来获取，如中国科学技术信息研究所(http://www.istic.ac.cn)。

研讨与训练 6-1　查询企业创新和市场领导力

找一个跟专业相关或者自己感兴趣的企业，通过检索，确定以下内容。

(1) 列出这家企业的主要产品和创新领域(官网)。

(2) 查询该企业作为起草单位拥有的标准数量(中国知网标准检索或万方标准检索)。

(3) 该企业一种主要产品的创新领域有哪些(利用国家知识产权局专利检索平台，选择申请人和关键词进行组合检索，在检索结果中查看技术领域)？

(4) 该企业主要产品的竞争对手有哪些(利用国家知识产权局专利检索平台，用产品名称作为关键词进行检索，在结果里面查看主要申请人)？

(5) 该企业的主要产品研究人物有哪些(利用国家知识产权局专利检索平台，选择申请人和关键词进行组合检索，在检索结果中查看发明人)？

(6) 列出一条跟你专业相关和自己感兴趣的专利进行说明和提出改进措施(国家知识产权局检索结果中下载与查看全文)。

第 7 章　信息检索应用

7.1　创新创业的信息检索与利用

创新的入口和前提是具有良好的信息检索与利用能力。只有掌握大量的信息资料，在自由想象中产生灵感，才能在前人不曾涉及的领域有所建树与突破。突出的信息意识可以促使大学生持续保持对信息环境和有效信息的关注，有助于发现和获取有价值信息，反映在创新创业方面则表现为对市场盈利机会的定位和发现上。信息检索与利用能力在数据挖掘、价值发现、市场分析报告撰写、计划制定、产品技术、公司设立以及政府政策扶持等方面对创业者有显著影响，贯穿于大学生创业活动中。信息检索对创新创业的价值主要体现在以下几个方面。

7.1.1　创新资源与项目的选择

一个好的创新创业项目是成功的基础，只有经过广泛调研、收集与论证，才能同时契合团队的开发能力和社会经济发展需求。获取项目的主要渠道如下。

(1) 在校大学生与毕业学生自发的创新创业项目。这类项目来自大学生的自我创意、自主创新、商机发现，是以自身力量为基础独立进行的研究开发，能充分体现大学生的创新特色，实现科技成果的转移转化，即先申请知识产权保护，然后进行商品化。检索的方法与途径主要是了解社会需求、涉及领域的痛点与热点。可以查询领域的学术热点、发展规划。

(2) 学校教师的科技成果转化，越来越多的院校师生同创，将老师的科研项目转化为大学生创新创业项目，形成了大学生高质量创新创业项目的重要来源。在促进大学生创新创业的同时，进行科研成果产业化，创造更大的价值。检索的方法与途径主要是以所在学校为申请人，项目老师为发明人在国家知识产权局官网(http://www.cnipa.gov.cn)进行检索。

(3) 与本地企业需求协作、融合协同创新、产教融合协同创新的大学生创新创业项目。这类项目能促进学校和当地的产业紧密结合，快速地获得产业需求信息，并实现资源对接，通过大学生创新创业项目帮助当地企业转型升级，帮助当地产业与企业实现发展。检索途径与方法是：查询本地或者行业企业的技术难题或者技术需求，也可以在本地或者行业的技术交易平台上查询，如技 E 网(https://www.ctex.cn)、中国技术交易所(https://us.ctex.cn)。

(4) “互联网+”新技术项目。不断涌现的新技术将大大激发大学生创新创业的热情，大大促进基于“互联网+”的技术创新与应用创新。“互联网+”是人类在技术领域的巨大进步，将重新建构世界的连接方式， 重新配置社会资源。“互联网+”大赛中，出现了很多与VR(虚拟现实)、AI(人工智能)、物联网、大数据、云计算深入结合的创新创业项目，具体项目组合见图 7-1。

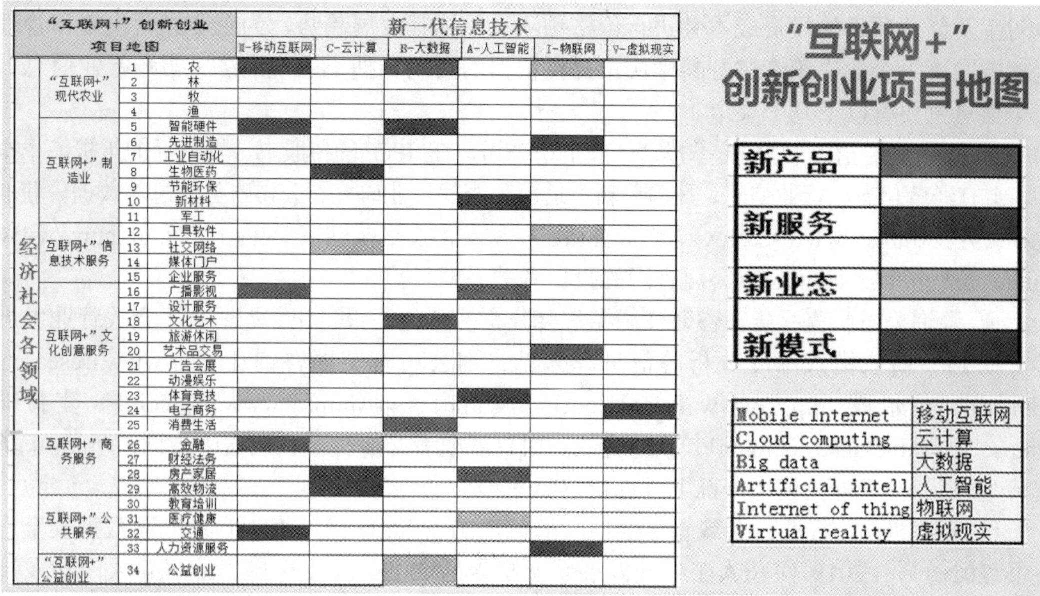

图 7-1　"互联网+"创新创业项目地图

(5) 电子商务创新创业项目。利用电子商务平台创新创业，创业门槛相对较低，可以发挥大学生擅长利用互联网的优势， 帮助线下传统企业电商运营，实现线下商品资源的电子商务。第三届"互联网+"创新创业大赛中将设置"就业型创业组"，引导学生通过创业带来就业。众多电子商务平台，资源丰富，可以为大学生提供创新创业机会，包括淘宝与天猫、京东商城、微信微店等。基于电子商务平台的创新创业，适合小微创业，成就更多"小而美"的企业，并能够较好实现通过创业带动就业。

(6) 政府公共采购与社会公益服务项目。随着中国政府的简政放权，越来越多的政府职能将通过面向社会采购服务的方式进行， 存在巨大的创新创业空间；同时随着国民经济增长，追求更高生活品质成为人民广泛需求。此类市场受众群体范围广，市场空间大，且极易得到快速普及。通过创新与创意极大提升政府公共服务质量与效率，实现双赢。检索途径与方法是：查询本地政府采购平台，如四川政府采购网 (https://zfcg.scsczt.cn)、成都市政府采购 (https://cdzfcg.zcygov.cn)。

【案例 7-1】2020 年举办第六届中国国际"互联网+"大学生创新创业大赛，大赛主要采用校级初赛、省级复赛、总决赛三级赛制(不含萌芽赛道以及国际参赛项目)。大赛共产生 3200 个项目入围总决赛。最终北京理工大学的《星网测通》获得冠军，清华大学《高能效工业边缘 AI 芯片及应用》、厦门大学《西人马：中国 MEMS 芯片行业领跑着者》获得亚军，金奖项目共有 102 个。从对获奖项目分析发现，获奖项目技术含量比较高，具有原创性。

7.1.2　创新创业项目的市场调查

市场调查主要是指创业项目的实施者在选择项目前所进行的市场调查，它是创业者正确地选择项目的前提条件。了解创业项目的外部环境、市场需求、现有资源、原材料、竞争对手及创业项目的投资成本并进行价格预测，预测其发展趋势，为企业经营决策和管理提出方案，为企业决策者进行科学决策提供依据的活动。搜集宏观经济、市场行业信息、竞争信息主要有以下几个渠道。

(1) 上市企业招股书/年报/季报，一般上市公司，在 IPO 的招股书、发行后的年报、季报中，会有经营信息、行业信息、风险分析，适用于查找行业研究、公司财务信息等数据。获取途径：美股(https://www.sec.gov)、港股(https://www.hkexnews.hk)、国内上市公司(http://www.cninfo.com.cn)以及各家上市公司官网的投资者关系栏目。

(2) 咨询公司研究报告，咨询公司经常会分享部分免费报告出来，适合于查找行业发展趋势研判、商业模式深度分析等信息。常见咨询公司有艾瑞咨询(https://www.iresearch.com.cn)、尼尔森(https://www.nielsen.com)、波士顿咨询(https://www.bcg.com)、麦肯锡(https://www.mckinsey.com.cn)，获取方式：用百度或者必应搜索。检索中文词：产品 市场 趋势 规模。检索外文词：产品名 market share size。

(3) 研究机构、行业协会或者学会出版的蓝皮书或者白皮书，如《自动驾驶数据安全白皮书(2020)》,《2019 医药人工智能发展状况报告》、2020 年《中国工业机器人产业发展白皮书》，获取方式：用百度或者必应等搜索引擎搜索。检索词：产品 发展 白皮书或者蓝皮书。

(4) 市场相关的数据库，包括国研网、全球市场信息数据库(Global Market Information Database，GMID)、EBSCO 商学资源检索大全、CNKI 中国经济社会大数据研究平台。例如，在 EBSCO 商学资源检索大全中检索一家行业知名公司，就可以看到这家公司的 SWOT 分析与行业概述，见图 7-2。

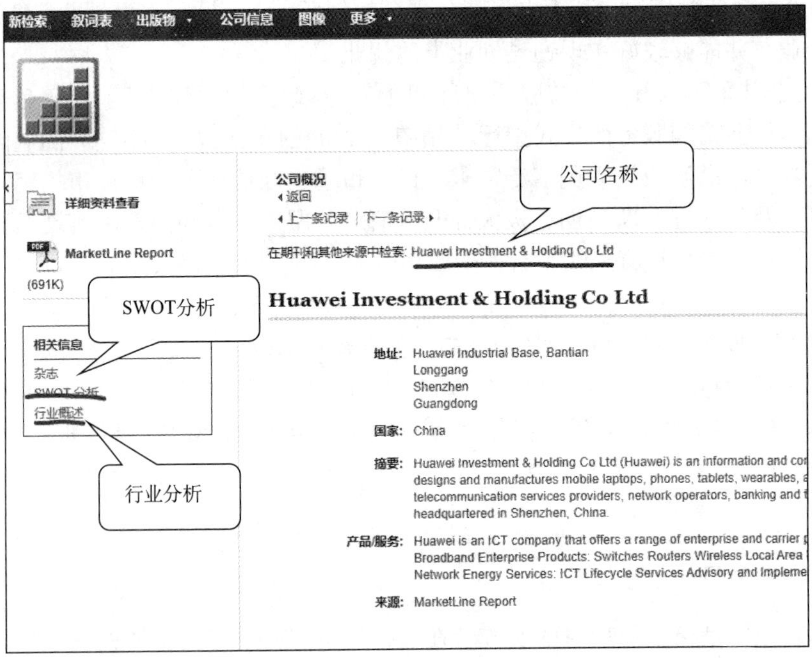

图 7-2　EBSCO 商学资源库中华为的检索结果页面

7.1.3 创新创业政策扶持

随着近期我国转型化进程的持续加快(替代“不断走向转型化进程”)以及社会就业压力的不断加剧，创业逐渐成为在校大学生和毕业大学生的一种职业选择方式。政府大力支持大学生创新创业， 大学生创业就要多多关注相关的创业政策，这些政策包括税收优惠、创业担保贷款和贴息、免收有关行政事业性收费、创业担保贷款和贴息、免费创业服务、创新创业资金补助。获取大学生创新创业政策有以下途径。

(1)税收减免。大学生自主创业优惠政策为鼓励高校毕业生自主创业，以创业带动就业，财政部、国家税务总局发出《关于支持和促进就业有关税收政策的通知》，明确自主创业的毕业生从毕业年度起可享受三年税收减免的优惠政策。申请方式：注册登录全国大学生创业服务网(https://cy.ncss.cn)，按要求在网上提交《高校毕业生自主创业证》申请。

(2)创新创业指导与扶持政策，尤其是资金扶持政策。

①国家层面。

国家层面资金支持包括：对符合条件的大学生自主创业的，可在创业地按规定申请创业担保贷款，贷款额度为 10 万元；毕业 2 年以内的普通高校学生从事个体经营(除国家限制的行业外)的，自其在工商部门首次注册登记之日起 3 年内，免收管理类、登记类和证照类等有关行政事业性收费；还有相关的税收优惠和贴息。相关网站有：国家创新创业政策信息服务网(http://sc.ndrc.gov.cn)。

②省市层面。

各地都有相应扶持政策。例如四川省，大学生创业可享有万元创业补贴、创业培训补贴和在校大学生创业担保贷款贴息等福利。采取“人才+项目”的方式，对大学生创新创业给予支持，其中，重点项目补助 10 万元/个，培育项目补助 2 万～5 万元/个。还包括省级创业大赛获奖项目前期孵化补助。对省级及以上相关部门(单位)组织的创业大赛获奖项目，进入前期孵化可享受 5 万～20 万元的补助；对参加“创客中国”四川省中小企业创新创业大赛暨“创客天府”创新创业大赛的获奖项目，除获得相应资金外，同时享受“投贷服”联动机制等帮扶措施。创新创业所在地区省市层面，可以通过查询本地创新创业服务平台，包括省级、市级、县区级，如甘肃省创新创业综合服务平台(http://www.gsqyfhq.cn)、成都创新创业服务平台(http://cdkjfw.com/index.html)、广州创新创业服务资源共享平台(http://www.gzkj.cn)。

③创新创业所在地区科技园、产业园区层面。如苏州高新区创新创业服务平台(https://web.sndkjj.com:8083)、中关村社会组织创新创业服务平台(http://zgcscfw.com)。获取途径通过所在地的创新创业服务平台查找。

④社会服务机构层面。如创成汇(https://www.cchccc.com/cch/home)，这个平台以线上系统为服务载体，搭建政府、企业、创投、企服为一体的创服生态链。创业家(http://www.chuangyejia.com)是一个专注创业人群领域的服务机构。鲸准(https://www.jingdata.com)里面的分类明确，有创业项目、投资机构、投资人等。

(3)科技创新项目资助。各地对新产品、新领域，尤其是高科技领域的自主创新都有资金资助，如四川省科技创新苗子工程服务平台(http://mzgc.tccxfw.com)、成都市科技项目申报系统中青年创客创新创业资助(http://kjxm.cdst.chengdu.gov.cn)、深圳市科技创新委员会

(http://stic.sz.gov.cn)。

获取途径通过所在地的省科技厅、经济和信息化厅、市科技局、经信局等网站，查看科技项目申请。

(4)创新创业其他资源。

①公司注册登记：国家市场监督管理总局企业登记网上注册申报服务系统(http://wsdj.samr.gov.cn/saicmcdjweb)。

②专利、商标申请：国家知识产权局(https://www.cnipa.gov.cn)。

③域名注册、备案：阿里云(万网)(http://wanwang.aliyun.com)、腾讯云(https://cloud.tencent.com)、易名(https://www.ename.cn)、新网(https://www.xinnet.com)、西部数码(https://www.west.cn)。

④微信公众号申请：微信公众平台(https://mp.weixin.qq.com)。

7.1.4 全国性创新创业大赛

大学生参加创新创业大赛的意义很重要，首先，它可以激发大学生的创业意识和想法，有利于毕业以后创业；其次，可以锻炼各种能力，包括创新能力、科研能力、团队合作能力、表达能力，可以将大学学习到的知识进行融会贯通；最后，竞赛可以激发潜能，挑战自我，为后面学习和就业创造更多机会，如果获奖，就业和考研都会有加分，增强自己的竞争力。目前创新创业类竞赛途径主要如下。

中国国际“互联网+”大学生创新创业大赛，官网：https://cy.ncss.cn。

中国创新创业大赛，官网：http://www.cxcyds.com。

“挑战杯”中国大学生创业计划竞赛，官网：www.tiaozhanbei.net。

全国大学生电子商务“创新、创意及创业”挑战赛，官网：http://www.3chuang.net。

全国大学生创新创业训练计划年会展示，官网：http://gjcxcy.bjtu.edu.cn。

全国大学生集成电路创新创业大赛，官网：http://univ.ciciec.com。

“学创杯”全国大学生创业综合模拟大赛，官网：http://www.xcbds.com。

全国大学生生命科学竞赛(CULSC)，官网：http://www.culsc.cn。

中国大学生服务外包创新创业大赛，官网：http://www.fwwb.org.cn。

中美青年创客大赛，官网：http://www.chinaus-maker.org.cn。

7.2 考研信息检索与利用

考研找资料检索

考研是大学生毕业后继续深造的主要方式，越是重点大学的学生选择的比例越高，部分学校这部分学生比例占到本科毕业人数的50%以上。考研成功与否，除了与备考者自身学习努力程度相关，还与是否全面准确获取相关信息有很大关联。考研信息是指研究生报名、复习、笔试、面试、录取以及考试政策等方面的信息。考研信息的收集工作贯穿于考研备考各个阶段。

7.2.1　查找报考学校和专业问题

选择学校和专业还可以根据大学排名、专业排名和通过中国知网检索，对个人而言，学校和专业并不是排名越高越好，而是越适合自己越好， 越容易考中越好。相对来说，研究生阶段，专业排名比学校排名重要。首先按专业排名搜到学校，再根据排名结果选取学校，选取学校还要参考以下因素。

(1) 分数线——分为基础分数线(报考国家线和 34 所院校线)和实际录取的分数线，一般 3 年以内的信息都很有参考价值。

(2) 招生人数——涉及两个信息，即招生总数和推免人数。

(3) 报录比——判断所报考学校与专业难度最直观的数据，简单来说报录比=报考人数/录取人数。检索过程倒是不难，用检索词“年代+学校+研究生+报考人数统计”，将报考人数除以录取人数就可以得到报录比数据了。

(4) 毕业后就业状况——可以下载该大学近几年的就业质量报告，查看该专业研究生最近几年的就业状况。检索词为“大学名称+年代+毕业生就业质量报告”。

下面是报考阶段主要参考信息资源。

(1) 目标院校研究生院(研招办)与要报考的院系主页，一般会发布考试公告、考试大纲，有些还会指定参考书目，师资队伍，在线课程，咨询电话。

【案例 7-2】西南交通大学研究生招生网(http://yz.swjtu.edu.cn)有导师目录、历年复试分数线、招生简章、招生计划、暑期学术夏令营、资料下载、联系方式，是报考该校研究生必须参考的信息资源。

(2) 中国研究生招生信息网(https://yz.chsi.com.cn)简称研招网，是隶属教育部的以考研为主题的官方网站，是教育部唯一指定的研究生招生考试网上报名及调剂网站，主要提供研究生网上报名及调剂、专业目录查询、在线咨询、院校信息、报考指南和考试辅导等多方面的服务和信息指导。

(3) 考研报录比查询(https://www.kaoyan.com/baolubi)。

(4) 大学排名：上海软科发布了中国大学专业排名(https://www.shanghairanking.cn)。

(5) 专业排名：中国学位与研究生教育信息网发布了全国第四轮学科评估结果，可通过该网站查询各个学科的排名情况(http://www.cdgdc.edu.cn/xwyyjsjyxx/xkpgjg)。

(6) 报考综合信息：中国教育在线考研频道(https://kaoyan.eol.cn)、考研信息网(http://www.chinakaoyan.com)。

上面数据可以通过以上网站获取，也可以直接搜索获取，例如，要查找招生总数，打开百度，输入“年代+学校名+研究生招生+目录”；又如，查学院的录取分数线，打开百度，输入“2021 年+学校名+学院名(注意是学院名)+复试录取工作实施细则”。

最新一年的招生专业目录一般在每年 8 月份左右由各招生院校公布，届时考生登录考研教育网(http://www.cnedu.cn)，或招生院校研究生院网站和招生院校二级院系主页即可查阅，里面有专业招生人数、考试科目、指定教材。

提示：考研还有一条途径就是保研，越是知名大学，保研率越高，保研不仅可以保送本校，也可以保送其他学校。报送外校，除了取得本校的保研资格外，还必须获得外校资格审查，最主要的是夏令营的选拔。所以，一是要关注本校教务网和院系网站关于保研的资格要求和评选办法；二是要在大学三年级末期关注同专业高校或者理想高校院系和研究生招生网上的夏令营活动。

【案例 7-3】请结合自己爱好、自己专业和自身的实力，选择合理的目标考研学校。首先要登录中国研究生招生信息网（https://yz.chsi.com.cn），在“硕士”栏目下，找到“硕士目录”，通过专业限制、地域限制、学习方式限制等条件初筛选出自己的目标院校，再通过学校排名、专业排名对目标院校进行排序，然后登录各目标学校的研究生招生主页去查询历年的录取分数和招生计划数，综合评估自己的实力之后筛掉一部分学校，最后对比招生政策有无重大变化等外在因素，从而确定自己的目标院校。

7.2.2　检索导师信息

读万卷书不如行万里路，行万里路不如名师点悟。选导师对于以后的学习科研工作非常重要。尽可能多地搜集有关准备报考的导师信息，掌握的信息越多，越能减少以后读研时很多不必要的麻烦。

检索导师信息的途径有两种：一是到导师所在大学院系师资队伍的教师主页上去查看，考生可首先通过百度等搜索引擎检索到拟报考院校的网址，再进入该校的院系网或研究生院网查看。在院系的“师资力量”栏目中一般都有各个教师的简介，有的还有老师的个人主页与联系方式，如果确实对某位导师感兴趣，可以提前进行沟通。二是通过数据库查找导师发表的学术论文和著作及其指导学生的学位论文，以了解其学术研究的领域和主题，同时也能明确自己是否对这方面内容感兴趣，从而最终确定拟报考的专业方向和导师。具体方式见表 7-1。

表 7-1　导师信息检索内容与方式

类别	检索内容	检索方式	信息源举例
简历	个人基本信息	检索所在单位的专家、人才队伍、教师队伍介绍	例如，在西南交通大学土木工程学院师资队伍中，可查询该院所有教师的简历
		名人用百度百科搜索	如用百度百科搜索“周国平”
		查个人主页	邓发云 http://yz.swjtu.edu.cn/～1936
通信信息	电子邮件	用“姓名+@+邮箱”搜索	查找周国华的邮箱，搜索词为：“周国华 @ 邮箱” 通过检索发表的期刊论文，里面一般有联系方式
	电话	用姓名加“联系方式”搜索	查找周国华的电话，搜索词为：“周国华 联系方式”
学术信息	发表论文	使用姓名在“作者”字段检索	在 CNKI 期刊检索中，用“作者”字段检索“武振业”发表论文
	指导学生	使用姓名在“导师”字段检索	在 CNKI 学位论文中，用“导师”字段检索“武振业”指导的学生
	学术研究	用姓名加个人信息搜索	例如，要查找李军教授的学术研究情况，可以搜索其个人信息或个人学术网站或者所在机构的专家、师资队伍介绍
	专利	使用姓名在“发明人”字段检索	在 CNKI 专利数据库、国家知识产权局的中国专利查询系统中，用“发明人”字段检索“何川”发明的专利
言论信息	博客、微博	用姓名加“博客”	例如，查找郎咸平的博客，在百度中用搜索词“郎咸平 博客”
	演讲	直接用姓名加单位在视频搜索中搜索	例如，查找万科王石，在百度视频中用搜索词“万科 王石”

续表

类别	检索内容	检索方式	信息源举例
图片	照片	在图片类别中搜索	例如，查找吴敬琏的照片，可用姓名直接在百度的图片类别中搜索
信用信息	诚信信息	使用姓名检索	在中国人民银行建立的“个人信用信息基础数据库”中检索
	身份核查	使用身份证号检索	在全国公民身份证号码查询服务中心查询（http://www.nciic.com.cn/framework/gongzuo）

尽可能从自己的兴趣出发，深入了解导师的研究方向，选择那些科研方向与自己兴趣一致的导师。此外，务必注意以下几点：自己是喜欢理论还是偏重实践，如果自己喜欢理论研究，在选择导师时就应该偏向于研究理论方面的导师，最好找一个教授级别的老师；若感觉自己偏重实践方面，在选择导师时也应有所偏向，最好找工程项目多一些的导师，至于导师级别不是最重要的，另外还需要结合自己今后有没有出国和读博的想法。若想出国最好选一个有海归背景的导师，若想读博最好选一个教授级别的导师。

选好导师之后，就需要跟导师沟通了，联系导师时尽量实话实说，不吹嘘，但也不要谦虚，把自己做过什么、可以做什么都告诉导师。与导师沟通顺畅，可以增加面试和复试的机会。

【案例 7-4】某校学生想报考西南交通大学翟婉明教授的研究生，想了解该教授的研究领域与研究主题是不是自己感兴趣的，以便做出选择。

检索思路：本案例可以通过“作者”途径检索该老师发表论文情况、专著出版情况，通过“导师”途径检索该老师指导过的研究生学位论文等情况。

(1) 首先通过搜索引擎，输入检索词“西南交通大学 翟婉明 简介”查找翟婉明教授的个人基本信息，或者通过该校研究生招生网找导师栏目查询，如翟婉明(http://yz.swjtu.edu.cn/～8982)。

(2) 通过 CNKI、SDOS、SCI、EI 等中外文数据库的高级检索功能中“作者”和“机构”字段，检索其发表的期刊论文和会议论文情况。可以知道其主要研究主题是高速铁路、耦合动力学、高速列车、动力学性能；主要合作对象是蔡成标、王开云，主要合作机构是中国科学院、中国铁道科学研究院。

(3) 通过图书书目检索工具检索其出版专著情况，由于翟婉明教授的工作单位是西南交通大学，因此最好直接进到西南交通大学图书馆的主页，利用其馆藏目录检索系统以“作者”检索途径进行查询，也可以利用中国高等教育数字图书馆的书刊联合目录以“责任者”为检索途径进行查询。

(4) 选用 CNKI 中国博士/优秀硕士学位论文全文数据库、万方数据资源的学位论文全文数据库或该校研究生学位论文库，以“导师”为检索途径查找翟婉明教授所指导过的博士/硕士的学位论文情况。

7.2.3　考研复习资料检索

考研目标确定以后，就需要根据所报考学校的要求准备相应的复习资料。一般来说，根据内容、用途和针对性的不同，考研复习资料可以分为以下几大类：全真试题、考试大纲、专业课教材以及各种考研辅导书和内部资料。

1. 考研大纲和历年真题

全真试题包括历年考研政治、英语、数学等公共课试题和所报考专业的专业试题。公共课全真试题可以到专门的考研书店购买，也可以从网上获得。专业课试题一般可先向报考学校咨询，部分学校在网上会公布历年专业课试题，也有学校可提供邮购服务。中国教育在线的考研频道(https://kaoyan.eol.cn/shiti)提供有公共课和“法律硕士”、“教育学”、“计算机”、“历史学”、“心理学”、“西医综合”、“中医综合”等专业课试题的历年考研真题，并附有试题答案，如图 7-3 所示。

图 7-3　中国教育在线的考研频道

考试大纲是规定研究生入学考试公共科目考查知识点及考试题型等重要信息的纲领性文件，由教育部考试中心(http://yankao.neea.edu.cn)每年 4、5 月份组织专家会议进行修订后，再由高等教育出版社公开出版发行。政治考试大纲每年变动较大；英语、数学考试大纲则相对稳定。中国教育在线每年也会组织相关辅导名师第一时间进行考试大纲解析。

除全国统考公共课之外，专业课都是由各个招生院校自主命题、阅卷的。因此，专业课教材一般需要向招生院校获取。考生可参考拟报考院校的研究生院网站或院系网站公布的参考书目并购买，一般书店都有出售。在购买之前，可以先检索学校图书馆是否收藏这些资料或图书馆电子资源里是否有其电子版。

考研辅导书品种多，数量大，每年市面上大概有上百种之多，考生可参考相关考试攻略自己鉴别，最新的辅导书一般需要购买，因为图书馆从购买到供学生阅读的周期比较长。

内部资料是指比较权威的专业考研辅导机构用于配合授课辅导、课后练习、模拟冲刺训练的资料。对于这类资料，考生可以通过自己所在的辅导班获得，也可以通过参加知名辅导班的研友获得。公共课辅导书选取方式：打开京东或者当当，输入“考研+英语/政治/数学”，选择“按销量排列”，一般而言销量靠前的都不错。

专业课参考书分指定和不指定参考书，指定参考书的学校又分为有大纲和无大纲。有大纲的学校以大纲为准，检索词：202×＋学校＋专业＋大纲，无大纲的学校这类信息一般出自招生专业目录。特别要提醒没有大纲的考生一定要看看其他学校的大纲。

另外，考生可以通过张贴广告、在 BBS 上留言的方式有偿求购或者相互交换某些自己需要的资料，如历年试题试卷及答案、专业课笔记等。

2. 新媒体资源

(1) 考研类公众号，一是如超级资料、法硕帮；二是名师号如肖秀荣教授、考研政治徐涛、腿姐考研政治课堂；三是企业号，如小白考研、槟果考研、考研狗之家、木仓考研、新东方在线考研。

(2) 知乎，可以在上面寻找复习、复试经验帖，或者寻找目标院校的学姐、学长。

(3) QQ 群，搜索你所要考的学校的名称，如××大学考研群，或者××大学××专业考研群。

(4) B 站，搜索课程关键词，就可以出现视频课程了，还有很多上岸学姐学长的复习经验。

(5) 淘宝、闲鱼，买专业课资料，登录这两个网站搜索，大多能找到。

(6) 目标院校的论坛，可以找到一些报考院校或专业的同学，以及了解到一些关于学校的非官方消息。有些同学还在这里卖资料，可以联系获取相关资料和考试经验。

3. 辅导和中介机构网络资源

(1) 考研文库(http://www.kaoyanwenku.com)，是由北京大学和清华大学研究生团队创建的免费共享考研资源平台。 所有考研资料、考研试题、考研经验、参考书目、考研指导、模拟试题都来自全国各大学在读研究生、考研学生、辅导机构和考研名师。

(2) 考研帮(https://www.kaoyan.com)，这里可以下载公共课及部分专业部分年份的真题、备考指导、公共课视频、部分专业视频，分别按照地区和学校分类汇总，下载有的需要积分。

(3) 考试点(http://www.kaoshidian.com)，专业课资料比较齐全。

(4) 考研信息网(http://www.chinakaoyan.com)。

(5) 中国教育在线考研频道(https://kaoyan.eol.cn)。

(6) 考研论坛(https://bbs.kaoyan.com)，专业考研论坛，不仅有网课，还有各大学专业课资料。

4. 图书馆可能订购的考研多媒体资源

(1) 高教网。

(2) 新东方。

(3) 正保考研资源。

提示：由于 2020 年、2021 年疫情影响，各个高校几乎每门课程都开设了网课，对于专业课的学习可以找到报考院校的院系，找到网课的平台，或者直接咨询该校的老师，加入网课学习，这样会事半功倍。

7.3　就业信息检索与利用

在信息社会，就业竞争在一定程度上就是信息量的竞争。大学生求职择业，不仅取决于整个社会环境与毕业生个人的专业和综合素质，还取决于毕业生是否拥有信息。甚至可以说，就业信息是求职的基础，是通向用人单位的桥梁，是择业决策的重要依据，更是顺利就业的可靠保证。信息检索技术的合理使用，至少能在以下两方面为大学生就业做好基石：①了解行业状况，把握行业动态，及时跟踪企业对人才的技能需求，有针对性地进行“查缺补漏”；②收集掌握海量就业信息，不能仅依赖于校园及大型社会招聘会，变被动为主动。

7.3.1　就业信息获取方式与渠道

通过浏览和总结各个高校的毕业生就业质量报告，可以发现：越是一流大学，越是优秀的学生，就业获取渠道越广泛，就业行为越主动(表 7-2)。毕业生的就业信息获取主要渠道，按重要性归纳总结如下。

表 7-2　不同学校毕业生获取信息渠道对比

清华大学毕业生信息获取渠道与比例

求职渠道	人数	百分比
用人单位自设渠道	455	18.1
学校组织的招聘会	436	17.3
学校发布的招聘信息	314	12.5
院系发布的招聘信息	270	10.7
用人单位的实习	233	9.3
社会渠道	187	7.4
校友资源	179	7.1
老师推荐	159	6.3
亲友渠道	153	6.1
政府渠道	49	1.9
其他校园渠道	46	1.8

西南交通大学毕业生信息获取渠道与比例

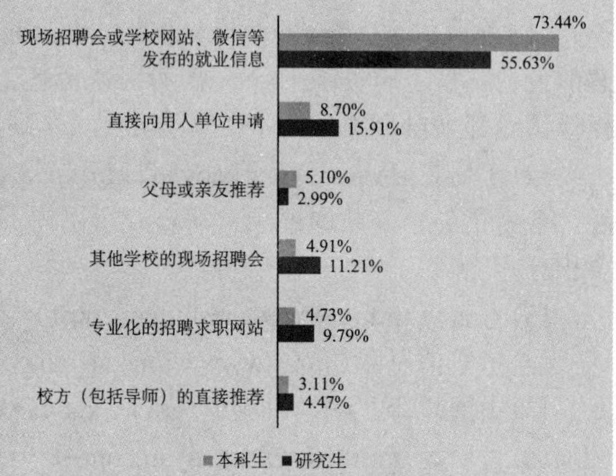

(1) 本校就业部门就业网站的信息公布。目前基本上每一个高校都会有专门的工作人员负责收集、整理就业信息，并核实发布，由于很多单位对于高校近似于定向招人，所以这类信息一般有效性很好，而且，部分院校对这类信息实行严格的核实制度，所以信息准确度较高。

(2) 本地重点大学或者专业排名靠前的大学的就业网站和 BBS。除了关注自己大学就业网站和院系就业信息发布外，还要关注其他院校，关注在整个行业你的就业竞争对手是谁，以及招聘机构偏好哪些学校和相关专业的学生。很多学校会把网站设置为只有本校学生可以查看，因此可以找在这个学校的同学借用账号。

(3) 参加各类招聘和双向选择活动，包括国家有关部门、各地、学校、用人单位等相关机构组织的各类现场或网络招聘活动。

(4) 企业官方网站的自主招聘与自我推荐。可以长期关注跟自己专业密切相关企业的官方网站，一般都会有“人才招聘”这个专栏，某些企业会在其中发布实习生信息。如果求职者对于用人单位很向往，可以通过搜集该企业的各类信息，积极准备，直接通过电话、信函、邮件、直接登门等形式推销自己。

(5)政府就业指导机构。政府就业指导机构也会通过各类形式的宣传及政策引导发布部分用人信息，这类信息对于当地生源，具有很好的应用价值，但是发布不规律，所以求职者不好把握。

(6)社会机构：包括职业中介、猎头公司等，也会发布一些就业信息。这类信息一般针对在职人员较多，但是也有部分信息针对应届毕业生，但是由于这类机构在监督监管方面存在多多少少的问题，而且大多是以盈利为目的，所以求职者一定要慎重。

(7)社会关系。如果求职者能够充分利用自己的家庭、师承、校友等关系，提前收集用人单位信息，并引荐，成功率很高。这是目前为止，最佳的就业途径，也是最容易被忽视的一个途径。

(8)新媒体渠道。采用 QQ 群、微信群加入就业相关的各个行业的圈子、校友圈子、地方圈子，关注就业所在地地方政府、主要行业、企业的官方公众号。

提示：在查看外校就业网时，不要漫无目的地查询，学生可以通过以下两种途径：一是通过专业排名查询，查出国内同类专业排名靠前的大学，分别进入其就业网与院系网查询就业信息；二是在锁定就业地区后，查询目标地区高校的就业网，或者直接进入目标高校的院系网，查询就业信息。进入各高校的就业网站方法是：进入该校主页，有的主页有就业网或者招生就业网的直接链接，若没有就先在“组织机构”栏目找到招生就业的机构，单击该机构名称可以进入。

【案例 7-5】生物工程专业是西南交通大学的新设专业，用人单位在该校发布生物工程专业的需求信息并不是很多，作为该校生物工程专业的毕业生要想获得更多的就业信息，最直接的办法就是在百度中输入“生物工程 排名”，搜索出国内该专业排名靠前的大学，然后进入这些学校的就业网或生物学院的网站。

7.3.2 企业信息检索的内容与途径

就业也是一种匹配行为，就是找到与自己知识、能力结构和喜好选择相匹配的企业或机构，对要加入的企业和机构进行深入了解，可以增加面试和就业的满意度。

通过对企业的全面检索(表 7-3)，使用者可以加深对企业的了解，减少就业盲目性。检索黄页，可以了解一个地区的企业分布情况；检索企业的信用信息，可以了解企业的规范程度，避免上当；检索企业员工发表的科技论文和申请的专利，可以了解企业的技术开发及其与自己的专业和兴趣是否吻合；检索企业所在行业的行业分析报告，可以了解一个行业的整体发展程度；检索与企业声誉、产品相关的网页、论坛与贴吧可以了解企业在网民心目中的形象。

1. 目标企业查找

查找目标企业，直接关注其招聘、实习要求和简历投递渠道，化被动为主动。一般企业尤其是知名或者大型企业网站都会有专门的招聘栏目。查找目标企业主要有以下三种方法：

表 7-3　企业信息检索内容与方式

<table>
<tr><th>类　别</th><th>检索内容</th><th>检索方式</th><th>信息源举例</th></tr>
<tr><td>企业通信</td><td>地址与联系方式</td><td>用产业特征或者地域名称在黄页检索</td><td>114 黄页(http://www.114chn.com)、中国黄页网(http://www.huangye.com.cn)</td></tr>
<tr><td>企业目录</td><td>企业名称与注册信息</td><td>用公司名称、产品名称或者品牌检索</td><td>万方数据知识服务平台(http://c.wanfangdata.com.cn/Institution.aspx)</td></tr>
<tr><td rowspan="3">技术信息</td><td>申请的专利</td><td>用公司名称在“申请人”字段检索</td><td>国家知识产权局专利检索(http://www.cnipa.gov.cn)</td></tr>
<tr><td>发表的论文</td><td>用公司名称在“作者单位”字段检索</td><td>中国知网学术期刊网络出版总库(http://www.cnki.net)</td></tr>
<tr><td>科技成果</td><td></td><td>CNKI 国家科技成果数据库</td></tr>
<tr><td>管理信息</td><td>招聘、公司文化、治理结构</td><td>进入公司主页浏览</td><td>中国石油(http://www.cnpc.com.cn/cn)</td></tr>
<tr><td rowspan="3">产品信息</td><td>经销商与渠道</td><td>进入公司主页浏览</td><td>一汽大众(http://www.faw-vw.com)</td></tr>
<tr><td>价格</td><td>用产品名称加品牌在购物网站检索</td><td>阿里巴巴(http://www.alibaba.com)</td></tr>
<tr><td>性能</td><td>用产品名称加品牌在网站或论坛检索</td><td>新浪数码社区(http://club.tech.sina.com.cn)</td></tr>
<tr><td rowspan="2">信用信息</td><td>评级</td><td>用公司名称检索</td><td>Google 财经搜索、新浪财经</td></tr>
<tr><td>有无违规记录</td><td>用公司名称检索</td><td>在国家企业信用信息公示系统和企查查等网站</td></tr>
</table>

(1)本校每年发布的质量就业报告中都会有招聘排名前十的单位，可以从中选取和重点关注。

(2)行业里知名企业选取，一是我们了解的华为、腾讯、百度，直接查找其主页；二是通过东方财富网(https://www.eastmoney.com)，“行业”栏目里面有每个行业上市企业，可以通过排名查看；三是通过中国政府网下面中央企业网站链接。

(3)通过企业名录直接检索一个地区专业相关企业，方法如下。

企业名录是了解企业情况和产品信息的检索工具，有按国别和地区报道，也有按行业、企业性质或类型、企业规模报道。企业名录一般都有以下内容：企业名称、详细地址、邮政编码、创立日期、注册资金、法人代表、联系人、联系电话、传真、职工人数、经营范围、产品及服务、年营业额、网址及 E-mail 等企业信息。

企业名录来源于各种信息渠道，如统计部门、管理部门、海关、商务部、工商局、行业协会、金融机构、企业信息出版物、黄页、展览会会刊、报刊媒体、互联网络、各种名录出版物等。提供主要企业名录(信息)的网站和数据库如下。

①国家企业信用信息公示系统(http://www.gsxt.gov.cn)。

②商业搜索引擎 Accoona(http://www.accoona.com)。

③公司信息数据库(Corporate Information)(http://www.corporateinformation.com)。

④通过地方黄页查找。黄页是获取企业通信信息的最佳工具。进行黄页检索时，检索

词可以用“地域名”+“专业名(去掉专业名称中‘工程’‘专业’等词)”的形式。

【案例 7-6】如果一个桥梁工程专业的学生要在四川找相关企业，可以在黄页搜索框中输入关键词“四川 桥梁”，就可搜索出在四川地区，企业名称包含桥梁的黄页信息，从返回的搜索结果中选取自己感兴趣的企业，利用百度的网页搜索功能了解更多与该企业有关的信息。

⑤邓白氏集团(http://www.dnb.com)，是世界著名的商业信息服务机构，国际上著名的企业资信调查类的信用管理公司，其中邓白氏全球企业数据库是其核心数据库，邓白氏注册是邓白氏在全球范围内推广的一种电子标识，它通过互联网链接到用户在邓白氏全球企业数据库中的最新注册档案。

⑥万方数据的机构数据库。

提示：前 4 种可以免费使用。

2. 企业内部信息查找

在获取到企业基本信息后，使用者如果想要进一步了解招聘企业的内部信息，如企业的财务信息、技术信息、治理结构、企业负责人个人信息、企业文化等，又该如何查询呢？

(1)通过企业主页查找企业的管理、治理结构、企业文化、财务等方面的信息。如果该企业是上市公司，可通过其主页的“投资者关系”(Investor Relationship)栏目查看上市公司的经营、财务状况，对于国内企业，可通过新浪财经(http://finance.sina.com.cn)、东方财经(http://finance.eastday.com)等查找。

(2)企业技术信息，包括企业的专利、科技成果、制定的标准，如企业申请的专利，可通过国家知识产权局专利检索系统查询。

【案例 7-7】想要了解海尔集团，了解该企业的研发能力和创新能力。可以利用国家知识产权局的专利检索系统(http://pss-system.cnipa.gov.cn)，在申请(专利权)人检索框中输入“海尔”，该系统就会输出海尔集团隶属公司在国家知识产权局申请的所有专利。

(3)公司发表的文章。从公司人员发表的文章可以了解企业技术重点与管理要点。

【案例 7-8】在中国知网中以“作者单位”为检索入口，在检索框中输入企业名称，如“华为”，可检索到该企业的员工在相关期刊杂志上发表的文章。

3. 企业外部信息查找

企业外部信息主要是指行业的整体发展状况。这类信息可以通过以下途径获得。

(1)行业协会/学会网站、行业主管部门网站。

【案例 7-9】例如，铁道通信行业可以通过如下机构了解：中国铁道学会(http://www.crs.org.cn)、中国铁道工程建设协会(http://www.carec.org.cn)、中国通信企业协会(https://www.cace.org.cn)等；行业主管部门如国家铁路局(http://www.nra.gov.cn)、工业和信息化部(http://www.miit.gov.cn)等。

(2)专业科研机构网站。例如，和铁路行业相关的有，中国铁道科学研究院(https://www.rails.cn)。

(3)中研网(http://www.chinairn.com)，专注市场研究的权威资讯门户，简称中研网，从事市场调研、投资分析、研究报告，汇集了各行业市场分析、预测报告、咨询报告、市场调查。

(4)国研网、高校财经数据库、中宏产业数据库等事实性数据库。

(5)交流。向相关领域的专家、自己的老师，或有经验的学长、学姐请教。

4. 企业评价信息查找

(1) 有关企业的信用信息。国家企业信用信息公示系统(http://www.gsxt.gov.cn/index.html)(图 7-4)提供在全国各地工商部门登记的各类市场主体信息查询服务，包括企业、农民专业合作社、个体工商户等。用户可输入市场主体名称或注册号进行查询，注册号是精确查询，市场主体名称是模糊查询。

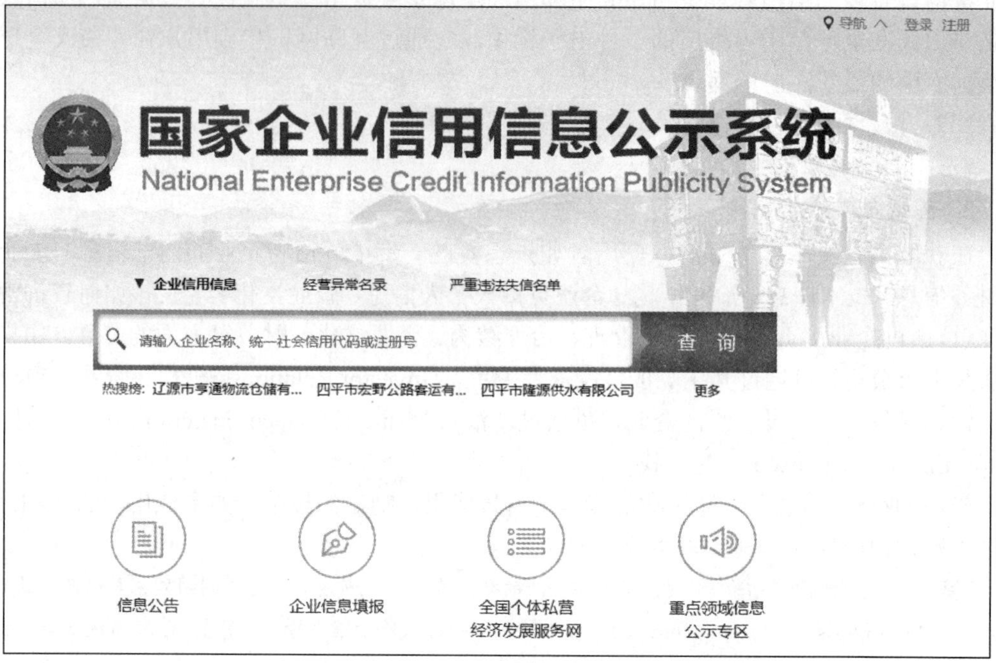

图 7-4　国家企业信用信息公示系统主页

【案例 7-10】例如，在国家企业信用信息公示系统网的信息查询检索框中输入“四川公路桥梁建设集团有限公司”，得到该企业的信用信息，包括基础信息、行政许可信息、行政处罚信息、列入经营异常名录信息、列入严重违法失信企业名单(黑名单)信息。

(2) 公司评级信息检索。在一些大型的财经网站，使用者可以查到一些企业的评级信息，尤其是上市企业的评级信息，如和讯网(http://www.hexun.com)、东方财富网(https://www.eastmoney.com)、新浪财经(http://finance.sina.com.cn)。

(3) 有关企业的新闻报道。利用搜索引擎的新闻搜索功能或者各门户网站的新闻频道，可以查询有关企业的新闻报道，进而了解该企业在行业的排名，业界、媒体及消费者对该企业的评价等信息。

(4) 有关企业及其产品的贴吧与论坛。例如，天涯社区(www.tianya.cn)、新浪论坛(http://people.sina.com.cn)、百度贴吧中都能搜索到有关企业的论坛、贴吧。

(5) 一些查询企业经营信息、工商信息、信用信息的专门网站，如企查查(https://www.qcc.com)、天眼查(https://www.tianyancha.com)、启信宝(http://www.qixin.com)，爱企查(https://aiqicha.baidu.com)。

(6)查询失信和法律诉讼等问题。中国执行信息公开网(http://zxgk.court.gov.cn)、中国裁判文书网(http://wenshu.court.gov.cn)。

企业信用信息查询是人人都可使用的商业安全工具，通过查询快速了解查询企业工商信息、法院判决信息、关联企业信息、法律诉讼、失信信息、被执行人信息、知识产权信息、公司新闻、企业年报等服务，为求职或者企业经营往来提供参考。

【案例 7-11】2018 年我准备在成都市郫都区三道堰堰上芙蓉印象小区购买一套二手房。据了解，当时整个小区都还没有办理房产证，因此，对开发商办理产权证的能力产生怀疑，于是利用国家企业信用信息公示系统，查询了开发商四川置能房地产开发有限公司的信用信息，发现它在 2016 年列入异常经营名录，登记的住所或者经营场所无法联系。在裁判文书网上面该企业存在房屋买卖合同纠纷。经过分析后，发现这是一个不可靠的房产，于是放弃购买。

提示：在寻找兼职或者求职时，先查对方的信用信息，查看其经营是否正常、是否有违法违规经营、办公地址和注册地址是否符合，免得上当受骗。

5. 企业产品信息查找

了解产品信息，就是要对各类产品性能、质量、款式、包装、商标、价格、产量、供货量、销量，做到心中有数。产品信息检索工具包括产品年鉴、手册、文摘、报告、样本集、产品目录、产品及其价格数据库等。

若要查找产品的价格、型号、规格、品种等信息，最快捷有效的检索工具是搜索引擎。通过搜索引擎，可以选用各种综合性或专业性产品网络、数据库、专卖店等。

【案例 7-12】在百度的检索框输入“产品信息”(或某一具体的产品名称)，就可得到大批报道产品信息的网站或产品目录，如产品信息网(http://www.chinadbs.com)、全国农产品商务信息公共服务平台(https://nc.mofcom.gov.cn)等。

要检索实时的价格信息，可以通过以下几种途径进行。

(1)检索价格信息系统。

全国性的价格信息系统，如中国价格信息网(http://www.chinaprice.com.cn)，是国务院批准的国家经济信息系统的子系统，可查询各种价格，随着政务公开和服务的加强，各个地方和各个部委物价局都建立了价格信息查询系统，可以对大众化的主要产品和热点产品的价格进行查询。例如，中国农业信息网(http://www.agri.cn)，是全国农产品批发市场价格信息系统，也是农业综合信息服务网站，由农业农村部信息中心主办。

(2)检索生产商报价。

找到了厂商的官网也就找到了报价。搜寻厂商站点，常用的方法是利用搜索引擎，即利用关键字进行数据检索。检索中文关键词可以采用“地区名+品牌名+厂或公司”；英文关键词可以采用“地区名+品牌名+ factory 或 corporation”。查出生产商的网站之后，一般都会发现具体的产品报价。如果厂方站点中没有标明价格，可以查出其负责销售或者提供信息的部门的E-mail地址，如Sales@×××或Info@×××(一般都出现在比较突出的位置)，然后以进口商的名义，向其发电子邮件进行查询。

(3)通过电子商务交易中心检索价格。

许多电子商务交易中心都提供产品的价格。阿里巴巴网站(https://www.1688.com)就是一个很好的产品信息集散中心。例如，进入阿里巴巴网站，在检索框中输入产品名或品牌名可以得到有关结果，单击感兴趣的产品，查询详细信息。

7.3.3 就业信息的查找与利用

就业信息包括当前的就业形势、就业程序、就业派遣和《中华人民共和国劳动法》《中华人民共和国劳动合同法》中有关劳动合同与权益维护等方面的知识，以及职业规划、求职面试技巧、角色转换、事业立足与职业发展等方面的知识。除了课程学习和专门讲座，这类知识还可以在图书馆和网络上找到。

1. 从图书馆公共检索系统和有关就业信息的数据库查询

【案例 7-13】例如，在西南交通大学图书馆的公共检索系统中，输入关键词“求职”，可检索出 150 多种该校图书馆现有的有关求职的图书和报刊。万方资源系统的企业与产品数据库可以从中了解企业基本状况；从国研网中可以了解行业状况，超星电子图书数据库可以提供职业规划、面试技巧、简历写作等知识。

2. 通过搜索引擎搜索某城市求职的特定信息

在搜索引擎中输入“城市+求职指南/求职信息”，如“广州 求职指南”“成都 求职指南”“深圳 求职信息”。通过其他求职者发布的帖子，可以获得一些专业招聘网站上无法获取的信息，如当地的主要概况、就业形势、人才及专业的需求情况，当地的招聘网点及招聘信息发布的主要媒体，当地的薪资标准、衣食住行，在当地求职过程中的注意事项，要警惕那些求职陷阱等方面的信息。

3. 通过网络获取求职简历范文

求职简历可以视为第一次面试。招聘人员对求职者的注意和认识正是从这里开始的。一份出色的求职简历，是顺利迈出求职历程的第一步。那么，怎样才能使自己的求职简历脱颖而出呢？在撰写求职简历的过程中多参考别人的简历，会给毕业生带来很多启发。求职简历一般是中文的，一些与外贸有关的企业和外资公司则要求应聘者提供英文简历。因此，毕业生最好中英文简历都准备。

互联网上有许多专门的求职指南网提供免费的求职简历范文供求职者参考。例如，应届生求职网(http://www.yingjiesheng.com)、职场指南网(http://www.cnrencai.com)。

另外，在搜索引擎中输入关键词“专业/职业＋求职书 / 简历 / 自荐书”，如“金融专业 求职简历”“房地产估价师 求职简历”也能获得相关专业或职业的求职简历。

提示：一般人才招聘网站或者人才交流中心都会把简历录入计算机供招聘企业查询，所以在写简历时尽量用一些规范化术语，可以先对该地区、该行业进行了解，知道它们的需求特征，在简历中如果有该项特征，就要进行规范描述。例如，最近该地区企业在推进标准化管理，如果你有这方面的知识，你的简历中就应该有如标准化、ISO、流程等这类术语。

4. 就业信息的筛选与整理

毕业生应根据自己的实际情况和需求，对信息有针对性地加以筛选处理，使获得的信息更好地为自己的求职服务。对就业信息的处理包括整理、分析和评价三个阶段。

就业信息整理，对于就业信息应根据自身的实际情况进行整理，可以根据求职意向的地域范围整理信息，也可根据自己的兴趣与求职成功的可能性大小整理信息。在此过程中还要特别注意信息的时效性。人才市场瞬息万变，用人单位发布需求信息后，随时都会收到毕业生的求职信息，及时与用人单位联系能体现出你积极的态度，为求职成功增加砝码。

毕业生在进行信息分析时，要将与自己的专业及兴趣相关的信息提取出来，将与专业和兴趣无关或关系不大的排除在外。对提取出来的信息，也要分清主次并按信息的重要性程度进行分类，对重点信息要重点把握，对一般信息则仅作为参考。

就业信息评价主要是结合毕业生对自我的认识与评价，遵循“适合自己”的原则，确定适合自身择业目标的就业信息。

提示：近年来，各个高校都发布了年度就业质量报告，检索本校和相近学校的就业质量报告，大家可以从中了解主要就业去向、主要就业企业和地区、企业对能力要求、就业信息获取渠道和获取方式，从而调整学习方式和内容，早早地为就业做准备。检索技巧为：学校名称+就业质量报告 site:edu.cn。

7.4　留学信息的检索与利用

随着对外交流的日渐升温和增多，如今学生出国的机会也随之增多。本节将从留学信息的获取途径和检索技巧方面为读者提供参考。

7.4.1　留学信息检索技巧

对于有留学需求的学生而言，首先需要解决以下几个问题：一是去哪里留学？二是选择哪所学校和学科专业？三是如何选择导师？四是申请留学的程序和条件是怎样的？五是如何准备相关文书？这一类的问题属于一般常识性的问题，我们可以选用搜索引擎为主要检索工具，以“留学指南”“留学论坛”“留学申请”“留学文书”等作为检索词进行查询。

1. 留学国家的选择

去哪里留学在很大程度上是个人的喜好。需要考虑的因素可能有学费、奖学金、生活费用、海外的亲友关系等。一般而言，不同国家使用不同的语言，具有不同的教育体制、学费标准，乃至截然不同的信仰、风俗以及生活习惯，出国留学意味着至少有数年时间在一片全然陌生的国土上学习与生活，因而有必要做出谨慎选择，可以通过搜索引擎首先了解主要留学国家及其高等教育的情况。

2. 学校和学科专业的选择

选择哪所学校和学习什么专业，可以参考各国的大学排名，其中 Tims 网站(https://www.timeshighereducation.com)、U. S. News 网站(https://www.usnews.com/education/rankings)推出的世界各地大学排名可信度比较高。对于国外大学院校的详细情况，可通过查阅学校的宣传资料或登录学校官方网站查询获得。每个学校为了吸收生源、宣传自己，都有自己的宣传资料，或者说是招生简章，其内容一般包括学校入学要求、院系设置、师资力量、研究方向、奖学金情况、校园生活，以及申请须知、申请表格等。

还有各大 BBS 论坛以及内地各大高校的校园 BBS，关于留学经验相关信息会比较集中并且可信。在搜索引擎中输入“留学论坛”或以“某高校+BBS”形式输入检索词进行检索即可查询到相关论坛。

【案例 7-14】以留学美国为例，要选择一个符合自己留学目的的大学，准确掌握美国的教育情况和各大学的教育研究特色、奖学金提供等情况至关重要。登录 U. S. News，可以查看包括全美大学的最新排名、各个大学的链接网址，从中可以查到想去的学校的专业介绍、预计入学日期、奖学金的提供情况、与校方取得联系的方法等，同时该站点还提供美国大学生学习生活的介绍。申请者可以根据学校名称、专业或希望就读的州来展开搜索。

3. 导师的选择

在明确自己想要就读的专业后，下一步要做的就是选择导师。首先可以通过搜索引擎或前面提到的一些专业网站找到该专业排名靠前的大学，然后进入其官网查询该学科导师的信息。

【案例 7-15】例如，某大四学生想要出国读生物工程硕士，经检索发现麻省理工学院(MIT)(http://www.mit.edu)的生物工程专业名气不错，那么通过搜索引擎找到该大学的官网，在主页单击 education 栏目下的 schools+courses 链接后，进入院系列表页面，再进入 Biological Engineering 页面，通过 Faculty & Staff 栏目可以找到生物学专业全体教员的姓名、邮箱、头衔、教育背景、研究领域、研究成果和当前的研究重点，甚至还有其个人网站等信息。对这些信息进行查看后，基本可以锁定想要申请的教授。若要进一步了解该教授的研究情况，可以利用 SDOS、EI、ARL 等数据库以“作者”(Author)和“隶属机构”(Affiliation)为检索入口查看其发表的研究成果；也可以以“导师”(Adviser)为检索入口查看其指导过的学生发表的研究成果。

4. 申请留学的程序和条件

对于申请留学的程序和条件，以及相关考试等信息，可以尝试搜索，查看网上是否出现留学指南或者留学宝典之类的网页。

【案例 7-16】例如，在百度中输入“留学指南”，检索结果会出现日本留学指南、德国留学指南、英国留学指南、澳大利亚留学指南和法国留学指南等结果。当然，如果已经考虑好去哪个国家留学，可直接在搜索引擎中以“国家+留学指南”的形式输入检索词进行检索。通过阅读相应国家的留学指南，可以对到该国留学有较全面的了解。

5. 留学文书的准备

在某些学校，招生委员会对留学文书的审查在一定程度上代替面试，以此作为评价学生的一个重要依据。因此，认真准备留学文书，将有助于申请人被自己心仪的学校录取甚至获得高额的奖学金。不同学校对留学文书有不同的要求，在撰写留学文书前，首先需要到所申请学校的官网查询其对留学文书的要求，明确要求后，可以通过搜索引擎以“留学文书写作”或“留学文书模板”等作为检索词，查找一些留学文书的范本作为参考。

7.4.2 留学信息参考网站

以下是按类别推荐的一些留学参考网站。

1. 国家相关机构举办网站

(1) 国家留学基金委员会：国家留学网(http://www.csc.edu.cn)，根据国家法律、法规和有关方针政策，负责中国公民出国留学和外国公民来华留学的组织、资助、管理。

(2) 教育部留学服务中心：中国留学网(http://www.cscse.edu.cn)，是国内最大的留学门户网站，提供最新、最全、最热的留学资讯，涵盖美国、加拿大、英国、澳大利亚、韩国、日本等各留学国家的情况，并设有留学预警、讲座信息、专家答疑等。

(3) 中华人民共和国教育部教育涉外监管信息网(http://jsj.moe.gov.cn)，是教育涉外活动监督与管理信息的专门网站。可以通过该网站查询各国院校资质的认证情况。该网站设有：文件政策、预警信息、涉外办学、国外院校、案例点评等栏目，公布经资格认定的自费出国留学中介机构法定代表人、办公地址等核心资质情况。

2. 中介机构

权威中介机构(在国家涉外监管信息网里有备案)提供的信息一般比较全面。目前，几乎所有的留学中介都建立了网站。用户可以通过搜索引擎和其他方式得知中介名称，并通过登录网站的方式深入了解该中介，通过与中介和网友的在线交流决定中介的取舍。在教育涉外监管信息网里也可查找国外高校是否为我国教育部承认，以避免毕业后前功尽弃，造成不必要的损失。

3. 提供留学综合服务的站点

(1) 搜狐留学网站(http://goabroad.sohu.com)。

(2) 新浪留学网站(http://edu.sina.com.cn/a/index.shtml)。

(3) Peterson's 彼得森研究生指南(http://www.petersons.com)。

(4) Student.com(http://www.student.com)。

(5) Gradschools.com(https://www.gradschools.com)。

4. 留学论坛和高校 BBS

(1) IDP 留学交流平台(http://www.idp.cn)。

(2) 寄托家园论坛(http://bbs.gter.net)。

(3) 豆瓣留学论坛(https://www.douban.com/group/explore?tag=留学)。

5. 留学文书准备/翻译

(1) Shinewrite.com(http://www.shinewrite.com)。

(2) 上海交大留学手册(http://www.applybook.com)。

6. 标准化考试

(1) 托福(http://www.ets.org/toefl)。

(2) GRE(http://www.ets.org/gre)。

(3) GMAT(https://www.gmat.com.cn)。

(4) 雅思(http://www.ielts.org)。

提示：出国留学有哪些省钱途径呢？①公费留学，国家留学基金管理委员会每年都会通过国家留学网发布各种留学项目，可以通过所在学校直接申请；②通过所在学校与国外高校的联合招生项目，这种校际交流项目对语言成绩、学费的要求与自己申请相比，都会低一些；③申请硕博连读，硕博连读一般都有全额奖学金，每月还有生活补助金，这也是最理想的出国途径，前提是你本科各方面成绩必须很优秀，有研究论文发表，达到报考学校硕博连读的条件；④如果出国读硕士，最好选择与本科同样或相近的专业，因为一般大学的学费是按照所修学分计算的，当硕士课程与你在本科所学课程有相同时，这门课程即可免修，这样可少交学习费用。

7.5 公务员考试信息检索与利用

自 1994 年我国开始实行国家公务员考试录用制度之后，在校园和社会上，都掀起了一股公务员考试热。网络上的公务员考试信息数量也随之急剧递增。公务员考试信息主要包括公务员报考指南、各地招考信息、经验交流、政策资讯、试题集锦等信息。要想在公务员考试中获得满意成绩，及时获取相关信息非常重要。

7.5.1 报考和录取阶段信息获取

报考阶段，考生必须要对报考条件、报考过程、考试流程等公务员考试常识，以及中央和地方公务员考试的时间、考试科目、招考单位、职位、人数及有关考试最新政策等考试最新动态进行了解，做到心中有数，及早安排。

中央、国家机关公务员招考工作的时间已经固定，报名时间在每年 10 月中旬，考试时间在每年 11 月的第四个周末。省以下国家公务员考试时间尚未固定，欲报考者应密切关注各级、各类新闻媒体有关招录公务员的信息，以免错过报考时机。

1. 国家公务员考试

考试录用国家公务员报名专题网站是国家公务员局(http://www.scs.gov.cn)发布中央机关及其直属机构公务员考试信息的官方网站，提供最权威的国家公务员考试招考和录取信息。考生注册登录后即可通过该网站报考相关职位，考试结束后可查询考试成绩和录取信息。另外，该网站还开通与国务院各部门网站和各地人事网站的链接，提供省、区、直辖市的公务员招考信息。

2. 地方公务员考试

各省、市、区的人事考试网是发布地方公务员考试信息的官方网站，提供最权威的地方公务员招考、录取信息，如四川省人力资源和社会保障厅人事考试专栏(http://202.61.89.231/index.aspx)是四川省负责公务员、协警、事业单位、执业(职业)资格、专业技术资格及其他各类社会化考试的网站。通过该网站能够链接到四川的各市州分站，查看四川所辖市州的招考信息。考生可以通过搜索引擎，运用关键词“地名 人事考试网”，如“浙江人事考试网”“福建人事考试网”等，获得地方人事考试网的网址后，单击进入查看。

7.5.2 复习备考阶段信息获取

复习阶段信息获取的主要任务，是了解如何备考，即考试科目有哪些，需要看哪些考试参考书、复习资料，复习时要注意哪些问题等；笔试通过后，对于获得面试资格的考生还要及时准备面试，了解报考单位的信息、面试的时间、考试范围、复习资料等信息。网络上有丰富的公务员考试复习资料，考生可以通过公务员考试官方网站(如国家公务员考试网是历年笔试、面试真题及内部资料独家发布的网站)了解，也可查看一些专门的公务员考试资料网站。

公务员考试的相关门户网站和论坛非常多，通过这些网站可以帮助我们更好地规划公务员考试，了解公务员的成长、备考科目的复习攻略、面试攻略，获取相关资料，并同具有相同目标的考友进行交流。

1. 公务员考试门户网站

(1)学宝公务员考试资讯网(http://www.chinagwy.org)。

(2)公考资料网(http://www.gjgwy.net)。

2. 考试网站的公务员考试频道

(1)无忧考网的公务员考试频道(http://www.51test.net/gwy)。

(2)华图教育-公务员考试(http://www.huatu.com)。

3. 专门的公务员考试论坛

(1)QZZN 论坛-公务员论坛(http://bbs.qzzn.com)。

(2)知乎公务员考试论坛(https://www.zhihu.com/topic/20329355/hot)。

(3)步知公考社区(http://ask.buzhi.com)。

另外，有些高校的 BBS 也有专门的公务员版块，考生可通过搜索引擎找到这些高校的 BBS 网址后，进入其公务员版块查看相关信息。

4. 新媒体资源

(1)相关的微信公众号，尤其是一些政府部门或者培训机构的公众号，上面会推送一些相关的资料和解读，内容的可读性比较好，比较通俗易懂。还有各大培训机构相关公众号以及微博博主(如粉笔 CEO 张小龙，粉笔公考)。

(2)公务员考试相关的微信和 QQ 群，里面的网友会有相互交流的信息，而且会碰到志同道合的人一起复习。尤其是在面试复习时可以一起复习，模拟面试。

7.5.3 选调生与参军

还有一种就业渠道，即考取选调生。选调生属于公务员系统，但又不同于公务员考试。选调生是省委组织部的后备领导干部，放到基层锻炼，人事权归省委组织部管辖，委托接收单位考评。调动范围是全省建有党组织的各级党政机关、事业单位、人民社团。其可以理解成一种特殊的干部身份。考取选调生要求条件比较高。选调生的报名条件除符合一般国家公务员的报名条件外，还要求是政治素质好、有志于从事党政工作并有发展潜力的优秀学生。主要选调本科生、研究生中的中国共产党党员、优秀学生干部，本科生大部分省份要求是应届毕业生、中国共产党党员、学生干部，三者缺一不可；研究生条件可酌情放宽，一般只要求中国共产党党员、应届毕业生。有志于从政、乐于奉献的同学可以考虑考取选调生。平常需留意这方面的信息，可登录中公选调生网站(https://www.zgxds.cn)，里面有考生需要的备考信息；华图教育选调生(https://xds.huatu.com)里面也有考取选调生的详细介绍；也可登录各个有关选调生的论坛，与同龄人交流，汲取别人的考试经验，以保证考试顺利。

如果同学有当兵的梦想，参军也不失为一种就业方式。前提是要符合参军条件，必须热爱中国共产党，热爱社会主义祖国，热爱人民军队，遵纪守法，品德优良，决心为抵抗侵略、保卫祖国、保卫人民的和平劳动而英勇奋斗。身体条件，政审条件、服役后待遇等具体信息可以登录全国征兵网(https://www.gfbzb.gov.cn)查看，网上有“兵役登记”、“应征报名”、“政策法规”与“大学生入伍”等信息栏目。国家征兵政策每年都会有变化，需要提前关注。

研讨与训练 7-1　人物调研

根据所在学校或者准备考研的报考学校的一位跟你专业和未来科研密切相关的老师，完成以下内容。

(1)查询该老师的主页或者所在机构师资队伍里面的介绍页面(所在大学院系师资队伍主页)，找到联系电子邮件。

(2)查询该老师所开设课程、选课方式、有无公开课或者 MOOC 课程(该校教务网)。

(3)查询该老师出版的著作(国家图书馆馆藏目录检索)。

(4)该老师发表的论文(中国知网、SCI、SDOS 用“作者”字段和“机构”字段组合检索)。

(5)该老师申请的专利(国家知识产权局用“发明人”和“申请人”字段组合检索)。

(6)该老师辅导的研究生(中国知网或者万方数据用“导师”字段和学位授予单位组合检索)。

(7)该老师的科研合作对象(中国知网、SCI、SDOS 用“作者”字段和“机构”字段组合检索，在结果中按“作者”分类，观察有没有你感兴趣的机构，让该老师帮你推荐)。

(8)关注该老师研究领域的科研人员的信息(利用 SCI、CSCD 或 CNKI 的引文分析数据库查找该老师发表的学术论文和出版的专著被他人引用的情况)。

对上述检索内容进行简要总结，研判老师的学术领域与研究主题是否适合你。如果适合，和老师建立联系途径是什么(课程学习、科研训练或者竞赛指导、邮件问题请教)？

研讨与训练 7-2　企业调研：如何认识企业？如何让自己的知识结构与企业匹配？

最近几年，由于经济面临转型，大学生就业比较困难。一方面企业对人才尤其是创新型人才的需求常常无法满足，另一方面大学生在校学习时学习内容不明确并与企业需求脱节，找工作时对企业又不了解，许多人面试时对企业知之甚少导致表达不清。可实际上，大学生在校学习时或去面试前，完全可以做充分的准备工作。找一家跟自己专业密切相关并在行业里领先的企业，完成以下调研。

(1)查找该公司的主页。从公司网站上了解公司的产品、文化、人才招聘、主要领导。

(2)查找该公司的所属行业协会的网站。查找该公司的所属地方和主管部门的网站。从行业协会或者学会的网站查看行业标准规范、行业调查报告、行业热点。

(3)查找该公司的信用信息。从国家企业信用信息公示系统查询，主要看公司注册信息，有无违法记录。用全国法院被执行人信息查询系统查询有无失信信息，用最高人民法院裁判文书网查询有无涉案信息。

(4)查找该公司最近三年申请的专利，并对其专利数量与重点进行简要总结(包括通过“申请人”字段在国家知识产权局或欧洲专利局检索)。

(5)用中国知网(或万方或维普)和外文数据库查找最近三年该公司发表的文章，并对其文章数量与重点进行简要总结(用公司名称作为检索词在“单位”字段中查询)。

(6)用中国知网(或万方或维普)和外文数据库查找最近三年对该公司的研究的文章，并对其文章数量与重点进行简要总结(用公司名称作为检索词在“标题”或“关键词”字段中查询)。

(7)查找涉及该公司的产品的相应论坛，查看对该公司主要产品的评价。

(8)从上述公司的检索中，找出三家同类公司(该行业国内与国际的龙头企业)进行简要比较(包括产品、专利、论文、利润四个方面)。

从上述结果分析，根据自身的专业结构特点与兴趣爱好，判断自身现在的知识结构和企业的发展是否匹配，在学习内容上有无需要调整与改进的地方。

研讨与训练 7-3　参观学校的大型招聘会，了解相关企业要求

每年上半年 4、5 月份和下半年 9、10 月份，一般学校都会举行大型校园招聘会，同学们虽然未到毕业季也可以去参与体验。一是看哪些公司招聘与自身相关的专业，选几家好的(就是递简历多的、围观人数多的、待遇优厚的)，记住联系方式，因为很多公司不是每年都会来；二是观察好的公司的招聘条件、加分项目；三是在旁边听师兄、师姐如何与企业人员沟通交流，收集双方关注的要点以及那些成功的(现场就收简历的)学长经验；四是看有没有公司招聘与自身专业相关的实习生，争取能报名。

第8章　信息检索与毕业论文写作

毕业论文是学历专业教育学业的最后一个环节，是对本专业学生集中进行科学研究训练而要求学生在毕业前总结性独立作业、撰写的论文。在进行毕业论文写作时，需要通过对大量文献信息和情报资料的查找、检索后收集到详实的背景材料，以帮助人们在撰写毕业论文，进行(毕业)设计或者其他科研活动中找到有价值且具体的研究方向或者题目，使科研活动有相关研究的铺垫，提升研究成果的质量。在整个写作过程中，无论是找到研究问题(选题)、文献综述撰写、论文写作乃至最后的论文成果的发表均离不开信息检索。

8.1　毕业论文概述

毕业论文是高等教育中重要的综合性实践环节，旨在培养学生综合运用所学知识和技能，提升独立分析和解决实际问题的能力。毕业论文不仅是学生对自身专业知识的总结性应用，更是对其综合素质和能力的全面检验。通过这一过程，学生能够更加深入地理解和掌握某一学科的重要问题，提高独立研究和解决问题的能力。同时，毕业论文也是学生从学校走向社会，从理论走向实践的重要过渡。

8.1.1　撰写毕业论文的意义与必要性

撰写毕业论文具有重要的意义和必要性，主要体现在以下几个方面。

(1) 系统性学习。毕业论文是对本科学习所获得知识和能力的系统性总结和运用，通过撰写论文，可以加深对所学专业知识的理解和掌握，培养系统性思维和分析问题的能力。

(2) 独立思考和研究能力。毕业论文要求学生独立选择研究课题，收集、整理和分析相关资料，提出自己的见解和结论，这有助于培养学生独立思考和研究问题的能力。

(3) 实践应用能力。通过毕业论文的撰写，学生能够将所学理论知识与实际问题相结合，提高实践应用能力，培养解决问题的能力。

(4) 学术交流能力。毕业论文是学生进入学术界的第一步，通过撰写论文，学生可以学会如何进行学术研究、如何表达自己的学术观点，提高学术交流能力。

(5) 提高综合素质。毕业论文的撰写需要学生具备严密的逻辑思维、文献检索和整理能力、撰写表达能力等，这些都是提高学生综合素质的重要途径。

(6) 为未来学习和工作打下基础。一个好的毕业论文训练，能为未来学习、工作建立桥梁。如毕业论文是与未来就业企业技术开发、产品设计高度相关，就相当于提前适应企业技术环境。

因此，撰写本科毕业论文不仅是对所学知识的检验和运用，更是对学生综合素质的培养和提高，对学生未来的学术和职业发展具有重要意义。

8.1.2　撰写毕业论文的流程

撰写毕业论文的流程大致分为以下几个步骤。

(1) 选择题目。首先需要选择一个合适的题目，可以是对所学专业知识的深入研究，也可以是针对某一实际问题的调查研究。选择论题时需要考虑自己的兴趣、所学专业领域和研究的可行性，以及未来工作学习的相关性。

(2) 确定研究方法。确定研究方法是论文撰写的关键，不同的研究课题需要采用不同的研究方法，包括文献调研、实证研究、案例分析等。

(3) 收集资料。在确定研究方法后，就要开始进行资料的收集，包括相关文献、统计数据、实地调查等。收集资料需要遵循科学的方法，确保资料的真实性和可靠性。

(4) 文献综述。在收集了足够的资料后，需要进行文献综述，对相关文献进行梳理、分析和总结，了解前人的研究成果和观点。

(5) 提出假设或问题。根据研究课题，提出自己的研究假设或问题，明确研究的目的和意义。

(6) 开展研究。在确定了研究方法和提出假设或问题后，开始开展研究工作，包括实地调查、数据分析、案例研究等。

(7) 撰写论文。在完成了研究工作后，需要开始撰写论文，包括摘要、引言、文献综述、研究方法、研究结果、讨论与分析、结论等部分。

(8) 修改和完善。完成初稿后，需要进行修改和完善，确保论文的逻辑性和连贯性，同时也要注意语言表达和格式规范。

(9) 完成定稿。完成论文的定稿，包括排版、参考文献的整理、附录等，确保论文的整体质量。

毕业论文的撰写是一个系统而严谨的过程，期间包括论文开题、论文撰写、中期检查、论文评审、论文答辩以及论文最终修改等多个环节。其中，论文开题是整个过程的起点和关键，直接关系到论文的后续进行。只有经过严格的开题报告环节，论文才能得以正式启动。在撰写过程中，学生应充分了解和掌握每个环节的要求与标准，以确保最终成果的质量。

8.1.3　毕业论文的种类

(1) 根据内容性质和研究方法的不同，毕业论文可以分为理论性论文、实验性论文、描述性论文和设计性论文。

理论性论文侧重于对某一理论、概念或模型进行深入的分析、探讨和评价，可能包括对文献的综述和理论框架的构建等。研究方法主要采用文献综述、逻辑推理、理论分析等，不一定需要进行实证研究。

实验性论文侧重于通过实验观察、数据收集和分析，验证某一假设或理论模型，以获得新的实证证据。研究方法主要采用实验设计、数据收集与分析等，强调实证研究的可重复性和客观性。

描述性论文侧重于对某一现象、事件或情况进行客观的描述和分析，可能包括对某一问题的描述、历史回顾等。研究方法主要采用调查问卷、访谈、观察等，以获取相关数据和信息。

设计性论文侧重于对某一产品、系统或方案的设计和实施，可能包括产品设计、系统开发、方案规划等。研究方法主要采用设计方法、实践操作等，强调实际操作和成果展示。

(2) 从内容综合的角度出发，可以把毕业论文分为专题型论文、论辩型论文、综述型论文和综合型论文。

专题型论文主要是针对某一学科中的具体学术问题，进行深入的分析和探讨。这种类型的论文要求学生在前人研究的基础上，通过独立的思考和研究，提出自己的见解和观点。

论辩型论文主要是针对他人的学术观点或理论，进行有理有据的驳斥或质疑。这种类型的论文要求学生具备批判性思维和独立思考的能力，能够发现并指出他人的学术观点或理论存在的问题或不足。

综述型论文主要是对某一学科中的某一学术问题进行全面的综述和分析。这种类型的论文要求学生具备宽广的学术视野和扎实的基础知识，能够对相关研究进行全面的梳理和分析。

综合型论文主要是将综述型和论辩型两种形式有机结合起来，既有综述和分析，又有质疑和驳斥。这种类型的论文要求学生具备较为全面的学术素养和综合能力，能够在进行综述和分析的同时，提出自己的独立见解和观点。

(3) 从层次分，毕业论文或者毕业设计的最终成果就是达到学位论文的要求，根据我国学位授予的级别可分为学士学位论文、硕士(学术硕士、专业硕士)学位论文、博士学位论文。不同层级的毕业论文，要求学生具备的相关理论知识、技能、技术不同。

学士学位论文应能表明作者确已较好地掌握了本学科的基础理论、专业知识和基本技能，并具有从事科学研究工作或担负专业技术工作的初步能力。

硕士学位论文应能表明作者确已在本学科上掌握了坚实的基础理论和系统的专业知识，并对所研究课题有新的见解，有从事科学研究工作或独立担负专业技术工作的能力。

博士学位论文应能表明作者确已在本学科上掌握了坚实宽广的基础理论和系统深入的专业知识，并具有独立从事科学研究工作的能力，在科学或专业技术上做出了创造性的成果。

8.1.4　毕业论文的特点

毕业论文是一篇具有学术性、研究性、创新性、实践性和独立性的文章，是学生在完成学业时展现所学知识和能力的重要体现。其特点如表 8-1 所示。

表 8-1　毕业论文的学术特点

特　性	特点与要求
创新性	科技论文的灵魂
理论性	论文的基调。要求站在应有的理论高度，对论点、结论等进行理论概括
科学性	数据、实验过程、事例等真实、准确、可靠
逻辑性	脉络清晰、结构严谨、推理合理、演算正确、前后呼应、自成系统
规范性	格式、符号、名词术语、图表、计量单位等符合规范

(1) 创新性或独创性。毕业论文要求学生具有一定的独立思考和研究能力，需要学生自主选择研究课题，并独立完成研究和撰写工作。

(2) 理论性或学术性。理论性指一篇毕业论文应具有一定的学术价值，毕业论文的写作过程，本身就是作者在认识上的深化和在实践基础上进行科学抽象的过程。

(3) 规范性和可读性。撰写毕业论文是为了交流、传播、储存新的科技信息，让他人利用，因此，毕业论文必须按一定格式写作，必须具有良好的可读性。在文字表达上，要求语言准确、简明、通顺，条理清楚，层次分明，论述严谨。在技术表达方面，包括名词术语、数字、符号的使用，图表的设计，计量单位的使用，文献的著录等都应符合规范化要求。

(4) 详尽性。毕业论文必须论据充分、分析透彻，有详尽的内容，做到实验或数据收集要有完整的过程，制图要有详细的图纸。

(5) 有一定的深度和广度。毕业论文要求对所选课题进行深入的研究和分析，同时也要有一定的广度，能够将理论知识与实际问题相结合，具有一定的实践意义。

本科毕业论文通常注重对所学专业知识的实际应用，强调对实际问题的解决能力和实践操作的能力，研究深度和广度要求较低，不要求进行深入的专业领域研究，研究方法通常以文献综述、调查问卷、访谈、实地调研等为主，相对简单直接，不要求过于复杂的实验设计和数据分析。

8.1.5　毕业论文的格式和写作要求

本科毕业论文的格式和要求通常由学校和专业而定，一般在学校教务的官网上可以下载。一般的毕业论文常见格式如表 8-2 所示。

表 8-2　毕业论文的组成部分和要求

组成部分	定义和意义	要求
标题、题目	是论文的总纲，是能反映论文最重要的特定内容的最恰当、最简明的词语的逻辑组合	准确得体 详略得当、简短精练 选词准确、便于检索 新颖多样、容易认读
摘要、提要、文摘	对文章内容不加注释和评论的简短陈述，一般要求扼要地说明研究工作的目的、研究方法和最终结论等，一方面是让读者简单了解论文的主要内容，另一方面是为科技情报文献检索数据库的建设和维护提供方便。具有独立性和自含性	就是研究工作的主要对象和范围，采用的手段和方法，得出的结果和重要的结论，有时也包括具有情报价值的其他重要的信息。一般 200～300 字，外文不超过 250 个实词
关键词	为了满足文献标引或检索工作的需要，而从论文中选取出的词或词组	每篇论文中应专门列出 3～8 个关键词，它们应能反映论文的主题内容。关键词可由三部分构成，研究相关主题的主题词、研究该主题相关维度的词、研究方法的词
前言、序言、综述、国内外研究现状	简要表述本研究课题的背景、前人的研究结果和未能解决的问题，以及本研究的主要实验（试验）内容和研究目的	要把握研究主题的主流观点、核心论文、主要研究人物、重要发现

续表

组成部分	定义和意义	要求
材料与方法	详细写出本研究所用的实验（试验）材料、实验条件、采用的实验方法以及其理论依据，具体的实验操作步骤	数据可验证，方法可复制
讨论、分析	重点内容是对实验数据或者观察到的现象进行科学分析，并对数据误差和影响实验结果的因素进行解释，探讨对实验材料及方法的改进	在讨论的撰写中，表述要依据数据分析得出结论，切忌脱离数据，武断、片面地分析
结论	对本研究结果的价值、作用、意义进行判断，说明本研究发现了哪些新的规律、发展了哪些学术理论、能解决什么现实问题	结论要客观、公正、有说服力
不足和未来展望	研究中存在的不足之处，包括数据收集的局限性、研究方法的局限性、样本量不足、研究范围狭窄等	强调当前研究的局限性为未来研究提供有益的启示，为读者展示研究的延伸价值
致谢	对论文写作做出贡献的个人或者团队	对指导老师、父母与亲人、同学表达感谢
参考文献	列出与本研究课题直接有关的前人发表的文献（包括参考前人的成果、方法、材料等）	国内文章的参考文献的著录应执行《信息与文献　参考文献著录规则》（GB 7714—2015），国外文章的参考文献的著录参照具体刊物要求
附录	包括政策列表、理论证明、数据表格、调查问卷等各种辅助性材料	有明确的来源和依据，对论文能起到辅助支撑作用

【案例 8-1】西南交通大学教务处专门出台了《本科毕业设计（论文）撰写规范》（2019 年修订稿），提出毕业设计（论文）撰写是本科生培养过程的基本训练之一，必须按照确定的规范认真执行，使毕业设计（论文）符合国家及各专业部门制定的有关标准，符合汉语语法规范。

训练与思考：在本校教务网上查找本校的毕业设计（论文）撰写规范。

毕业论文有严格的要求，一般包括如下内容。

(1) 内容要求。毕业论文应主题明确、结构严谨、论述清晰、满足预定目标，内容应符合学术规范，具有独创性、实用性或理论性。一般都有字数和篇幅要求。

(2) 格式要求。毕业论文的格式应规范、准确。毕业论文的格式通常包括字体、字号、行间距、页边距等。此外，对于封面的格式、摘要的格式、目录的格式、正文的格式等也有具体要求。

(3) 查重要求。毕业论文的查重率一般不得超过 30%，如果引用他人内容，需要注明出处。具体查重率根据学校和专业的要求而定。

8.2　毕业论文选题

爱因斯坦曾说过：“提出一个问题往往比解决一个问题更重要”。选题是进行专业论文写作前，对写作内容、研究题目的选择和确定。提出问题是解决问题的第一步，选准了论题，就等于完成了论文写作的一半，题材选得好，可以起到事半功倍的作用。

8.2.1　课题来源

一般课题或论文题目有以下几种来源，见图 8-1。

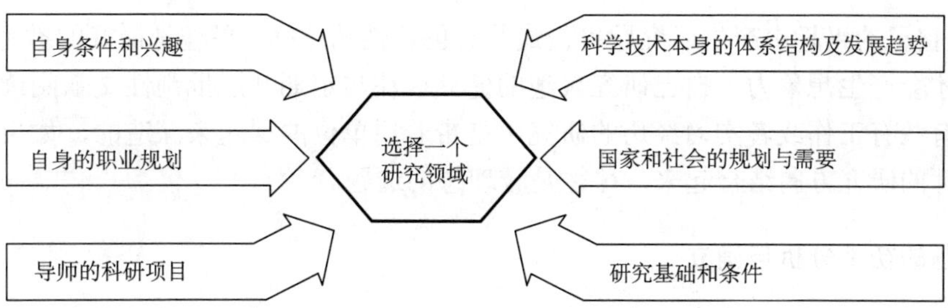

图 8-1　科研课题或论文的题目来源

毕业论文的选题既不能不做独立思考完全依赖导师，又不能不假思索信手拈来就写。一般来讲，获得论文选题有五个途径。

(1) 导师的研究方向与课题。

导师一般都有自己特定的研究方向，并且在该方向已经有一定的研究积累，取得了一定的成果。学位论文的选题应与导师现有的研究方向或导师擅长的领域一致，以便获得导师在学术指导和经费上的支持，对于学位论文的专业效率和质量都有助益。

(2) 课题申报指南和课题立项公示。

国家自然科学基金、国家社会科学基金，各省科技厅、社科规划办、市科技局每年都会根据社会需求发布课题申报指南，有的还会发布课题立项公示，通过对近年课题项目立项能够大致上看到国家或各省重点关注该领域研究的关键点，从而找到可行的研究思路。

【案例 8-2】 2021 年 08 月 24 日成都市科技局通过成都市科技项目申报系统(http://kjxm.cdst.chengdu.gov.cn/egrantweb)发布了《2021 年成都市技术交易资助项目立项公告》(成科规〔2021〕13 号)，里面附件中共 300 多项项目。

(3) 学术论文或学位论文的下一步计划或者未来展望。

学术论文或学位论文的结论部分一般都会指出研究不足和研究未来展望，这部分也是一个研究指引。可以对检索到的高质量学术论文，从论文中发现该方向整体的研究不足，未来研究着力点等。

【案例 8-3】 北京邮电大学杜丽 2021 年在博士论文《面向自动驾驶的场景理解关键技术研究》研究展望中提出，如何降低计算成本和对潜在空间动态信息建模会成为该任务未来发展的趋势，针对脑电信号的探索与研究对于现阶段智能驾驶辅助系统的开发与下一阶段完全无人驾驶的实现意义重大。

(4) 行业热点问题。

研究行业热点问题不用担心新颖性，由于没有成果对比，论文也比较容易发表。了解热点问题可以从以下三个方面：一是行业时代背景和社会需求，如现在的碳中和、自动驾驶、人工智能；二是 SCIE 中的热点论文；三是中国知网主页上“学术热点”栏目查询。

【案例 8-4】 2020 年初，新冠肺炎疫情暴发，一项对 2020 上半年 11 本医学期刊的研究发现，他们发表新冠相关论文的速度比往常要快得多，根据 Dimensions 数据库的统计，这些论文可能在 12 月初就超过 20 万篇。2020 年 Dimensions 数据库收录的论文 4%以上都与新冠有关，PubMed 收录的论文约 6%都与新冠相关。

(5) 从自己的兴趣中产生研究题目是最具有创新性的选择，兴趣是最好的教师，只有有了兴趣，才会产生想象力。自己研究兴趣的建立往往与定期开展批判性文献阅读和思想密不可分。有些有工作或者实习经历的研究生是带着原单位的课题来深造的，如果能将这些问题与导师的研究方向结合起来，往往是较理想的选题。

8.2.2　课题的初步分析与确立

从上面几种来源并结合自身实际条件初步选择课题后，必须先要对课题内容进行分析(图 8-2)，得到一个大概方向，然后进行文献检索，才能最后确立课题，选准主攻方向。

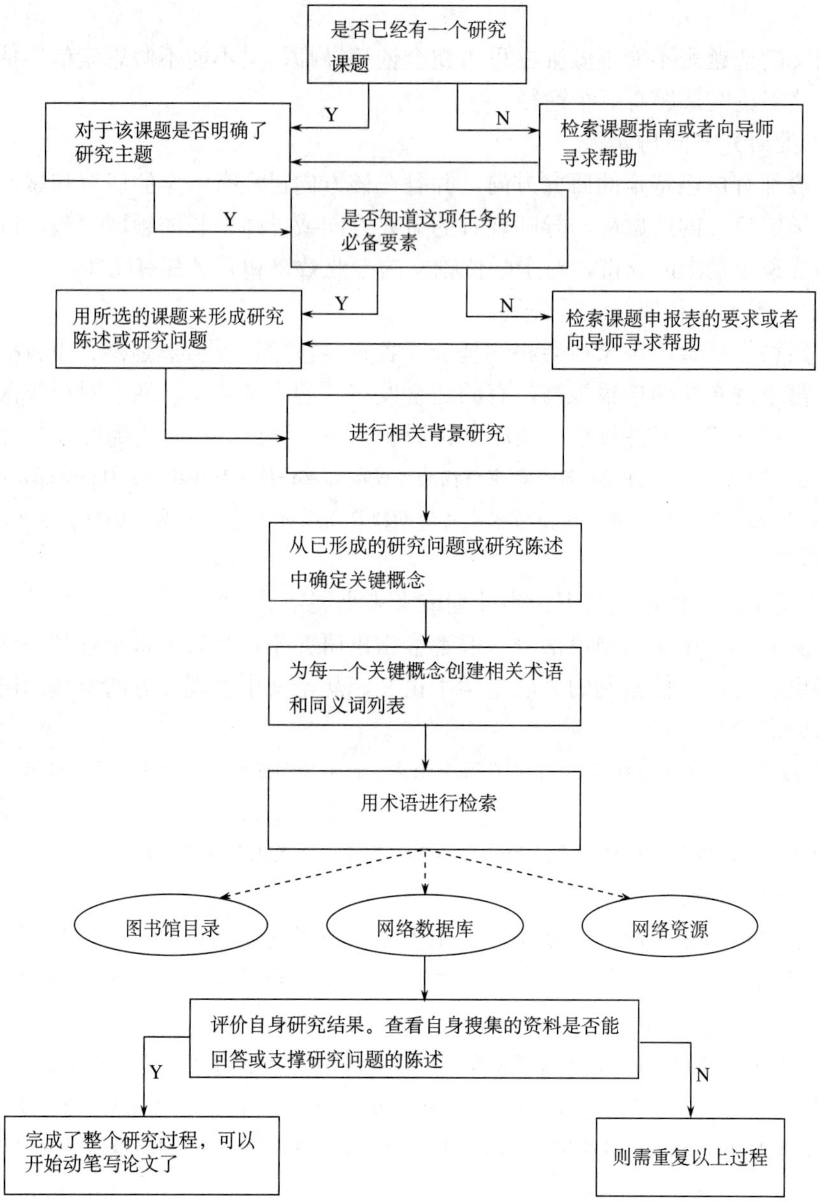

图 8-2　科研课题选择与分析流程

(1) 初步选择课题后，就需要对课题的背景进行研究，包括所属学科、现状、存在问题、希望研究解决的问题。

(2) 从希望解决的问题陈述中列出术语，主要包括研究涉及研究对象与方法的关键词。

(3) 查相关中文综述。从中查看有何人或何机构在研究相关内容。特别要注意中文综述文章后的英文参考文献，可以用回溯性的方法查找该问题的最初起源及奠基性文章。

(4) 查外文综述。从文献的参考文献中再去查找。

(5) 查较关键的参考文献。论文作者的研究成果价值性，论文是否具有参考价值可从相对时间段里的引用频次进行判断，同时还需要关注高产作者和团队。通过对关键参考文献的阅读，总结了解在该领域前人已经取得的研究成果、研究现状、研究不足之处或待解决的问题进而确定研究问题。

(6) 重检相关全文。注意研究成果、研究方法和技术路线，思考其中存在的问题。

(7) 通过上述检索后，根据自身所能支配的现有资金和本地技术资源，考虑自身能做什么、什么时候做什么工作、如何做，建立一个研究框架图。

(8) 根据研究框架图开始撰写论文或正式进行研究设计。

8.2.3　本科毕业论文选题

本科阶段的学位论文选题应属于本专业的知识范围，尽可能覆盖本专业的主干课程和专业课程的基本理论及基本技能，使自己能够得到全面的训练。选题应有一定的工作量，深度、难度要适中，并能够培养自己的工程意识和创新精神。设计性选题应尽可能结合生产实际；研究型选题应有实际的科研背景；软件类选题应有工程实用价值；数理基础好，喜爱抽象思维的学生可以选择理论型题目；动手能力较强的学生可以选择工程型题目；自学能力强的学生可以选择要学很多资料才能进入课题的题目。

本科阶段学位论文(设计)的时间比较短，如果指导教师没有直接确定题目，而是给出一些备选题目，或自拟题目，学生需要自行收集资料和与指导教师交流，来评估能否按时完成工作并达到预期目标。

由于学士学位论文的特殊性，信息检索没有必要全面深入，应该根据自己的专业与题目把握检索重点，以下建议可以作为参考。

(1) 工程设计类(包括机械、建筑、土建、电气工程等)：应重点检索专利，其次是标准。通过研读专利说明书，可以体会申请人的研发思路；研读专利权利要求，可以找出未覆盖的保护范围，进而发现自己的研发突破口；有的专利还有参考文献，可以了解这个专利的来龙去脉。

(2) 试验研究类：特别是生物、制药、化工和食品类，经常涉及标准方法和物质含量的检测，应重点检索标准，其次是学术论文。

(3) 理论探讨类(理科)：重点检索期刊论文，其次是学位论文，一般不提倡工科学生选择该类题目。

(4) 计算机软件类：重点用搜索引擎进行源代码搜索和同类产品搜索(可以通过同类产品查看功能模块)，其次是检索期刊论文，了解别人的设计思路与设计框架。

(5) 经济、管理及文科类：重点检索统计数据和分析报告(包括产业、企业、产品、现象等)。

最后，写作时应该检索与参考博士/硕士学位论文，因为博士/硕士学位论文比学士学位论文有深度，可以参考其文献综述、研究方法，更重要的是借鉴别人的论文写作方法和思路。

8.2.4　研究生毕业论文选题

研究生阶段的学位论文写作，不仅要求课题有一定的科学价值、现实意义，还要求具有一定的创新性，对知识做出具有独创性的或具有裨益的贡献。因此，该阶段的研究设计和论文写作，必须确定一个值得研究并且未获解答的难题或问题。

确定研究课题的途径，除了借助相应的工具书了解概念，与导师、同学讨论，更多的是通过一些检索工具和系统，查询近年来国内外本专业领域的博士/硕士学位论文、期刊论文、会议论文及国家、省部级、校级的科研项目，如国家自然科学基金项目、国家社会科学基金项目、省科技厅和教育厅项目、相关部委项目等。通过对这些论文和项目的检索分析，获得各种思想，迸发出灵感，找到并确定自己感兴趣且能够完成的题目。

提示：硕士、博士开题没有思路的时候，可以检索世界顶级名校相关主题的博士论文，查看其研究主题和研究方法。

8.3　毕业论文写作阶段的信息检索

8.3.1　课题实验或设计初始阶段

选题确定后，即进入了课题实验或设计初始阶段。这一阶段的主要任务是完成开题报告。开题报告是研究设计和论文写作的先导环节，其意义在于完善设计和论文整体构想方案，使论文设计方案更加系统化；同时收集信息，听取各方意见，明确思路以坚定论文作者的信心。开题是对学生论文设计是否达到专业培养目标要求和完成论文设计的必要性与可行性进行考核，并对论文设计广度、深度、贴切度、重点和难点等进行检验与评估认定的过程。

开题报告的内容大体上有：①本课题研究的已有成果和国内外当前的研究动态与趋势；②选题的依据、目的和意义；③课题研究的基本内容、拟解决的问题；④运用的研究方法及步骤；⑤研究与写作的进度；⑥主要参考文献。

要撰写好开题报告，仅靠苦思冥想是不行的，仍然离不开信息检索。这一阶段的信息检索的重点如下。

(1)通过完整检索，找出与自己研究最相关的期刊论文、会议论文、学位论文、专利。他人的评述文章和综述性论文，可从中归纳出主要研究人物、研究机构，进而为课题论文综述的写作奠定基础。

(2)重点研究同类博硕士论文的目录结构，形成自己的论文写作思路。从检索到的同类博硕士论文获得启发，是撰写好开题报告的基础。查看同类论文的目录结构，不仅了解该论文的内容安排和技术路线，也为课题论文的写作提供了思路。

(3)建立定期跟踪信息目标，利用各数据库和检索平台提供的个性化服务功能进行资源定制，以便使自己在论文写作过程中能及时补充最新资源。

8.3.2　课题实验或设计中间阶段

开题报告完成后，就进入课题实验或设计中间阶段，这一阶段信息检索的侧重点在于解决实验或设计中的实际问题。解决这类问题更多地依赖于工具书、手册、专著、技术报告、各种研究论文、专利和标准等。这些文献提供了解决问题的具体方案。除了查询图书馆的各种数据库，还可以通过其他途径获取。

(1) 数值数据可通过数值与事实数据库、专门的统计网站、行业网站获得，如国研网、国家统计局、四川省电力行业协会等。

(2) 关键技术与方案可通过专利检索系统获得，如国家知识产权局专利检索系统、美国专利商标局、欧洲专利局。

(3) 技术规范可通过标准数据库获得，如万方数字资源系统的标准文献数据库、国家标准全文公开系统(http://openstd.samr.gov.cn/bzgk/gb/index)。

(4) 实验方法、调查问卷可以参考同类学位论文与专门研究方法书籍。

(5) 利用网络上的实用技术资源，如在线工具书、手册、数值数据、图谱、计算工具、画图软件及各种与实验有关的资源，这些电子资源与纸本资源相比更新速度快、获取容易。网上专业论坛和科研社交网站如小木虫、科学网、researchgate 也是值得关注的地方，有解决不了的问题可以通过它们寻求帮助。

8.3.3　毕业论文撰写与完成阶段

课题研究实验或设计与数据收集分析完成后，即进入了论文撰写与完成阶段。总结、撰写毕业设计(论文)阶段，查阅文献的作用是充实自己的论文，具体体现在一个“新”字上，即所选择的参考文献年代较近，掌握最新科研发展动态，借鉴别人好的经验。因此，此阶段资料查询要求翔实、深入，获取文献以全文型为主，所选支撑材料必须是最具特征、最有代表性、最能揭示研究对象本质、集中表现论文主题的材料。

实验和论文工作即将结束时，作为课题的总结和对研究前景的预测展望，同时也为了进一步对本课题研究水平进行正确的评估，需要对国内外文献再次进行全面追踪检索，以便了解选题后国内外技术变化情况，为课题总结或进一步完善研究提供帮助。另外，通过检索对课题水平进行确认，如果该项研究确实具有独到之处，并具备了新颖性和创造性，应及时将研究成果转化为知识产权或参与各种奖项的申报，使其产生更大的经济效益和社会效益。

8.3.4　学术论文发表阶段

在毕业论文的撰写过程中，会进行大量的文献查阅、研究设计、数据收集和分析等工作，积累了丰富的研究成果和学术素材。因此，毕业论文的关键部分具有学术研究的基本要素和内容，可以作为学术论文的基础。当完成毕业论文后，可以根据毕业论文的关键部分，进一步深化和完善研究成果，撰写成一篇或者多篇独立的学术论文，帮助自己在学术研究领域取得更多的成果和认可。

学术论文发表之前要对自己的论文进行综合评估，查看该期刊近期刊载的文章是否有与本人论文内容相关的主题、本文论文的格式要求是否与期刊要求的字体格式相符。选择期刊主要基于以下几个方面，包括期刊的影响因子、被哪些检索系统收录(是否是核心)、投稿版面费用等。

1. 中文投稿期刊选择

(1)利用中国知网写作投稿服务平台(http://cb.cnki.net)，在平台上可以按“主题”检索期刊或者“分类”浏览，可以从检索结果中选择，大多数都有投稿链接。

(2)利用中国知网(https://www.cnki.net)高级检索，文献类型选择“期刊”，“主题”后边的输入框输入论文内容主方向，在检索结果的分类中选择“期刊”，可以看到收录该主题的主要期刊。

(3)在搜索引擎中使用检索词“**(期刊名称)编辑部”或者“**(期刊名称)杂志社”进行搜索，找到该期刊的主页，直接进行在线投稿。识别是否为期刊官网：一是查看搜索引擎搜索结果是否标记有“官方”二字；二是查看域名是否有唯一性，是否和期刊名称高度相关；三是查看网站的版权所有是否属于期刊。

2. 外文期刊投稿选择

(1)利用关键词在 Web of Science 中搜索，在检索结果来源分类中选择跟主题相关度高的前面几种期刊，查看该期刊的影响因子和来源数据库，如果你所在机构的图书馆订购有该数据库，就直接进入该数据库查询。

(2)出版社全文数据库，如 SDOS、WELLEY 等和协会学会数据库一般都有期刊投稿链接，可以进入该数据库平台，直接查找。

(3)如果知道期刊名称，可以使用检索词“**(期刊名称)journal”在必应国际版中搜索，很容易找到该期刊官网。

3. 其他投稿选择技巧

(1)从参考文献里找相关的一些期刊。

(2)在 iJournal 期刊查询与选择系统(https://ijournal.topeditsci.com)根据影响因子、专业来选择期刊。

(3)在 DATA 学术期刊投稿分析系统(http://datauthor.com)利用大数据分析选择期刊。

8.3.5　各阶段检索重点对比

各阶段检索重点对比如表 8-3 所示。

表 8-3　学位论文(设计)各阶段检索重点对比

对比项	前　期	中　期	后　期
目的	课题立项论文选题	资料跟踪	成果评价
关注问题	在此领域研究的有哪些国家？ 国际上有什么重大研究项目？ 哪些机构和个人有什么成果？ 竞争对手与合作伙伴情况	有没有出现新的研究资料？ 竞争对手与合作伙伴的进展	本项研究的影响力如何？ 与同类工作相比，新颖性如何？ 成果的应用前景

续表

对比项	前 期	中 期	后 期
检索要点	以最新最前沿的报道为主，利用分析工具，掌握相关领域的基本情况，为选题和立项做调研	通过对相关研究机构及个人的跟踪，掌握最新科研思想及技术	引文检索通过成果对比检验研究的新颖性和先进性。 专利与标准，成果转化
检索的主要信息源与举例	文摘型数据库（SCI、EI、INSPEC）	全文数据库、学术会议、专业网站、机构知识库、个人网页（SDOS、CNKI）	引文数据库与全文数据库（SCI、CNKI）、专利、标准
关注重点	了解数据库的内容和特点，选择与自己研究方向相关度最高的数据库作为经常访问的对象	定制、跟踪相关数据库。发现、收藏相关学会、协会网站、专门数据库等资源	利用已有信息源，对自己的研究成果形成比较客观的评价与转化

总之，信息检索活动贯穿于学位论文或毕业设计与学术论文写作的全过程，提高信息检索能力，在搜索中学习实际上也是在不断增长和强化科研能力。

8.4　毕业论文相关内容的信息检索

文献综述是一种建立在前人研究基础上的书面论证，依据对现有知识的全面理解，建立一个合理的逻辑论证，通过综合论证得出一个令人信服的论点。文献综述是学位论文的重要部分，一篇完整的学位论文必须有一个囊括论文各个关键词的国内外综述性概述。综述是查阅了某一专题在一段时期内的相当数量的文献资料，经过分析研究，选取有关情报信息，进行归纳整理，做出综合性描述的文章。

总结和综合该方向前人已经做了的工作，了解当前的研究水平，分析存在问题，指出可能的研究问题和发展方向等，并且列出该方向众多的参考文献，这对后人是一笔相当大的财富，可以指导开题报告和论文的写作。

8.4.1　研究背景和意义的检索

研究背景和意义的描述能够影响读者对论文的认知和评价。一个准确、简明、逻辑清晰的研究背景介绍，可以使读者更加深入地理解研究的起因和发展过程，从而增强对研究的认同感和信任度。

(1) 政策背景。检索方式是在中国政府网政策文件库（https://www.gov.cn/zhengce）查询相关规划、政策，或者使用百度高级检索，方法如图 8-3 所示。

(2) 技术背景或应用背景。检索方式为：主题 + 发展前景或应用前景或发展趋势。

(3) 时代背景。检索方式为：主题 + 时代背景或发展现状。

(4) 查看行业皮书或者研究报告。检索方式为：主题 + 白皮书或蓝皮书或研究报告。

(5) 统计数据。检索方式为：主题 + 统计或统计数据或数据或公报。

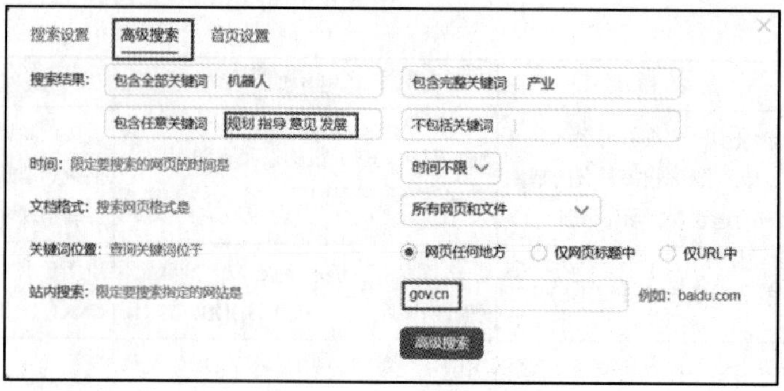

图 8-3　政策背景检索实例

8.4.2　研究现状的检索

研究现状在本科毕业论文中具有重要意义，它不仅可以帮助学生对研究领域有一个全面的了解，还可以为研究提供理论依据和参考。通过了解研究现状，可以确定研究的起点和方向。因此在撰写论文时，要收集尽可能多的相关资料，包括学术论文、书籍、报告等。确保资料来源的多样性和权威性，以便全面了解研究现状。下面介绍的一些检索方法可以快速了解研究现状。

(1) 直接检索综述论文。综述性论文是对某一领域或多个领域的现有研究进行全面回顾、分析和评价的学术论文。其主要目的是对某一领域的研究现状进行总结，指出研究的空白和不足，并提出新的研究问题和方向。其中的“综述”也可以替换为进展、前景、前沿、评述、评论、趋势、review 等词；检索方式如图 8-4 所示。

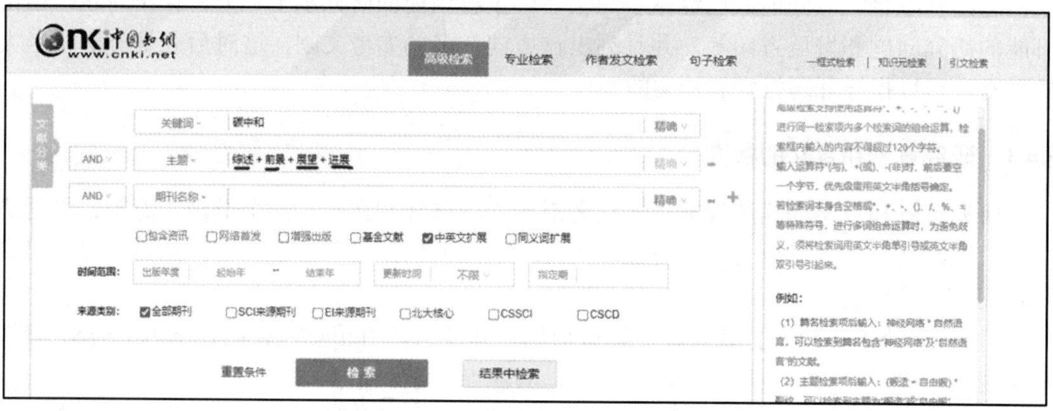

图 8-4　综述性论文检索实例

(2) 检索结果选择综述或者 review。大多数数据库检索结果的类别中都有综述或者 review，下载打开该类论文，可以快速了解研究现状。

(3) 利用检索相关论文的摘要直接撰写研究现状。方法如下：用中国知网或者万方数据检索后，选取相关文献，在导出与分析中选择查新格式，输出带有摘要的格式，然后按时间顺序或者专题顺序描述某作者在某年研究了什么。可以直接引用摘要内容。

(4)利用博硕士的现状分析。所有博硕士论文都有研究现状部分，这部分内容是可以参考和借鉴的。但引用时注意几点：一是要借鉴最近两年的；二是最好借鉴名校的；三是要补充最新的和自己不一样的部分。

(5)利用检索结果分类分析。信息检索是信息分析的前提与基础，通常的信息分析是在检索结果的基础上进行总结与归纳。但若能灵活运用信息检索，本身就可以达到信息分析的目的。主要体现在以下几方面。

①检索系统自身具有的分析功能。

【案例 8-5】应用 Web of Science 数据库检索，不同的检索字段能到达不同的分析功能，见表 8-4。

表 8-4　Web of Science 检索字段分析功能

检索字段	可以分析的目标
Author	可以获得课题相关研究的作者情况
Country/Territory	可以获得课题相关研究的国家和地域的状况
Institution Name	可以获得课题相关研究的机构状况
Publication Year	可以获得课题的发展趋势
Source Title	可以获得课题相关文献主要发表的期刊
Subject Category	可以获得课题相关研究的跨学科应用发展

②如果检索系统自身不具有专门分析功能，以下几种检索功能也能达到分析的效果(表 8-5)。几乎所有检索系统都具有输出排序功能，大部分具有分类与知识链接功能。

③利用检索系统的免费分析功能模块，可以对研究趋势、重要论文进行分析判断。常用的是万方检索系统的“知识脉络分析”和中国知网的“指数搜索”。

表 8-5　一些检索功能的分析效果

检索选项	类型选项	分析目标
输出排序选择	时间、相关性、其他方式	获取专题的最新研究状况、核心论文
分类	主题、来源、时间	获取研究状况的发布
知识链接	参考文献、引证文献、机构、刊物	获取研究的脉络与各种关联

特别指出的是，在毕业论文的研究现状分析之后，要对研究进行评述，内容包括：对前人研究成果进行客观的评价，如其研究方法的科学性、结论的可靠性、理论框架的合理性等方面的评价，需要指出前人研究的优点和创新之处，同时也要客观地指出其存在的不足和局限性。在评述前人研究的基础上，需要明确指出自己研究的意义和创新点，即自己的研究如何能够弥补前人研究的空白，解决前人研究存在的问题，以及对前人研究的不足进行改进和完善，为自己的研究提供合理的理论和实证基础。

8.4.3　毕业论文构思和目录的参考检索

一个好的构思是毕业论文的灵魂，它决定了毕业论文的整体框架和逻辑关系。目录结构为读者提供了论文的整体框架和组织方式。通过目录结构，读者可以快速了解论文的主题、章节和主要内容，从而更好地理解和评估论文的价值。同时，目录结构也有助于作者在撰写过程中更好地组织和安排内容，确保论文的逻辑性和完整性。

由于本科生一般都是初次接触毕业论文，在构思和设计目录结构时常常一片茫然，此时可以借鉴优秀的毕业论文作为参考。在检索到同类毕业论文后，可以通过阅读这些论文的目录结构和内容，了解其构思和组织结构。可以关注这些论文的章节安排、论文结构、参考文献使用等方面的设计，从中获取启发和借鉴，帮助自己构思和设计本科毕业论文的结构和内容。

(1)使用搜索引擎，通过输入关键词：专业本科毕业论文，进行搜索，可以找到大量的本专业相关的本科毕业论文，并查看其构思和目录结构。

(2)利用院系资料室和参与上届同学的答辩会。本科毕业论文一般图书馆不会收录，院系资料室、院系教务会保存，可以申请查阅，也可以去参加上届同学的答辩会，看看答辩的要点和老师提出的常见问题。

(3)参考国内同类硕士论文。在撰写本科毕业论文时，可以参考同类硕士论文的构思和目录结构，从中汲取灵感和知识。方法如下：先查到专业排名 A+的高校，然后进入中国知网的高级检索，选择硕士，用主题和作者单位进行组配检索，具体案例如图 8-5 所示。

图 8-5　国内硕士毕业论文检索

(4)参考国外同类博硕士论文。为了提高写作能力和研究水平，可以参考世界上专业排名第一的大学同类硕士论文的构思和目录结构，从中汲取灵感和知识。方法如下：先查到世界专业排名第一的高校，然后进入 PQDT Global 全球博硕士论文数据库(https://www.proquest.com/pqdtglobal)的高级检索，用主题和学校进行组配检索，限定时间，具体案例如图 8-6 所示。

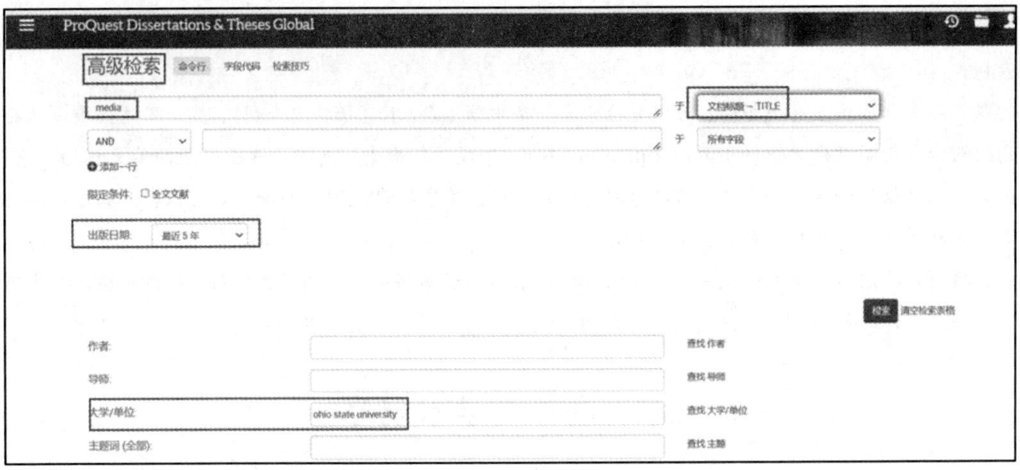

图 8-6　国外博硕士毕业论文检索

(5) 人工智能写作助手。一些人工智能软件可以根据用户输入的关键信息和论文内容，自动生成论文的结构和目录。如文心一言 (https://yiyan.baidu.com)、秘塔写作猫 (https://xiezuocat.com)，这些工具通常结合了自然语言处理和机器学习技术，能够根据用户的需求和论文内容生成符合要求的目录结构。需要注意的是，虽然 AI 工具可以帮助生成目录结构，但在撰写毕业论文时，仍需要结合人工审阅和修改，确保生成的目录结构符合学术要求和论文内容。

【案例 8-6】 分析“道路破冰机设计”的资料的收集方法。

分析如下：该课题为机械制造与设计专业的本科毕业设计备选题目，要求交出设计图纸与设计说明，所以检索重点应该是产品性能、专利、标准。

学科：机械科学、交通科学；可以考虑查询一些综合性或工程科学方面的数据库。

查询的年代范围：产品设计，主要参考资料应该是比较新的，但由于涉及专利，可将检索年限放宽到 15 年。

语种：主要为英文和中文。

检索词：从初步检索可以看出，在交通业中，破冰机有用于水上的，有用于陆路交通的。

(1) 中文关键词：“破冰机 AND (道路 OR 公路 OR 路面)”。

(2) 英文关键词：(ice breaker OR ice crusher) AND (road OR highway)。

检索工具如下。

(1) 搜索引擎：百度、必应。

(2) 专利：国家知识产权局专利检索系统、欧洲专利局专利检索系统。

(3) 标准：NSTL 的标准规范检索、中国标准网。

(4) 期刊：CNKI 中国期刊全文数据库、EI、SDOS。

(5) 网络开放资源：阿里巴巴官网和生产企业官网（先在阿里巴巴网站上找到产品，查看价格，再搜索生产该产品的公司主页，查看性能指标）。

在本课题中，作为产品设计检索重点有两个方面：首先在网上找一些产品样本，从中了解产品性能与技术要求，在百度中直接输入“破冰机”就可以找到。找到产品后，可以进一步检索到生产企业，以购买者的身份去索取更加详细的资料。其次产品设计方面，一定要检索有无相关标准。最有效的检索方式是查询专利。

在产品名称翻译没有把握时，可以先检索出一条中国专利(不包括外观专利)，然后用这条专利的公开号到欧洲专利局高级检索中使用 Publication number：字段进行检索，就能检索出对应的英文标题。例如，在国家知识产权局检索出一条“道路破冰机”专利，其公开号是 CN201202105，就可以在欧洲专利局检索出本条专利对应的英文标题是 road ice crusher。

在撰写产品设计的毕业论文时，专利的权利要求书和说明书是很好的参考资料。从权利要求书中可以总结出每个设计的创新点，从说明书中可以明确设计采用的技术及其背景材料。

8.5 写作与学术规范

俗话说“没有规矩，不成方圆”。从事学术研究当然也必须遵守相应的学术规范(Academic Standard)。学术规范是指学术活动过程中，尊重知识产权和学术伦理，严禁抄袭剽窃，充分理解、尊重前人及今人已有的相关学术成果，并通过引证、注释等形式加以明确说明，从而在有序的学术对话、学术积累中加以学术创新。

2004 年 8 月，教育部发布了《高等学校哲学社会科学研究学术规范(试行)》(简称《规范》)。该《规范》详细地阐述了学术规范的基本内容，形成了较为完善的学术规范体系，为高校师生及相关人员在学术活动中自律提供了相应的准则。

8.5.1 写作规范

写作规范是学术研究写作的基本技术准则。其内容主要有以下三方面。

(1)学术成果应观点明确，资料充分，论证严密；内容与形式应完美统一，达到观点鲜明、结构严谨、条理分明、文字通畅的目的。

(2)学术成果的格式应符合要求。学术论文的标准格式依照投稿杂志要求而定。可以到杂志主页“投稿指南”，寻找相关信息。

参考文献的引用

(3)参考文献的著录应符合要求。参考文献是在学术研究过程中，对某一著作或论文的整体的参考或借鉴。2015 年全国信息与文献标准化技术委员会对著录参考标准进行了重新修订，2015 年 12 月 1 日，国家质量监督检验检疫总局和国家标准化管理委员会发布了《信息与文献 参考文献著录规则》(GB/T 7714—2015)，参考文献著录规则目前广泛应用于学术论文中。

提示：国内外各种刊物的著录格式与论文格式都有所差异，如果是发表论文，应该到该期刊的官方网站上查看“投稿指南”或“征稿要求”。

8.5.2 引用规范

论文撰写阶段的一个重要工作是参考文献的选取与引用。引用参考文献是连接过去研究发现的一个重要环节。引用不仅仅是出于对作者劳动成果的尊重，适当地引用参考文献可以为你未来的工作提供坚实的基础。准确而谨慎地引用可以建立你研究的可信性，并帮助它通过同行评审过程，最终发表。这样，你就可以为科学文献做出自己的贡献，并提高你作为科学家的声誉和身份。

引用规范即学术引文规范，是关于文献引用内容、引文标注及著录的规则及要求。引文是学术论著的重要组成部分，客观、公允、准确、合理地引用文献，可以表明文献之间的继承和发展关系。学术引文规范应包括引文原则与引文著录格式两项基本内容。

什么样的论文可以作为参考文献进行引用？通常是下列情况：①有助于说明本论文的研究背景的；②提供了技术或方法的；③作为重要数据来源的；④与表述自己的观点有关的，无论赞成还是反对，或部分同意部分有分歧，都值得把这篇文章引出供读者分析、借鉴、判断、评说；⑤对科研工作有启示或帮助的；⑥理论依据，论文的研究成果作为本研究的实验或假设依据。所以，引用参考文献要注意文献的价值性、权威性、时效性、针对性、规范性的基本原则。因此，撰写论文时引用参考文献必须符合下述要求。

(1) 引用参考文献尽可能是最新和最主要的关键文献，除个别历史文献外，以最近 3～5 年以内的为好，少用旧的、次要的、年限长的或教科书中众知公用的，忌用无关的文献。

(2) 引用参考文献必须是已正式发表的，主要是引用正式发表的原著。未经发表或非公开发表的论文、译文、文摘，或观察资料、内部资料以及个人咨询或通讯等均不可用作参考文献。

(3) 引用的文献必须是作者亲自阅读过的。不要转引他人所用的文献，即不能从综述或其他论文的参考文献中直接摘取，以免徒有数量而降低有针对性文献的重要性。

(4) 引用论点必须准确无误，不能断章取义，也不可改变或曲解原作者原来的观点。

(5) 采用规范化的参考文献著录格式。

8.5.3　学术规范

近年来，在学术界频发的剽窃、抄袭等学术不端事件造成的不良影响，使学术规范备受重视。学术规范是遏制学术腐败、保证学术研究能够健康发展的一个重要措施。

1. 论文抄袭

学术不端最突出的一种表现形式就是抄袭。抄袭与借鉴之间的界限经常被混淆。根据《现代汉语词典》的解释："抄袭"是把别人的文章、作品私自照抄作为自己的去发表，并且实质性相似；"借鉴"是与别的人或事相对照，以便取长补短或吸取教训。区别在于前者是"照样抄录"，后者是"参考仿照"。学会辨别各种抄袭的形式(表 8-6)，尤其是那些模棱两可的抄袭形式，是杜绝抄袭的重要一步。

表 8-6　抄袭的种类

标注与否	抄袭的种类
未做引用标注	(1) 将他人作品的文字直接变为自己的； (2) 不做任何修改地将他人作品的标志性内容复制为自己的； (3) 从几篇不同作品中复制，将句子随意地拼凑，却仍保留了原作品中的大多数字词； (4) 通过改变词组和句子的排列改变了原作品的外在形象，但保留了原作品的精华思想； (5) 改变实验或实证研究的个别数据或表述方式，但保留了原作品的实验或实证设计思路与方法； (6) 大量引用自己原来的作品，违反了原作品版权已为大多数学术机构所有的政策

续表

标注与否	抄袭的种类
已做引用标注	(1)提到了所使用参考资料的作者姓名，但却没有标注参考资料的出处； (2)提供了关于参考资料的不准确信息，使之不可能被找到； (3)合理地引用了参考资料，但却忘了加注引用引号，虽然已经将基本思想的来源归于参考资料，但作者却错误地进行了原文展示； (4)合理地将所有引用内容做了标注，也完成了释义，但这篇论文本身已经没有任何原创思想

哈佛大学关于抄袭的规定指出：如果所用句子与原始资料在观点和句子结构上都非常相似，并且结论与引语相近而非用自己的话重述，即使注明出处，这也是抄袭。

不能简单地改变原始资料中的几个词语或者对其进行摘要性重组，而必须用自己的语言和句子结构彻底地重塑总结，或者直接引用。当然对于学术界的常识、经典、名句，即使不做说明也不会对提出者的归属产生误会的观点，则可以不注明出处。

2. 论文检测

为了应对抄袭，各种论文检测工具(又称学术不端文献检测工具)应运而生。目前大多数检测系统对文字复制的检测已经达到相当高的水平，但对于图表、公式、数据的抄袭和篡改等行为的检测还达不到要求。

检测结果一般提供文字复制百分比，但百分比只是描述检测文献中重合文字所占的比例大小程度，并不是指该文献的抄袭严重程度。只能这么说，百分比越大，重合字数越多，存在抄袭的可能性越大，是否属于抄袭及抄袭的严重程度检测系统不能自行判断，需由专家审查后决定。因此学术不端文献检测系统只是将检测文献中与其他已发表文献中的雷同部分陈列出来，列出客观事实。

现在国内使用的学术不端文献检测系统主要是三大中文期刊数据库提供商开发的系统，即中国知网学术不端文献检测系统、万方论文检测系统、维普论文检测系统。得到公认并被部分高校作为指定查重系统的是中国知网和万方的检测系统，但两者均不免费。由于对比文献范围不同，各个学术不端检测系统的检测结果往往也会不同，但其检测报告对论文的修改都会有一定帮助。

其他使用较多的学术不端检测系统如下。

(1)知识产权卫士-拷克网(http://www.copycheck.com.cn)。

(2)论文大师(https://www.mpwiki.com)。

(3)外文论文检测系统(https://www.turnitincn.com)。

(4)繁体论文检查网站(http://www.ppvs.org)。

减少重复率的方法如下。

(1)正确地引用，引用的句子如果的确是经典的句子，就用上标的尾注的方式，在参考文献中表达出来。在引用标号后，不要轻易使用句号，引用没有结束前，尽量使用分号。

(2)引用参考文献或者资料时，按照3.3.4节介绍的方法，多参考不是中文、英文的参考资料，如德文、日文、俄文、西班牙语的资料。

(3)多参考特种文献，尤其是专利文献的说明书、权利要求书的资料。

(4)如果必须参考一段文字，可以先用百度翻译将其转化成另一种文字，再将另一种文字翻译回中文，然后对文字进行梳理加工，使其表达清晰、合乎语法，最后要加入参考文献。

特别提示： 在论文中非必要不要借鉴与引用别人论文中的图和表，如果引用一定要清晰注明来源。

提示： 学术论文是衡量一个人学术水平和科研能力的重要标志，论文抄袭主要是针对公开发表论文而言的。目前一般博硕士的学位论文、学术论文都会在网上公布，如果存在抄袭，论文会成为随时可能“引爆的炸弹”，所以特别要注意。但是，对于初入学术门槛者，对优秀的论文进行模仿写作是掌握写作技巧与科研方法最快捷与有效的途径，建议大家大胆模仿，并在模仿过程中，通过逐渐改变研究内容来学习和掌握科研与写作方法。最初，可变换研究对象，例如，借鉴论文《产业集聚过度、技术创新与产业升级——基于珠三角产业集群的研究》的方法和思路，可以进行基于长三角的、基于成渝地区的研究；其后，可以变换研究方法，例如，受论文《产业升级背景下广东发展低碳经济的 SWOT 分析》的启发，还可以进行产业升级背景下广东发展低碳经济的价值链分析、专利分析、竞争力分析、实证研究等；最后，要参考一些优秀论文的写作方法、技术路线、篇中结构的安排等。借鉴和模仿要坚持的原则是，如果写作出来的东西并无新意，则最好不要公开发表。在掌握一定研究方法与写作基础后，就可以按照自己的观察、思考、实验进行研究与写作了，当能写出一篇对自身研究所在的领域有所贡献，能够对他人有所启发，或者自身已经研究过，他人无须再进行此项研究的论文时，就可以尝试着投稿与发表论文了。

提示： 毕业论文或者科研项目的背景和选题意义的检索与撰写方法。

毕业论文或者科研项目的背景是指在社会和科技发展的状态下，在当前与未来存在的问题和挑战，主要包括研究的起因、背景、现状以及存在的问题。而选题意义主要是指研究成果的实际应用价值，以及对相关领域学术和实践方向的指导作用。检索方法如下。

(1) 在中国政府网的政策栏目查询相关的产业政策。

(2) 查询跟主题相关的白皮书、蓝皮书、研究报告。

(3) 用搜索引擎进行搜索，搜索词为研究主题+发展现状 或者 应用前景 或者 时代背景。

(4) 搜索与主题相关的统计数据。

研讨与训练 8-1　学术论文开题检索(该项训练也可作为期末研讨作业)

要求学生根据专业，选取一个专业热点课题，并完成相应的开题报告。

提示：可以通过中国知网的学术热点搜索、各种课题申报、各种大型竞赛题目选取课题。

具体要求如下。

(1) 写出课题的名称，明确课题中研究对象、研究内容、研究范围并简要说明其背景和选题的意义。

(2) 写出反映课题内容的中英文关键词，并对其进行扩展，即考虑有无相似词、同义词等。

(3) 写出选择的中英文检索工具名称和选择理由，要求至少选择 6 个检索工具(其中外文检索工具不少于 2 个)。

(4) 列出不同数据库的检索策略，即具体是如何实施检索的；建议将主要检索过程用截图的方式进行说明。

(5) 列出选出的中、外文相关文献(注明从哪个数据库中获得的)；文献类型要求有期刊、学位论文、图书和专利等，并说明原文的获取方法。

(6) 对检索结果进行分析，即从主要研究机构/研究者、研究方法、研究维度、研究内容、研究结论等对相关文献进行综述。

(7) 列出主要参考文献。

附录　本书使用方法推荐

快速提升信息意识与信息检索能力是本书的目标，为了读者更好地使用本书，特提供如下建议。

1. 对于学生或者其他读者

对于学生来说，信息检索是一种技能，是一种艺术，它根植于自身思维和行为习惯，需要长期训练和培养，并且需要有智慧的老师和书籍指导。学生需要培养有问题就去检索的意识与习惯；培养遇到问题就去寻找专家和权威意见的方法；培养通过检索获得解决问题的思路和态度；关键是要养成从“我”即自身的问题和需求出发，通过检索借鉴别人的知识和经验去思考与行动的习惯。

因此，阅读本书时，应多练习与思考，积极参与本书提供的案例、思考与训练、提示、研讨与训练。读者在阅读时，遇到案例要学会领会其中的思想与意义，遇到思考与训练、提示应及时练习，每章后面的研讨与训练尽量尝试完成。每个读者面临的信息环境不同，能使用的资源也有很大差异，鉴于此，本书推荐如下一些常用资源供读者进行练习，以实现对检索技能的训练。这些资源都可以免费检索，其网址可从书中获取，也可直接在网络上搜索。

书目检索：中国国家图书馆、中国高等教育文献保障系统(CALIS)。

网络数据库检索(获取全文需要付费)：中国知网、SDOS、ProQuest。

专利检索：国家知识产权局、欧洲专利局。

学习考试资源：爱课程网、网易公开课。

统计信息检索：中国国家统计局以及各国统计局网站。

搜索引擎：百度、必应。

读者阅读本书时，不必按图书固有章节顺序阅读，可根据需要直接选取章节进行阅读，建议本科生对第 2、3、4 章精读，对其余章节可以选读；研究生对第 2、4、7、8 章精读，对其余章节可以选读。

2. 对于教师

对于教师来说，本书提供了一个参考模板，深入领会其中内容、案例、提示，在教学中不仅要讲授检索过程，还包括检索前的需求分析与检索结果的利用；不仅要讲授学术科研检索，还要讲授包括学习、工作、生活各方面的检索；不仅要讲授如何找到结论，还要讲授如何通过检索让学生认识问题的结构、逻辑与关联。关键是让学生能有收获，提高兴趣。教学内容在广度与深度上要增加，广度上要增加与学习、生活、就业、考研、考试等相关的内容，深度上必须看原文、必须对结果进行梳理与分析、必须从结果中找到答案、必须能对检索结果进行表达与交流。可利用本书里面的研讨与训练促进学生自主参与、研讨与实践。

目前，国内高校的信息检索课程大多按 16 学时或 32 学时进行设置。本书按照 16 学时和 32 学时课程进行编写。如果课程为 16 学时，建议第 1～4 章每章 2 学时；5～8 章每章 1 个学时，其余 4 学时上机练习(一次为网络资源，一次为图书馆资源，各为 2 学时)；如果课程为 32 学时，则建议第 3、4 章各为 4 学时(即网络信息源与搜索引擎 4 学时，图书馆资源 4 学时)，其余每章 2 学时，用 10 学时进行教师指导上机练习，剩余 2 学时用于课堂讨论或者汇报考核。

课堂教学以启迪学生智慧和思维为主，不需过多讲授各数据库的使用流程。对学生的考核不建议采用闭卷考试形式进行。学生的成绩可以由上机实习(20%)、课堂讨论(20%)、课题训练(60%，可提前几周布置)等部分组成。

以上建议为个人教学经验，仅供参考。

3. 编者说明

各个数据库和检索系统的数据及截图的时间为 2021 年 7～8 月，仅供参考，具体检索页面与检索方法以使用时和教师讲授为准。

对于信息检索教材，教与学都严格按照教材执行是不可取的，因为即使再好的教材也仅仅是一个学习的平台，是知识的原材料，是学生根据自身需求学习的参考书和背景材料；但忽视教材更不可取，因为一本好教材是作者智慧的结晶，有作者的思考和创建，内容贴近现实，是可以让读者有所收获的。相对于其他课程，信息检索教材的即时性最为重要，因为本书使用面广，发行量大，几个月就会重印一次，每次都会对内容进行更新，基本上与现实同步。

读者若有好的经验与建议，可通过邮件(dfy@swjtu.edu.cn)与本书编者进行交流。编者将在书重印或再版时采用，以期共同推进信息素质教育的提高。

32 学时：

信息检索教学大纲（十六讲）

上机练习一（十六讲）

上机练习二（十六讲）

上机练习三（十六讲）

上机练习四（十六讲）

上机练习五（十六讲）

16 学时：

信息检索教学大纲（八讲）

上机练习一（八讲）

上机练习二（八讲）

参 考 文 献

曹学艳, 刘彬彬, 邓腾彬, 2017. 面向大学生创新创业的信息素养教育改革研究[J]. 图书情报工作, 61(S2): 68-71.

陈晓红, 高凡, 2018. 近五年国内外信息素养教育研究进展及展望[J]. 图书情报工作, 62(10):136-142.

陈晓红, 高凡, 何雪梅, 2016. 融合“MOOC”课程和“翻转课堂”理念优势的信息素养教学模式构建与实践[J]. 图书情报工作, 60(6): 32-37.

初景利, 刘敬仪, 张冬荣, 等, 2020. 从信息素养教育到泛信息素养教育——中国科学院大学15年的实践探索[J]. 图书情报工作, 64(6): 3-9.

崔惠斌, 2017. 信息素养对大学生创新创业能力的影响[J]. 中国高校科技, (3): 86-89.

邓发云, 2006. 基于用户需求的信息可信度研究[D]. 成都: 西南交通大学.

邓发云, 2017. 信息检索与利用[M]. 3版. 北京: 科学出版社.

段雪雯, 李兰, 2021. 信息环境识别及相关素养教育——基于媒介环境学视角[J]. 当代传播, (1): 89-92.

焦海霞, 2019. 美国爱达荷大学信息素养教育案例剖析与启示[J]. 图书馆学研究, (2):18-25.

科技文献检索[OL]. [2021-08-06]. https://blog.csdn.net/weixin_44550865.

寇晶晶, 贾君枝, 2016. 高校图书馆资源发现系统中文检索性能比较分析[J]. 国家图书馆学刊, 25(6): 71-79.

李苹, 2018. 国内高校图书馆资源发现服务系统的应用现状及比较研究[J]. 河南图书馆学刊, 38(6): 79-81.

刘亚亚, 曲婉, 冯海红, 2019. 中国大数据政策体系演化研究[J]. 科研管理, 40(5): 13-23.

齐莹素, 2017. 个人信息安全视角的网络素养培养思考[J]. 新闻战线, (24): 123-124.

王媛, 2020. 如何快速识别疫情新闻中的信息真假[J]. 图书馆建设, (2): 159-161.

有哪些好的数据来源或者大数据平台？[OL]. [2021-07-10]. https://www.zhihu.com/question/27798279.

曾诚, 庞琳, 2015. 大数据时代个人信息安全问题分析[J]. 新闻战线, (4): 197-198.

朱青, 2020. 英国研究型大学图书馆信息素养教育实践研究[J]. 数字图书馆论坛, (9): 54-60.